Reinhard Vogt

WEITES MEER, FERNE LÄNDER

Die See-Abenteuer des vorletzten DDR-Bürgers

AF525739

Bibliografische Information der Deutschen Bibliothek:
Die Deutsche Bibliothek verzeichnet diese Publikation in der Deutschen Nationalbibliografie; detaillierte bibliografische Daten sind im Internet unter http://dnb.dnb.de abrufbar.

Impressum

1. Auflage 2019
© Haileiht Verlag
Keuner Straße 49, 03149 Forst, Deutschland

Alle Rechte vorbehalten
Umschlagbild und -gestaltung: © Bernd Beyer
Lektorat und Satz: Hai-tec Verlags- und Autorenservice
Druck und Bindung: WIRmachenDRUCK GmbH

Jede Form der Wiedergabe oder Vervielfältigung, auch auszugsweise, erfordert die schriftliche Zustimmung des Verlags.

ISBN 978-3-945699-12-6

www.haileiht-verlag.de

Reinhard Vogt

WEITES MEER, FERNE LÄNDER

Die Seeabenteuer des vorletzten DDR-Bürgers

Haileiht-Verlag

Inhaltsverzeichnis

Vorwort

„Legt doch bitte mal eure Smartphones beiseite – Opa will euch was von früher erzählen!“

Freude kommt auf, Opa setzt sich in den Schaukelstuhl und zündet sich genüsslich ein Pfeifchen an. Mit erwartungsfrohen Gesichtern und leuchtenden Augen hören die Enkel staunend zu, was Opa früher für ein toller Kerl war und welche Heldentaten er auf der ganzen Welt vollbracht hat …

Ich weiß nicht, ob dieses Klischee jemals gestimmt hat, doch irgendwie funktioniert das bei uns zu Hause nicht. Schon für meine Enkel sind Ereignisse, die erst vierzig oder fünfzig Jahre zurückliegen, genau so weit weg, wie für mich der Zug Hannibals über die Alpen. Die Kindeskinder haben keinen persönlichen Bezug zu „meiner“ Zeit und wissen daher nicht, was sie überhaupt fragen könnten. Und ich weiß nicht, wo und wie ich mit meinen Seemannsgeschichten anfangen soll.

Doch ich will nicht ungerecht sein. Als ich selbst jung war, habe auch ich nicht viel gefragt, zumindest nicht so, wie ich es heute tun würde. Mein Schwiegervater war als junger Mann im Zweiten Weltkrieg auf einem Minensuchboot eingesetzt. Es hat also in unseren Lebensläufen auf alle Fälle gewisse „maritime“ Überschneidungen gegeben – schon allein, was die seemännische Grundausbildung betrifft.

Heute, selbst im fortgeschrittenen Alter, würde ich ihn manches fragen wollen – doch nun ist es leider zu spät.

Diese und ähnliche Überlegungen waren es, die mich bewogen haben, ein paar Schnurren und Anekdoten aus meiner doch recht langen Seefahrtzeit aufzuschreiben – und auch ein bisschen von der anspruchs- und verantwortungsvollen Arbeit eines Nautischen Offiziers, nur für den Fall, dass später doch noch Fragen aufkommen, und ich keine Gelegenheit mehr habe, diese persönlich zu beantworten.

Freuen würde es mich auch, wenn der eine oder andere Seemann, ehemalige Seemann oder Maritim-Interessierte sich durch meine Geschichten ein wenig in jene Jahre zurückversetzen kann.

Vom Landei zum Seemännchen

Wer erinnert sich nicht an seine ersten Schritte als Berufsanfänger? Auch mir ist die Zeit als angehender Matrosenlehrling nach nunmehr fast fünfzig Jahren noch immer sehr präsent. Zum einen, weil sie für einen siebzehnjährigen Jungen aus dem Binnenland mit vielen neuen und prägenden Eindrücken verbunden waren – und zum anderen, weil von meiner ersten Seereise ein von mir verfasstes, vollständiges Tagebuch erhalten geblieben ist. Niemals mehr ist es mir später gelungen, wieder solch ein persönliches Diarium zu führen. Alle weiteren Versuche dieser Art sind meist schon nach kurzer Zeit kläglich gescheitert.

Doch immerhin, dieses eine Tagebuch liegt vor mir – und so ist zumindest schon mal der Grundstock für das Buch gelegt.

Um die folgenden Erlebnisse aus meiner Seefahrtzeit in der DDR besser verstehen zu können, möchte ich den Zeiger der Geschichte ein wenig zurückdrehen – bis in das Jahr 1970.

Meine erste große Jugendliebe Carmen hatte gerade beschlossen, ohne mich weiterleben zu wollen. Trotz Liebeskummer gelang es mir dennoch, die 10. Klasse der 7. Polytechnischen Oberschule Cottbus mehr oder weniger erfolgreich zu beenden.

In Amerika startete Apollo 13 zum Mond und kam nach Pleiten, Pech und Pannen wieder heil auf die Erde zurück. Später wurde der berühmte Satz von Apollo-Kapitän James Arthur Lovell Jr. gern auch an Bord von Seeschiffen zwischen Brücke und Maschinenraum verwendet: „Housten, wir haben ein Problem!“

Im selben Jahr wurde Brasilien Fußballweltmeister und in der BRD lief in den Kinos „Schulmädchenreport Teil 1“, der

„Enthüllungsfilm des Jahrzehnts". Aber auch in der DDR wurde „enthüllt": Walter Ulbricht weihte in Berlin das Lenin-Denkmal ein.

Trotz Kaltem Krieg und Stellvertreterkrieg der Blöcke in Vietnam setzte Anfang der siebziger Jahre in Europa leichtes politisches Tauwetter ein. Auch in das Verhältnis DDR/BRD kam Bewegung. Willi Stoph traf Willy Brandt. Die „Willy, Willy"-Rufe der Menschen am Straßenrand – akustisch nicht von „Willi, Willi" zu unterscheiden – konnte jeder der beiden deutschen Staaten für sich verbuchen, ein seltener politischer Glücksfall in jener Zeit.

Politisches Tauwetter hieß aber noch lange nicht unbegrenzte Freiheit für DDR-Bürger. Die Grenzen zum Westen blieben für die meisten Menschen weiterhin hermetisch abgeriegelt. Wer ohne Erlaubnis die DDR in Richtung Westen verlassen wollte, riskierte aufgrund scharf bewachter Grenzen sein Leben.

Für mich war nicht unbedingt „der Westen" mein Lebensziel. Um aber die weite Welt und vor allem die Sehnsuchtsorte aus meinen Kinder- und Jugendbüchern kennenzulernen, musste ich gewissermaßen da irgendwie durch und vorbei. Der Weg nach Afrika führte also notgedrungen über die innerdeutsche Grenze und damit über die Grenze zweier sich unversöhnlich gegenüberstehender Militärblöcke. Ein paar legale Schlupflöcher durch den sogenannten „Eisernen Vorhang" gab es: Es genügte zum Beispiel, Rentner zu werden. Die durften einfach so über die Grenze. Dieser Pfad erschien mir dann aber doch als zu langwierig. Bis zum Erreichen dieser magischen Marke lagen damals noch achtundvierzig Jahre vor mir.

„Schlagerstar" zu werden, war eine andere Möglichkeit. Auch die durften ab und zu „rüber". Leider fehlte mir dazu jegliches Talent. Schon in der Schule wurde mir verboten, mitzusingen, die Harmonie des Chors wäre wohl angeblich auf das Ärgste gestört worden. Um keinen seelischen Schaden zu nehmen, darf heute jeder mitsingen, aber das ist eine andere Geschichte. Zum Glück hatte ich trotz dieser Brüskierung keinen ernsthaften psychischen Knacks bekommen und dachte weiter über das „Wie" nach.

Die Lösung hieß dann „Onkel Günter". Der Bruder meines Vaters fuhr schon seit vielen Jahren zur See. Dem Vernehmen nach sollte er als Chief bei der Hochseefischerei sagenhaft viel Geld verdienen. Und selbst die Fanggebiete aus seinen Erzählungen, wie Doggerbank oder Labrador, klangen in meinen Ohren wie Orte aus den Märchen von „Tausend und einer Nacht".

Doch sogar im tiefsten Binnenland kam mir irgendwann der Spruch zu Ohren: „Die ‚Fischerei' fährt für Geld – die ‚Reederei' fährt für Ansichtskarten." Einige Ältere werden sich erinnern: In der Zeitung „Neues Deutschland" gab es regelmäßig eine kleine Meldung: „DDR-Handelsschiffe auf allen Meeren: ‚Eichsfeld' in Alexandria, ‚Bode' in Famagusta, ‚Seelenbinder' nach Rio de Janeiro, ‚Dresden' in Singapur." Welch ein Kopfkino, einfach schon beim Lesen der Namen!

Genau da wollte ich auch hin. Geld war mir im jugendlichen Alter eher zweitrangig. Also: Wenn schon Seefahrt – dann nur Handelsmarine!

Es gehört zur historischen Wahrheit, dass man nur eine Chance hatte, zur See zu fahren: wenn die Reederei und damit letztlich der Staat DDR einigermaßen sicher sein konnte, den Seemann nach jeder Reise wieder in der Heimat begrüßen zu dürfen. Das hieß auch, man durfte keine Verwandten in der BRD oder der „Selbständigen politischen Einheit Westberlin" haben oder musste jeden Kontakt mit ihnen abbrechen.

Zudem galt eine „positive Einstellung" der Eltern des Bewerbers und des künftigen Seemannes zur DDR als erforderlich.

Dennoch war es nicht so, dass die politische Gesinnung das alleinige Einstellungskriterium gewesen wäre. Der Bewerber musste schon nachweisen, dass er für diesen Beruf ein wirkliches Interesse hatte.

Für mich als Cottbuser Oberschüler hieß das: regelmäßig nach Goyatz an den Schwielochsee fahren und im dortigen Seesportclub die „Grundlagen der Seemannschaft“ zu erlernen. In erster Linie verstand man darunter das Kutterpullen – also das „Rudern“ eines Holzbootes, das Knüpfen von Seemannsknoten und das Auswendiglernen der zweiunddreißig Richtungen der Kompassrose.

Ziel dieser eher dilettantischen Bemühungen war das sogenannte Seesportabzeichen der GST[1]. Über dessen Ausgabe in Bronze kam ich zwar niemals hinaus, aber die dazugehörige Urkunde war ungemein förderlich zur Erhöhung der Bewerbungschancen.

Ein weiteres wichtiges Kriterium war natürlich das Schulzeugnis. Meine Noten des Zeugnisses der 9. Klasse erfüllten leider gerade mal so den untersten Einstellungslevel. Zwar gelang es mir, den Notenschnitt bis zur 10. Klasse deutlich zu verbessern – für die „Eliteausbildung“ Vollmatrose mit Abitur reichte es dennoch nicht. Mir war’s damals egal. Vollmatrose mit oder ohne Abitur, wer fragt später danach? Es wurde danach gefragt, aber dazu an anderer Stelle.

Also „Vollmatrose ohne Abitur“. Für mich und meine künftigen Kollegen begann der sogenannte „Ernst des Lebens“ am 1. September 1970.

Die erste Station unserer Seefahrtkarriere hieß Mukran auf der Insel Rügen, damals ein kleines verschlafenes Fischerdorf, sieben Kilometer von Sassnitz entfernt. Heute ist dort ein

---

1 Gesellschaft für Sport und Technik – vormilitärische Massenorganisation der DDR.

bedeutender Eisenbahnfährhafen. Zwischen 1982 und 1986 errichtet, avancierte er zum größten Verkehrsprojekt der DDR. Für rund zwei Milliarden DDR-Mark wurden ein vier Kilometer langer Fährhafen gebaut und insgesamt einhundertzwanzig Kilometer Gleisanlagen verlegt. Ziel des immensen Aufwandes war es, durch den Einsatz von Eisenbahnfähren die Transporte in und aus der Sowjetunion störungsfrei zu gestalten, ganz bewusst unter Umgehung des Transitlandes Polen, das der DDR-Führung damals als politisch nicht mehr ganz zuverlässig galt.

Zurück zu meinen Anfängen in Mukran. Das Bildungscamp bestand aus einer Anzahl von Baracken. Sie sollten als Unterkunft dienen, bis eines der beiden DDR-Ausbildungsschiffe zur Verfügung stand.

Da standen wir nun, angetreten im Karree: Der zukünftige Stolz der Handelsflotte der DDR, fern der Heimat und von Muttern – ein zusammengewürfelter Haufen von Jungs und Jüngelchen aus allen Bezirken der DDR! Vom reinsten „Plattdütsch" über Berliner Dialekt bis hin zum „Gorl-Morx-Städter Sächssch" war fast alles zu hören, was in unserem kleinen Land zu Hause war. Genauso verschieden wie die Sprache war auch der Habitus der Matrosen in spe. Vom „Fast-noch-Kind" bis zum „Fast-schon-Mann" war jeder Phänotyp vertreten.

Unter diesen Umständen war klar, dass sich schnell eine gewisse Rangordnung herausbilden würde. Unser unbestrittener Chef hieß Martin Utpadel, der Sohn eines Fischers aus Ahlbeck, selbst praktisch schon ein richtiger Fischer – groß, stark und natürlich schon mit „Seebeinen" ausgestattet. Dem hatten wir Landeier natürlich nichts entgegenzusetzen. Der Fairness halber will ich aber hinzufügen, dass Martin dies niemals groß hervorgekehrt hatte. Er blieb bis zum Ende der Ausbildungszeit ein guter Kumpel. Danach trennten sich unsere Wege und ich habe Martin erst Jahrzehnte später in

Ahlbeck wiedergetroffen – als Strandkorbvermieter, schwer gezeichnet durch die Krankheit Morbus Bechterew und kaum noch bewegungsfähig.

Bei der Aufteilung der Neulinge in Ausbildungsklassen machte man damals übrigens nicht viel Federlesen. Unsere Klasse „VM 11“, also die elfte Klasse dieses Ausbildungsjahrgangs zu Vollmatrosen, begann mit den Mitgliedern Uhmann und Utpadel, es ging weiter mit Vick, Vogel und Vogt und endete irgendwo bei Ziege, Ziemann und Zill. Mehr Pragmatismus geht nicht!

Bevor es mit der eigentlichen Ausbildung losging, erhielt jeder von uns erst einmal ein sogenanntes „Bordpäckchen“, bestehend aus einem Seesack und verschiedenen Uniformteilen aus jeansähnlichem Stoff, wobei der Schwerpunkt auf „ähnlich“ liegt. Doch hatten diese Sachen wenig „Militärisches“ an sich – und das empfanden wir als sehr angenehm, jedenfalls sorgten sie für das Gefühl, nunmehr einer Elite anzugehören.

Der Seesack ließ sich natürlich auf den Heimfahrten mit dem Zug hervorragend als Statussymbol verwenden – zumindest bei Gleichaltrigen, denn schließlich konnte jeder sofort sehen: Der kennt die weite Welt!

Die Ausbildung selbst verlief in Mukran eher unspektakulär. Von uns Matrosenlehrlingen wurde dieser Abschnitt als Wartezeit oder als verlorene Zeit empfunden, wir wollten endlich auf ein richtiges Schiff! Stattdessen vollzogen wir noch einmal im Schnelldurchlauf die Grundlagen des schon erwähnten Seesportabzeichens.

Was die Ausbilder von uns hielten, erschließt sich sehr gut allein schon durch die Anrede: „Na, Seemännchen, was haben wir denn da wieder zusammengeknotet?“

Darüber hinaus sind mir eigentlich nur unsere Samstagabend-Ausflüge nach Sassnitz im Gedächtnis geblieben. Ein Fußweg von sieben Kilometern hin und sieben Kilometern zurück, für heutige Partygänger wohl nur schwer vorstellbar.

Unsere Tanzpartnerinnen in Sassnitz waren übrigens zum großen Teil alle beim größten Arbeitgeber des Städtchens, dem Fischkombinat, beschäftigt. Trotz vermutlich intensivster Deodorant-Bemühungen der jungen Damen gelang es ihnen leider nicht immer, den beruflichen Hintergrund zu verbergen.

Ich weiß nicht, ob es daran lag, aber bleibende Verbindungen sind aus diesen Tanzabenden nicht entstanden.

Erste Seereise auf dem Ausbildungsschiff „MS J. G. Fichte“

Das Motorschiff „J. G. Fichte“ hatte 1970 schon eine längere Karriere hinter sich. Gebaut im Jahr 1948 in Saint-Nazaire, Frankreich, wurde es unter dem Namen „Claude Bernard“ zunächst im Liniendienst Frankreich – Brasilien und Frankreich – Argentinien eingesetzt. Später soll es auch als Truppentransporter für die französische Fremdenlegion seinen Dienst verrichtet haben. Es war 163 m lang, mit 11.045 BRT vermessen und konnte rund 340 Menschen, inklusive Besatzung transportieren. Zudem war es mit sechs Ladeluken und einem Ladegeschirr ausgestattet.

Diese Eigenschaften waren es, die die Deutsche Seereederei Rostock, kurz DSR genannt, 1962 veranlassten, das Schiff zu kaufen und als Ausbildungsschiff für den seemännischen Nachwuchs in Fahrt zu bringen. Dank der sozialistischen Revolution des Comandante Fidel Castro und eines gewissen Che Guevara war Kuba 1959 plötzlich zum Bruderland der DDR avanciert. Das Schiff fuhr nun als „MS Fichte“, wieder wie einst im klassischen Liniendienst. Diesmal jedoch lagen die Zielhäfen im verlorengegangenen US-amerikanischen Urlaubsparadies. Gelegentlich wurde aber auch Tampico (Mexiko) angelaufen.

Nach der Absolvierung unseres ersten Ausbildungsabschnittes in Mukran und einem Kurzbesuch zu Hause betrat ich zum ersten Mal am 8. Oktober 1970 das Deck eines richtigen Seeschiffes, allerdings als einer der letzten der Vollmatrosenklasse Nr. 11. Grund dafür war eine enorme Zugverspätung.

Die Probleme mit der Pünktlichkeit der Deutschen Reichsbahn sollten sich übrigens bis zum Ende meiner Seefahrtzeit hinziehen. Aber das nur am Rande. Vielleicht gibt es ja ehemalige Eisenbahner, die über die Gründe auch mal ein Büchlein schreiben.

In meinem Fall hatte dieses Zuspätkommen sofort gravierende Folgen. Dazu muss man zunächst wissen, dass sich der Status eines jeden Besatzungsmitgliedes unmittelbar an seiner Wohnsituation auf dem Schiff ablesen lässt. Für die Lehrlinge der „Fichte" war das E-Deck vorgesehen. Wenn man weiß, dass man die Decks von Schiffen üblicherweise von oben zu zählen beginnt, wird klar, dass es sich nicht um die „Beletage" des Oldtimers handelte. Also: unterstes bewohntes Deck, knapp über der Wasserlinie und unmittelbar neben dem Maschinenraum. Das hatte natürlich gewisse Auswirkungen auf den „Behaglichkeitsfaktor".

Die Wandverkleidungen bestanden aus purem Schiffsbaustahl, mit einer dünnen Mischung aus gelber Farbe und kleinen Korkpartikeln überzogen. Diese „Verkleidung" sollte das Entstehen von Schwitzwasser verhindern und wohl erst in zweiter Linie der Verschönerung dienen.

Die Kammer, die für die nächsten zwei bis drei Monate mein Zuhause werden sollte, hatte eine Größe von etwa zwölf Quadratmetern. Nicht übel! Das Problem bestand nur darin, dass wir darin mit sechs Personen wohnen sollten.

Da ich, wie gesagt, verspätet eintraf, wurde mir in dieser Kammer die übriggebliebene Koje zugewiesen – leider fernab vom einzigen Bullauge, dafür direkt am Gang und gegenüber einem Einstieg in den Maschinenraum.

Der obere Teil dieser Doppelstockkoje wies zudem eine weitere Besonderheit auf: In zirka vierzig Zentimeter Höhe (man stelle sich einen angehenden Matrosen in seiner Koje liegend und schlafend vor) führten über meinen Kopf hinweg zwei dicke Rohre direkt durch die Koje. Ich bekam einige schmerzhafte Beulen und brauchte rund drei Wochen, um mich daran zu gewöhnen, beim Aufwachen nicht gleich aufzuspringen – nicht einmal bei Boots- oder Feueralarm!

Allerdings hatte die Sache auch ihr Gutes: Mir wurde gewissermaßen eine „Lehre fürs Leben“ erteilt. Niemals bin ich danach zu wichtigen Terminen als Letzter erschienen.

Ein Schiff dieser Größe und Besatzungszahl hat etwas von einem lebenden Organismus – und wir wohnten direkt in den „Eingeweiden“. Es gab gewissermaßen ein Doppel-Herz, also die beiden Hauptmaschinen, sowie verschiedene Hilfsaggregate wie Pumpen und Lüfter. Alle gaben ständig irgendwelche Geräusche von sich. Am störendsten war für uns Neulinge jedoch zunächst das ständige Rauschen der Zwangsbelüftung. Sie durfte oder konnte nicht abgeschaltet werden. Übrigens wird erzählt, dass Seeleute, die jahrelang diesem Rauschen ausgesetzt waren, zu Hause kein Auge zubekamen. Zum Einschlafen wurde dann ein Staubsauger unters Bett gestellt, mit laufendem Motor, versteht sich.

Zurück zu den Innereien des Schiffes, die uns Lehrlingen zugänglich waren: Neben den Schlafkammern gab es zwei Messen, zwei Waschräume und, wenn ich mich recht erinnere, auch zwei „Großtoilettenanlagen“. Allesamt mit „low budget“ gebaut, ehemals gerade gut genug befunden für die Söldner der französischen Fremdenlegion. Trotz großer ideologischer Differenzen sah man diese Ausstattung später auch für deren Nachfolger auf dem Schiff als ausreichend an. Als „Frischluftbereich“ wurde uns die achtere Manöverstation zugewiesen. Alle anderen Bereiche des Schiffes waren für uns tabu und durften nur mit dienstlichem Auftrag betreten werden.

Obwohl das Schiff noch im Hafen lag, zog auch für uns Lehrlinge allmählich der Alltag ein. Wir mussten lernen, was bei Feuer oder Bootsalarm zu tun ist, wie die Schwimmwesten anzulegen sind, hielten Wache beim Schottenschließmanöver und wollten bei allem Tun eigentlich nur eines: endlich auslaufen!

Laut „ND“[2] waren wir übrigens schon unterwegs nach Kuba. Okay, es hat schon früher nicht unbedingt alles gestimmt, was in der Zeitung stand.

Über die anzulaufenden Häfen und die geplante Reisedauer wurden wir weitestgehend im Unklaren gelassen. Letzteres konnte ich mir nach dem Verladen von Weihnachtsbäumen jedoch selbst ausrechnen.

Was war mir in den Tagen vor dem Auslaufen laut meiner Tagebuchaufzeichnung damals sonst noch wichtig? „Kapitän Prause hat eine hübsche Tochter“, steht da irgendwo geschrieben … Na ja, bis zu uns ins E-Deck kam sie nicht herunter.

Jede Hafenliegezeit geht einmal zu Ende. An einem Freitag, es war der 16. Oktober 1970 um 17.30 Uhr, hieß es endlich auch auf der „Fichte“: Klar vorn und achtern! Das große Abenteuer konnte nun beginnen!

Diese erste „Seereise“ endete jedoch ziemlich schnell: auf Reede Warnemünde. Die „Fichte“ ging vor Anker und wieder hieß es warten.

Am nächsten Morgen wurden wir dann durch das Grummeln der Hauptmaschinen geweckt. Durch unser einziges Kammerbullauge (wann immer es etwas zu sehen gab, hieß es, sich der Reihe nach anstellen) sahen wir, wie sich unser Lehrschiff wild im Kreis bewegte. Drehten „die da oben“, im wahrsten Sinne des Wortes, durch?

Heute weiß ich, dass eine „Kompensierung“ stattfand. Dabei werden verschiedene Landmarken gepeilt, deren Richtung genau bekannt ist. Müssten zum Beispiel zwei Feuer in einer Linie laut Seekarte in 270 Grad gepeilt werden, aber in Wirklichkeit werden 271,5 Grad gepeilt, so beträgt der Kompassfehler +1,5 Grad. Dieser Fehler muss später bei allen

---

2 „Neues Deutschland“: DDR-Tageszeitung, bezeichnete sich selbst als „Zentralorgans der SED“.

Peilungen und auch beim Steuern des Kurses berücksichtigt werden. Zudem gibt es noch weitere variable Einflussfaktoren, die bezüglich des Magnet- und Kreiselkompasses von der Schiffsführung beachtet werden müssen – aber dies hier soll ja kein nautisches Lehrbuch werden.

Und dann endlich: große Fahrt Richtung Skagen! Mit zirka fünfzehn Knoten[3] dampfte die „Fichte" an Fehmarn und Langeland vorbei in Richtung Kattegat. An diesem Tag hatte ich das erste Mal dieses Gefühl, das wohl jeder Seemann kennt: die Befreiung, wenn das Schiff den Hafen mit all seinen Problemen und all dem Stress in schneller Fahrt achteraus zurücklässt.

Das Kattegat empfing uns mit Windstärke Beaufort 5. Für ein Schiff wie unsere 163 m lange „Fichte" keine große Sache. Wohl aber für uns Azubis im untersten Deck! Unser Bullauge wurde seefest verschlossen und nochmals mit einer sogenannten Panzerblende gesichert, ebenso wie die Bullaugen in den anderen Kammern, den Messen oder sonstigen Räumen dieses Decks. Dies führte augenblicklich zu einer exorbitanten Luftverschlechterung. Vor dem Erstickungstod bewahrte uns jetzt nur noch die bereits erwähnte Zwangsbelüftung.

Selbstredend konnte diese Art der Luftzufuhr nicht alle Ausdünstungen von 160 Lehrlingen und den Diesel-Odem des nahegelegenen Maschinenraumes beseitigen. Schlechte Luft, leichte Schiffsbewegungen und die klaustrophobische Enge setzten dann gemeinsam einen verhängnisvollen Kreislauf in Gang: Den ersten Lehrlingen wurde schlecht und der Ansturm auf die wenigen Toiletten und Waschräume begann. Natürlich verschlechterte sich nun die Luft noch mehr – und durch den neuen Geruch wurde auch denen übel, die sich bisher noch ganz gut gehalten hatten.

---

3 Etwa 28 km/h.

Immerhin durften wir uns noch an Deck im Bereich der achteren Manöverstation aufhalten, was dazu führte, dass jeder Platz an der Reling bzw. am Schanzkleid besetzt war. Zumindest an der Lee-Seite. Wer auf der Luv-Seite versuchte, „die Fische zu füttern", lernte drastisch eine alte Seemannsregel kennen: „Lee – geht alles in die See; Luv – kommt alles wieder ruf."

Der Höhepunkt sollte allerdings noch kommen. Mit dem Passieren von Skagen, der nördlichsten Spitze Dänemarks, erwischten uns Wind und Wellen ungeschützt und direkt von vorn: Windstärke 9 in der Nordsee. Nun begann die „Fichte" hart zu arbeiten. Gewaltige Brecher krachten gegen den Bug. Jeder, der weit vorn im Schiff wohnte, also eigentlich nur wir Lehrlinge, lernte in schneller Folge sowohl Schwerelosigkeit als auch doppelte Erdanziehungskraft kennen, je nachdem, ob das Vorschiff der „Fichte" in ein Wellental fiel oder durch eine Welle emporgerissen wurde.

Das war aber noch nicht das ganze Szenario. Neben den Stampfbewegungen rollte das Schiff zusätzlich auch etwa 10 bis 15 Grad nach jeder Seite. Genug? Noch lange nicht! Ein Schiff in schwerer See hat weitere „Freiheitsgrade". Neben den erwähnten Bewegungen kommt bei ungünstigem Wind und Seegang auch noch das „Gieren" hinzu. Das heißt, das Schiff versucht zusätzlich nach Backbord oder Steuerbord wegzudrehen. Und als letztes: Das Schiff taucht in seiner Gesamtheit auf und nieder! Stabilisatoren, der Segen der heutigen Passagierschifffahrt, waren noch nicht erfunden und so führte die „Fichte" all diese Bewegungen auf einmal aus.

Der Veitstanz des Vorschiffes blieb nicht ohne Auswirkungen auf unser Gleichgewichtsorgan im Ohr. Die Meldung an Gehirn und Magen erfolgte unverzüglich. Ich nehme diese Worte nur ungern in den Mund, aber viele von uns kotzten sich wahrhaftig die Seele aus dem Leib. Da wir wegen der Seeschlaggefahr später nicht mehr auf die Manöverstation durften, herrschten im E-Deck chaotische Zustände. Man muss sich das einmal vorstellen: 160 junge Männer waren auf engstem Raum eingeschlossen, kein Tageslicht, dazu ein infernalischer Geruch nach Erbrochenem.

Selbstverständlich mussten die Waschräume und Toiletten des E-Decks durch die Lehrlinge wieder gesäubert werden. Pech, wenn man an solchen Tagen auf der Liste des Reinschiff-Plans stand. Der „Sachse", ein Leidensgenosse aus meiner Kammer, und ich wurden trotz dieses Seegangs vom Lehrbootsmann verdonnert, die zwölf Waschbecken des Wachraumes Nr. 2 zu säubern. Leider waren die alle vollgekotzt und es lief nichts mehr ab. Es gab einfach zu viele kranke Seefahrtnovizen, die sich irgendwie erleichtern mussten.

Und doch: So dramatisch wie sich der Sturm auf uns E-Deck-Bewohner auswirkte, so dramatisch wurde er natürlich nicht überall auf der „Fichte" wahrgenommen: Während wir kaum einen Bissen herunterbekamen, wurde mittschiffs und einige Decks höher fast normal gegessen. Es war Sonntag und es gab „Broiler"[4]. Zwar ist mir die genaue Führung der Lüftungsrohre der „Fichte" für immer verborgen geblieben, aber eines wurde sehr deutlich: Die Abluftstutzen der Kombüse müssen sich in relativer Nähe der Ansaugstutzen für die Frischluftzufuhr des E-Decks befunden haben. Lange Rede, kurzer Sinn: Zu dem widerlichen Geruch nach Erbrochenem kam nun noch der Duft von frisch gebratenem Geflügel!

Es hat rund zehn Jahre gedauert, bis ich wieder mit Genuss ein gebratenes Hähnchen essen konnte. Vielleicht war es dieses Schlüsselerlebnis, dass es mir bis heute sehr schnell und gründlich den Appetit verdirbt, wenn rund um das Essen etwas nicht ganz in Ordnung ist. Dennoch hatten diese knapp zwei Tage „Sturm im Gruseldeck" für mich auch ihr Gutes: So

---

4 Ostdeutsche Variante des Brathähnchens.

schlecht das Wetter und je heftiger die Schiffsbewegungen auf späteren Reisen auch immer waren, niemals bin ich danach wieder wirklich seekrank geworden. Und ein bisschen stolz war ich auch, immerhin gehörte ich zu den zwanzig bis dreißig Prozent, die sich noch einigermaßen auf den Beinen halten konnten.

Für einige von uns war der Traum von großen Abenteuern jedoch zu Ende. Sie wollten derartiges niemals mehr erleiden und zogen nach Ende der Seereise ein Leben an Land vor.

Nach dem Passieren der Straße von Dover wurde das Wetter schnell besser. Wir durften wieder an Deck und genossen den Anblick der Kreidefelsen. Wir erblickten Merry Old England! Allein schon diesen Küstenstrich zu sehen, verschaffte mir Glücksgefühle.

Als Nautiker war das später dann freilich anders, je näher wir Dover kamen, umso größer wurde die Anspannung. Doch das war zu diesem Zeitpunkt noch ferne Zukunft.

Die „Fichte“ wiegte sich bei guter Fahrt sanft in den Wellen und für alle Besatzungsmitglieder, vom Kapitän bis zum letzten Lehrling, zog allmählich die Bordroutine ein.

In der Messe wurde eine Wetterkarte aufgehängt, auf der täglich um 12.00 Uhr Mittag die zurückgelegte Wegstrecke (Etmal) eingezeichnet wurde. Obwohl es mittlerweile Ende Oktober war, wurde die Luft immer frühlingshafter.

Und dann sah ich zum ersten Mal dieses Blau, das Blau des Atlantiks, ein tiefes, reines, beinahe unwirkliches Blau, aus dem beim Brechen der Wellen am Schiff ein faszinierendes Türkis wurde! Dazu kam diese unglaubliche Klarheit und Durchsichtigkeit des Salzwassers. Wer jemals ohne Fahrt, bei ruhiger See und Sonnenschein auf dem offenen Ozean eine kleine Münze ins Wasser geworfen hat, wird dies nie vergessen. Man hat das Gefühl, das Blinken des kleinen Geldstückes noch in Tiefen von zwanzig bis dreißig Metern zu sehen.

Dass das Leben und der Dienst auf einem Schiff anders verlaufen als an Land, versteht sich von selbst. Grundsätzlich wurden zwei parallele Systeme unterschieden. Es gab den sogenannten „Tagestörn" und den Wachdienst. Für Tagestörner war der Unterschied eigentlich gar nicht so groß. Es wurde von 08.00 Uhr bis 17.30 Uhr gearbeitet, unterbrochen von einer Mittagspause und zweimal fünfzehn Minuten „Smoketime". Der große Vorteil bestand darin, dass man in der Regel die Nacht durchschlafen konnte. Im Tagestörn wurden hauptsächlich Wartungs- und Reparaturarbeiten durchgeführt. Im Gegensatz zu Landjobs konnten die Leute aber jederzeit zu Überstunden herangezogen oder zusätzlich zum Wachdienst eingeteilt werden. Argumente wie „Ich habe heute noch was anderes vor" zählten nicht, wurden aber auch nicht vorgebracht. Solange ich zur See gefahren bin, habe ich nie erlebt, dass sich jemand ernsthaft um seine Dienstpflichten gedrückt hätte. Es gehörte einfach zum Ehrenkodex, solange zu arbeiten, bis die Aufgabe erfüllt oder die Gefahr beseitigt war. Außerdem behaupte ich – ohne es beweisen zu können: Der Krankenstand an Bord ist grundsätzlich nur halb so hoch wie an Land. Vielleicht liegt es an den regelmäßigen Krankenbesuchen durch die Kollegen. Simulanten und „Halbkranke" wären sehr schnell als solche erkannt worden.

Da ein Schiff ja nun bekanntermaßen rund um die Uhr in Betrieb ist, braucht es auch Menschen, die sich die Nächte um die Ohren schlagen. Dafür ist der Wachdienst da. Zu meiner Zeit war er wie folgt organisiert:

1. Wache: 00.00 Uhr – 04.00 Uhr und 12.00 Uhr – 16.00 Uhr,
Zweiter Nautischer Offizier

2. Wache 04.00 Uhr – 08.00 Uhr und 16.00 Uhr – 20.00 Uhr,
Erster Nautischer Offizier

3. Wache 08.00 Uhr – 12.00 Uhr und 20.00 Uhr – 24.00 Uhr,
Dritter Nautischer Offizier

Warum nun diese Diensteinteilung? Ganz einfach! Fangen wir mal mit der 0-4-Wache an. Wie der Name schon sagt, begann diese um 00.00 Uhr und endete um 04.00 Uhr morgens. Die zweite „Schicht“ begann um 12.00 Uhr mittags und endete um 16.00 Uhr. Damit war der Zweite Offizier wirklich das ärmste Schwein an Bord! Um diesen Törn überhaupt einigermaßen durchstehen zu können, musste man sich spätestens um 21.30 Uhr schlafen legen. Zwanzig Minuten vor Mitternacht wurde geweckt – es ist nicht schwer zu erraten, wie groggy man sich dann fühlte. Mit Hilfe von Kaffee gelang es peu à peu, den Kreislauf in Gang zu bekommen. Zur Halbzeit der Wache wurde man immer munterer, bis man dann zum Wachschluss um 04.00 Uhr topfit war.

Jetzt hatte der „Zweite“ zwar Feierabend, aber gleich einschlafen konnte er kaum. Zwei Flaschen Bier „Hafenbräu“ halfen, die Bettschwere wieder herzustellen.

Leider war es inzwischen meist 05.30 Uhr geworden, und um 08.00 Uhr begann der allgemeine Bordbetrieb. Es wurde gehämmert, gebohrt, Winden liefen an, Türen fielen ins Schloss, Telefone klingelten, über den Lautsprecher kamen Durchsagen …

Gelang es dennoch durchzuschlafen, wurde man wieder um 11.00 Uhr geweckt. Anstelle eines leichten Frühstücks gab’s jetzt auf nüchternen Magen gleich mal Rouladen, Eisbein oder Schweinebraten.

Nach einem solch opulenten Mal legten sich Kapitän, Erster Offizier, Chief, Funker und alle, die es sich sonst noch leisten konnten, zur Mittagsruhe. Der Zweite Offizier dagegen musste auf Wache ziehen!

Wenn man dann noch weiß, dass der „Second“, wie der Zweite an Bord heißt, sehr oft auch während der Freiwache raus musste, zum Beispiel wegen An- und Ablege-Manövern, dann kann man wohl gut verstehen, warum diese Wache „Hundewache“ heißt!

Um 04.00 Uhr wurde der Second vom „Chief Mate“, also dem Ersten Offizier, abgelöst. Die sogenannte 4-8-Wache war schon wesentlich besser zu ertragen. Auf offener See war es fast eine Traumwache.

Um diese Zeit wird es langsam hell und man wurde durch immer wieder neue, unglaubliche Sonnenaufgänge fasziniert. Gegen 06.00 Uhr zog ein wunderbarer Duft nach frischen Brötchen durch das Schiff und kurz danach wurden die ersten, noch warmen Schrippen „zur Probe“ auf die Brücke gebracht. Welch ein Genuss!

Irgendwann erschien der Kapitän auf der Brücke, um nach dem Rechten zu sehen und ein kleines Schwätzchen zu halten. Am Ende der Wache um 08.00 Uhr gab es dann ein ruhiges „Arbeitsfrühstück“ mit dem „Alten“.

Ja, und bei der zweiten „Schicht“ kam zwischendurch zum Abendbrot sogar noch eine Ablösung. Das ließ sich aushalten!

Während der Hafenliegezeit allerdings ging es dann für den „Ersten“ weniger relaxed zu. Er war für die Be- und Entladung des Schiffes verantwortlich und musste in dieser Zeit all diese Arbeiten koordinieren und leiten. Zudem wurde er überall da eingesetzt oder hingeschickt, wo es in irgendeiner Form Probleme oder Ärger mit der Stauerei oder den Schauerleuten gab. Er musste sich ja bewähren, schließlich wollte er irgendwann ein eigenes Schiff als Kapitän haben.

Den arbeitnehmerfreundlichsten Dienst hatte der Dritte Offizier. Nach einem ausgiebigen Frühstück zog er um 08.00 Uhr auf Wache, um sie um 12.00 Uhr, pünktlich zum Mittagessen, zu beenden.

Auch die Abendwache von 20.00 Uhr bis 24.00 Uhr lag noch gut in der Bandbreite des allgemeinen Biorhythmus. Doch wie kam ausgerechnet der jüngste Offizier zu dieser besonderen Ehre? Ganz einfach! Da der „Third“ logischerweise am wenigsten Erfahrung hatte, bedurfte er natürlich der gelegentlichen Kontrolle und Hilfe des Kapitäns. Und der würde natürlich im Falle eines Falles nur sehr ungern nachts um 02.30 Uhr aufstehen.

Nach meiner Seefahrtschulzeit hatte ich all diese Funktionen für viele Jahre inne. Sie prägten mein berufliches Leben auf See nachhaltig, deshalb werde ich später noch einmal darauf zurückkommen. Für das Verständnis des Bordlebens auf der „Fichte" soll dies jedoch vorerst genügen.

Irgendwann kam dann auch für mich der große Tag, oder besser gesagt: die große Nacht. Einer meiner Mitstreiter und ich wurden zur nächsten 0-4-Wache eingeteilt. Wir sollten zum ersten Mal den heiligen Gral eines jeden Seeschiffes, die Brücke, betreten. Die war, im Gegensatz zur Brücke auf einem Frachtschiff, auf dem Ausbildungsschiff auch um diese Zeit außerordentlich gut besetzt.

Ohne Anspruch auf Vollzähligkeit zu erheben, drängelten sich dort neben dem Wachleiter, um diese Zeit also dem Second: zwei Wachmatrosen, zwei Seefahrtschüler, ein Lehrbootsmann und zwei Matrosenlehrlinge, insgesamt acht Personen, zur Wachübergabe um Mitternacht natürlich doppelt so viele. Das hätte beinahe einem amerikanischen Flugzeugträger der „Nimitz"-Klasse zur Ehre gereicht. Es ist mir nicht bekannt, inwieweit der Steuermann als „Zweiter" sein Schicksal auf der „Fichte" verflucht oder genossen hat. In der Regel jedenfalls sind 0-4-Wächter sehr einsame Menschen.

Trotz dieser vielen Personen herrschte eine ruhige, konzentrierte, ja eine beinahe sakrale Stimmung, verstärkt durch die fast vollständige Dunkelheit und das schwache Glimmen einiger gelber oder grüner Kontrolllämpchen.

Nach der offiziellen Anmeldung auf der Brücke passierte das, was kommen musste: Ich wurde gleich als Erster von uns Lehrlingen ans Ruder geschickt. Mein Vorgänger nannte eine Gradzahl, die ich ab sofort zu steuern hatte.

Das ging leider gründlich schief! Es wäre besser gewesen, man hätte mir ein paar elementare Dinge vorher vermittelt, zum Beispiel das Wissen über das Masse-Trägheits-Verhalten eines 12.000 Tonnen schweren Schiffes. So legte ich das Ruder fünf Grad nach Steuerbord, um wieder auf Kurs zu kommen – aber nichts geschah! Warum nicht? Hatte ich zu wenig Ruder gelegt? Musste ich mehr Ruder legen? Hätte ich vielleicht das Ruder nach Backbord legen müssen? Kurz und gut, ich drehte mal in die eine, dann wieder in die andere Richtung.

Irgendwann fiel dem Second dann im silbernen Mondlicht achteraus unsere künstlerisch wertvolle Schlängelspur auf. Das war's dann erstmal für mich! Mit einigen deftigen Bemerkungen über meine geistigen Fähigkeiten wurde ich vom Steuerstand vertrieben.

Ich kann mich nicht mehr daran erinnern, wer mich letztlich über die Grundlagen des Rudergehens „aufklärte", aber ich bin ihm heute noch dankbar. Nachdem ich begriffen hatte, wie es geht, machte es fortan unendlich viel Spaß – bis heute. Wenn sich irgendwo die Chance bietet, frage ich auf der Brücke nach, ob ich nicht mal ein bisschen steuern darf.

Apropos „steuern": Der Nicht-Seemann bringt mitunter ein paar Begriffe durcheinander. Der Erste bis Dritte Nautische Offizier wird an Bord auch als Steuermann bezeichnet. Der Steuermann steuert aber das Schiff nicht im eigentlichen Sinne. Er hat dafür zu sorgen, dass richtig gesteuert wird. Das eigentliche Steuern oder Lenken übernimmt der Rudergänger oder auf offener See auch der „Eiserne Gustav", wie der Autopilot bei uns genannt wurde. Auf der „Fichte" war dieser hilfreiche Kerl freilich weder erforderlich noch erwünscht, schließlich sollten alle zukünftigen Matrosen die Kunst des Rudergehens beherrschen lernen.

Nun möchte ich aber die wichtigste Regel des Rudergehens endlich benennen, falls auf einer Kreuzfahrtreise sämtliches

Nautisches Personal einer Epidemie zum Opfer fällt und der geneigte Leser selbst zum Ruder greifen muss. Beim Steuern eines großen Seeschiffes nach Kompass muss man eines wissen: Obwohl es optisch glasklar so aussieht, als wenn sich die Kompassanzeige dreht, dreht sie sich aber in Wirklichkeit nicht! Was sich dreht, ist das riesige S c h i f f unter dem kleinen Kompass. Dieser zeigt immer in die gleiche Richtung – und zwar nach Norden.

Das bedeutet, wenn das Schiff zum Beispiel nach Backbord aus dem Kurs läuft, „wandert" die Kompassanzeige nach Steuerbord aus und der Rudergänger muss Steuerbord Ruder legen. Oder natürlich umgekehrt. Alles klar? Wenn nicht, sollte ein anderer Passagier das Ruder übernehmen, der in der Schule besser war.

Ja, und noch eines: Was der zukünftige Matrose als Rudergänger als Erstes lernen muss, ist eine klare und unmissverständliche Kommandosprache.

Etwa so: Steuermann laut und deutlich: „Ruder Backbord 10, auf 225 Grad kommen!"

Matrose wiederholt laut und deutlich: „Ruder Backbord 10, auf 225 Grad kommen!"

Und zwar so laut und klar, dass jedermann auf der Brücke, egal ob es draußen pfeift oder ob drinnen die Kaffeetassen klappern, problemlos die Order verstehen kann und Missverständnisse definitiv ausgeschlossen werden.

Es ist schon erstaunlich, wie viele junge Leute damit anfangs Schwierigkeiten hatten. In diesem Alter wird einfach viel zu viel genuschelt. Allerdings habe ich in meinem späteren Berufsleben an Land mit dieser Kommandosprache Probleme bekommen, nur andersherum. Da wirkte dieses Sprache, obwohl von mir gar nicht böse gemeint, doch etwas martialisch, zumal ich bereits aus meiner Wiege heraus mit einer ziemlich tiefen Stimme gebrüllt haben soll.

Irgendwann lief ein Gerücht durch die Lehrlingskammern: Die „Fichte“ müsse wegen einer Maschinenreparatur die Azoren anlaufen. Mein Gott – die Azoren – entlegene Inseln mitten im Atlantik, zu Portugal gehörend! Sollte ich wirklich dieses unglaubliche Glück haben, einen Fuß auf diesen Archipel setzen zu dürfen? Ich sollte!

Am 24. Oktober, dem neunten Reisetag, wurde der Kurs auf die Insel São Miguel abgesetzt und gegen Mittag liefen wir in den Hafen von Ponta Delgada ein, eine große Naturbucht mit einer langen, halbkreisförmigen Mole, die gleichzeitig auch als Pier diente.

Und zum ersten Mal tat sich für mich eine andere Welt auf. Ein Hafen, der so ganz anders war als alle, die ich bisher aus der DDR kannte. Eine heitere, sonntägliche Stille lag über der Bucht. Auf der Mole flanierten bei strahlendem Sonnenschein und milder Luft Familien mit Kindern in ihren besten Kleidern. Angler mit riesigen Ruten versuchten auf der Seeseite den Fang ihres Lebens zu machen. Die Mole selbst war eine einzige Bildergalerie. Schiffsbesatzungen von Reedereien aller Herren Länder, dazu die Crews einiger Tiefwassersegler hatten sich mit kunstvollen Malereien und ihren Hafendaten verewigt. Flagge an Flagge und Schornsteinmarke an Schornsteinmarke reihten sich aneinander. Und ich möchte fast schwören: Von irgendwoher wehte ganz leise schwermütige Fado-Musik[5] heran. Alles strahlte eine südliche, weltabgeschiedene Gelassenheit aus. Gelegentlich tuckerte ein Motorroller vor die Gangway. Makler, Schiffshändler und örtliche Behördenangestellte kamen an Bord, um ihren Dienstpflichten oder Geschäften nachzugehen.

Einem heutigen Multi-Pauschal-Jet-Set-Around-the-World-Kreuzfahrt-Passagier mag diese Schwärmerei vielleicht etwas

[5] Portugiesischer Musikstil (Fado: Schicksal).

merkwürdig vorkommen – für mich aber blieb dieser erste Blick in eine neue, andere Welt unvergesslich.

Aber wie kommt es, dass wir dieses Staunen verlernt haben? Ich glaube, der „Sündenfall“ ist der moderne Flugverkehr. Innerhalb von Stunden überqueren wir heute den Atlantik und in weniger als einem Tag haben wir das andere Ende der Welt erreicht.

Mit dem Verlust der Erfahrung von Entfernungen wächst aber auch die Beliebigkeit der Orte, geht der Zauber fremdartiger Kulturen verloren. Man jettet nur für eine Nacht zur Party nach Mallorca, für ein Fußballspiel nach Jerewan oder verlebt drei Wochen Badeurlaub in irgendeinem Ressort-Hotel mit Animation, zum Beispiel in der „Dominikanischen“. Aber eigentlich ist es egal, es könnte auch Tunesien sein oder Bali. Außer seine Mitreisende und ein paar Kellner lernt man auf diese Art niemanden kennen.

Aber es geht auch anders: Es gibt sie noch, die Seeleute, die Segler, die Globetrotter, die Neugierigen …

Zurück zur „Fichte“: Wann darf die Besatzung an Land? Das war die alles entscheidende Frage, die wir E-Deck-Bewohner uns stellten. Und wird der Kapitän die Erlaubnis auch für uns Lehrlinge geben? Nun, wir wurden zwar mächtig auf die Folter gespannt, aber am Sonntagmittag war es dann endlich soweit – es gab die Erlaubnis zum Landgang!

Nur durften wir Lehrlinge nicht einfach so loslaufen – Gruppenlandgang war angesagt. Ein Lehrbootsmann und sieben Matrosen in spe bildeten unseren Trupp. Aus heutiger Sicht kann ich mir gut vorstellen, dass unser Ausbilder nicht gerade begeistert davon war. Aber Dienst ist Dienst!

Natürlich waren wir Jungs alle fasziniert von diesem wunderbaren, pittoresken Städtchen mit der typisch portugiesischen Architektur, den weiten schwarz-weiß gepflasterten Plätzen, den gepflegten Parkanlagen mit exotischen Pflanzen.

Besonders beeindruckt war ich von riesigen, seltsamen Bäumen mit kugelförmigen Früchten. Später fand ich zu meiner Beschämung heraus, dass es sich um Platanen handelte, die selbstverständlich auch in unseren Parks wachsen – zum Beispiel im „Brunschwigpark" in Cottbus, nur wenige hundert Meter von der damaligen Wohnung meiner Eltern entfernt.

Als wir dann in die Hauptgeschäftsstraße einbogen, wurden wir zum ersten Mal mit einem Grundwiderspruch konfrontiert, dem jeder DDR-Seemann vom Anfang bis zum Ende seiner Karriere ausgeliefert war: dem unglaublichen Warenangebot der westlichen Marktwirtschaft und der diametral entgegengesetzten eigenen Ausstattung mit Devisen! Wir drückten uns insbesondere an den Läden mit Radios und Fernsehgeräten die Nasen platt. Damals kamen bei uns gerade erst die Kassettenrecorder in Mode.

Welch eine Glitzerwelt! Nun waren wir nicht so vermessen, dass wir gleich solch tolle Geräte hätten haben wollen. Ein paar Ansichtskarten, die es an jeder Ecke gab, wären genug gewesen. Zum „Glück" brauchten wir nicht lange überlegen, ob unser Geld dafür reichen würde – nicht einer von uns hatte auch nur einen Centavo in der Tasche! Daher fesselte sofort etwas anderes unsere Blicke: Die vielen hübschen Mädchen mit dem dunklen Teint und den schwarzen Haaren. Eine „Prägung", die sich bei mir erst nach mehreren Jahrzehnten langsam verlor.

Meine Schwärmerei für die Azoren, für São Miguel und Ponta Delgada hat sich bis heute erhalten, vielleicht weil es mein erster Hafen war. Seitdem hatte ich nicht die Gelegenheit eines weiteren Besuchs – und das ist vielleicht auch gut so. Beim Schreiben meiner Erinnerungen habe ich eben mal bei Wikipedia reingeschaut und mir aktuelle Bilder der Bucht angesehen. Die Hafenzeile wird jetzt von zwei riesigen, ganz modernen

Gebäuden dominiert, auch erscheint mir der Hafen wesentlich größer, als ich ihn in Erinnerung habe. Aber das soll es ja auch im richtigen Leben geben, dass die Jugendliebe im Laufe der Jahrzehnte etwas aus den Fugen gerät.

Nach drei Tagen ging unser kurzes Intermezzo auf der gastlichen Insel zu Ende, ohne dass ich je den wahren Grund für den Zwischenstopp erfahren hätte. Weiter ging die Fahrt, Kurs West-Süd-West.

Unser Bordleben wurde nun wieder durch Unterrichtsstunden, Seewache und praktische Arbeiten bestimmt. Die Gradzahl der Lufttemperatur verhielt sich umgekehrt proportional zu der Gradzahl der geographischen Breite – oder kurz: Je weiter südlich wir fuhren, umso wärmer wurde es! Und so floss der Schweiß bei allen Arbeiten an Deck in Strömen.

Insbesondere das Spleißen von Drahttauwerk verlangte uns alles ab. Aus Kostengründen hatte man uns zum Üben nur alte, stark verkinkte[6] Drähte, teilweise mit gebrochenen Litzen, in der Seemannssprache „Läuse" genannt, zur Verfügung gestellt. Dementsprechend sahen auch unsere Ergebnisse aus: Nach Abgabe und anschließender Benotung flogen die Spleiße sofort außenbords. Und so liegen meine Versuche mit dem störrischen Draht noch heute auf dem dunklen Grund des Meeres.

Aber wer weiß, wenn sich der Mittelatlantische Rücken eines Tages weiter hebt, vielleicht wird mein Draht in Millionen Jahren wiedergefunden – als Artefakt einer längst vergangenen Epoche, in den lichten Höhen eines Karstgebirges.

Doch zunächst weiter mit den Niederungen der Lehrausbildung auf der „Fichte": In guter Erinnerung geblieben sind mir auch unsere Versuche als „Feuerlöschtrupp". Auf hoher See

---

6 Verdrehte Stellen in einem Drahtseil.

kann man im Falle eines Falles schwerlich die Feuerwehr rufen. Also muss ein jeder, der beruflich zur See fährt, eine Ausbildung als „Feuerschutzmann" absolvieren. Für uns hieß das immer und immer wieder, mit schwerem Atemschutzgerät ausgerüstet simulierte Brände im Schiff zu löschen – durch das unhandliche Equipment, die Atemmaske und die hohen Temperaturen eine äußerst kräftezehrende Angelegenheit. Die sogenannten SKG (Sauerstoff-Kreislauf-Geräte) verbargen innen eine etwas sonderbare Inschrift. Im Deckel eingeprägt stand in dicken Lettern „H e e r e s a t m e r".

Damit war klar, unsere lebensrettende Technik war älter als die „Fichte" selbst. Wer halbwegs in Geschichte aufgepasst hat, weiß, dass es mit dem deutschen Heer am 8. Mai 1945 ein Ende hatte.

Eine Besonderheit dieser Ausbildungsreise waren die Erziehungsversuche seitens unserer Ausbilder. Namentlich der Kammerdurchgang wurde regelrecht zelebriert: Nach der Order „Kammerreinschiff" hatten wir drei Stunden Zeit, unsere Bude auf Vordermann zu bringen. Das taten wir auch, in einem Maße, wie siebzehnjährige Jungs das nun mal vermögen. Unsere Lehrbootsleute hatten allerdings ein etwas anderes Verständnis von Ordnung und Sauberkeit. Heute glaube ich, sie trieben ab und an ihren Spaß mit uns. Jedenfalls gab es Szenen, die jedem Slapstick-Armeefilm zur Ehre gereicht hätten.

Nachdem Ede, unser Kammerältester, „Klar zur Abnahme" gemeldet hatte, baute sich der Lehrbootsmann im Schott auf. Mit großer Geste hob er den Arm über den Kopf und strich mit einem weißen Handschuh über den oberen Türrahmen. Danach schaute er voller Abscheu auf seine Finger und blies symbolischen Staub in unsere Richtung: „Sehen Sie mich noch?"

Danach drohte er, in zwei Stunden wiederkommen zu wollen, und wehe, wir „Dreckschweine" hätten dann nicht richtig

Reinschiff gemacht! Es blieb uns also nichts übrig, als noch den letzten Krümel mittels Zahnbürste aus den Ecken zu kratzen. Die zweite Abnahme ging dann relativ problemlos über die Bühne. Es dauerte ein paar Wochen, bis wir das Prinzip verstanden hatten: Nach dem e r s t e n Durchgang gab es i m m e r einen Anschiss! Den holten wir uns jetzt kommentarlos ab, warteten, bis der Lehrbootsmann weg war und hauten uns dann für zwei Stunden in die Koje.

„Na, Jungs, so sieht das doch schon ganz anders aus!“, befand unser Aufseher dann bei der sogenannten „Nachkontrolle“.

Dennoch kann ich dem Lehrbootsmann Bansch ein wenig dankbar sein, einen gewissen Hang zur Ordentlichkeit habe ich wohl fürs Leben mitbekommen – wie meine Frau sicher bestätigen kann.

Aufgrund einer Sturmwetterlage musste die „MS Fichte“ noch ein Stückchen weiter südlich gehen als ursprünglich geplant. Außer einer höheren Dünung hätten wir aber diesmal davon kaum etwas mitbekommen.

Wohlgemerkt „hätten“. Aufgrund der stickigen Luft war unser einziges Kammerbullauge bei schönem Wetter natürlich weit geöffnet. Mitten in der Nacht jedenfalls legte sich die „Fichte“ ein wenig mehr auf die Seite, als die Schiffsführung wohl erwartet hatte. Es machte kurz „wutsch“ – und in unserer Kammer stand das Wasser zwanzig Zentimeter hoch. Alles, was nicht niet- und nagelfest war, schwamm herum – das reinste Chaos! Und jede Menge Arbeit hinterher.

Wie vielleicht jeder weiß, müssen mit Salzwasser getränkte Sachen mit Süßwasser gespült werden, bevor man sie trocknen kann. Auch unsere Unterrichtssachen wurden stark in Mitleidenschaft gezogen. Mir und meinen Kameraden war (außer dem Schreck) nichts passiert. Aber uns wurde deutlich vor Augen geführt, was Wassereinbruch im Schiff bedeuten kann.

In unserem Fall war der Spuk nach zwei bis drei Sekunden vorbei und unser Bullauge hatte vielleicht einen Durchmesser von fünfzig Zentimeter – wehe aber, ein Leck läge tiefer und man käme nicht mehr ran.

Zwei Tage später, nach dem „rise-rise" des Lehrlings vom Dienst, glaubten wir, unseren Augen nicht zu trauen: Die „Fichte" fuhr mit voller Kraft über eine Wiese. Soweit das Auge reichte, nur gelb-grünes Gras! Mein erster Gedanke war: Das glaubt uns zu Hause keiner!

Noch nie in meinem Leben hatte ich etwas über die „Sargasso-See" bzw. das „Sargasso-Meer" gehört. Es ist ein Teilgebiet des sogenannten Bermuda-Dreiecks, welches durch unglaubliche Schauergeschichten Furore gemacht hat. Zahlreiche Filme und Bücher berichten über in diesem Gebiet verschollene Flugzeuge und Schiffe, die bei schönstem Wetter für immer spurlos verschwundenen sein sollen. Ich selbst habe auf meiner allerletzten Reise als Erster Offizier im Jahre 1993 im Bermuda-Dreieck sogar ein paar dieser rätselhaften Phänomene mit der Videokamera aufgenommen! Allerdings musste ich dabei ein paar Special Effects anwenden. Vielleicht bin ich nicht zuletzt deshalb später, in meinem „Zweiten Leben", beim Fernsehen gelandet.

Zurück zur Sargasso-See: Die hat nun mit irgendwelchen rätselhaften Erscheinungen nichts zu tun. Das Kraut, das dem Seegebiet den Namen gegeben hat, wächst mit Ausläufern bis zu einer Länge von dreihundert Meter und kann an der Oberfläche dichte Teppiche bilden. Solch eine geschlossene Ebene, wie wir sie erlebten, habe ich aber später auf keinem Film oder Foto gesehen. Vielleicht war es damals ein besonders gutes Wachstumsjahr. Übrigens, die Sargasso-See ist die Kinderstube unserer Aale. Hier werden sie geboren. Um auf unseren Tellern zu landen, müssen sie quasi die Reise der „Fichte" auf Gegenkurs nachvollziehen.

Die Weite des Atlantiks lag nun hinter uns, der Schiffsverkehr wurde allmählich wieder dichter. Die ersten Landvögel tauchten auf – und dann sichtete der „Lütte“ als erster einen kleinen Strich an der Kimm: Amerika! Die Bahamas! Wir hatten den „neuen Kontinent“ erreicht. Die „Fichte“ nahm Kurs auf die Windward-Passage zwischen Haiti und Kuba, um schließlich an der Südküste der Zuckerohrinsel nach Westen zu laufen, zum ersten Zielhafen der Reise: Cienfuegos.

Am Morgen des 6. November, nach zweiundzwanzig Reisetagen, nahmen wir den Lotsen an Bord. Und wieder öffnete sich für uns Lehrlinge eine neue Welt. Die Fahrt ging durch eine lange, schmale Fahrrinne, Backbord und Steuerbord gesäumt von Hügeln, die mit üppigem tropischem Grün bewachsen waren. Ab und zu ragten aus der dichten Vegetation hohe Palmen heraus oder das grüne Einerlei wurde durch einfache Fischerhütten unterbrochen. Kinder winkten uns zu und zum ersten Mal sah ich den allgegenwärtigen Vogel der Karibik, den Pelikan, in freier Natur. Mit anderen Worten: Idylle pur!

Umso überraschter war ich, als die „Fichte“ die Durchfahrt passiert hatte. Vor uns öffnete sich mit rund 88 km² die drittgrößte Bucht Kubas. Der Hafen von Cienfuegos galt übrigens zu seinen Glanzzeiten als der größte Zuckerexporthafen der Welt.

Davon war schon damals nicht mehr viel zu spüren, aber es gab immer noch einen großen Hafen mit Schüttgut-, Stückgut- und Tanker-Liegeplätzen.

Die Hauptstadt der gleichnamigen Provinz Cienfuegos hat über 170.000 Einwohner und liegt rund zehn Kilometer vom Hafen entfernt.

Da für diesen Hafen nur wenig Stückgut zu löschen war, ließ man uns wieder sehr lange im Unklaren, ob es Landgang geben würde. Schließlich wurden vier Stunden genehmigt. Wir empfanden diesen Zeitrahmen fast als Schikane, aber undenkbar, diese Chance verstreichen zu lassen!

Leider hatten wir unsere Rechnung ohne den kubanischen Zoll gemacht. Jeder von uns 160 Jungs wurde einzeln und penibel kontrolliert. Bis auch der letzte das Tor passiert hatte, war eine Stunde weg. Nach nunmehr fast fünf Jahrzehnten keimt jetzt beim Schreiben in mir ein Verdacht auf: Sollte etwa der kubanische Zoll schon sozialistische „Bruderhilfe“ von den DDR-Kollegen erhalten haben? Undenkbar wäre so etwas nicht. Kubaner wurden damals in der DDR ausgebildet – warum also nicht auch Zöllner? Und manches ihres Gebarens erinnerte mich doch sehr unangenehm an das Prozedere am Rostocker Hafentor.

Blieben also noch drei Stunden. Wir versuchten es trotzdem. Und hier erlebte ich zum ersten Mal die Mischung zwischen südlicher Unbekümmertheit und Gastfreundschaft. Auf der Straße zwischen Hafen und Stadt herrschte lebhafter LKW-Verkehr. Wir hoben unsere Daumen, und keine halbe Minute später fanden wir uns zu zehnt auf der Ladefläche eines großen Kippers wieder. Hier wurde jeder mitgenommen, egal ob der Fahrer einen „Personenbeförderungsschein“ hatte oder nicht, ob das Fahrzeug technisch in Ordnung oder ob es überhaupt für den Personenverkehr geeignet war. In unserem Fall hätte man alle drei Fragen mit einem klaren „Nein“ beantworten können. Allerdings kam keiner auf die Idee, zu fragen.

Bei den maroden Straßenverhältnissen war die Fahrt eine wahrhafte Tortur. Wir wurden von einer Ecke in die andere geschleudert. Ein Wunder, dass niemand im Straßengraben landete. Und für manche empfindliche Mägen bedeutete dieser „Rodeo-Ritt“ eine kleine Reminiszenz an vergangene Tage in der Nordsee. Doch waren wir ja inzwischen fast alle einigermaßen „seefest“. Zum Glück war die Fahrt kurz, eine Viertelstunde später hatten wir – etwas ramponiert, aber glücklich – die Stadt erreicht.

Warum sie allerdings von den Kubanern, abgesehen von der Lage, auch „La Perla del Sur" genannt wurde, erschloss sich mir in der kurzen Zeit nicht so ganz. Zwar fanden sich das eine oder andere attraktive Gebäude aus der Kolonialzeit und auch eine ganz hübsche Uferpromenade – aber im Wesentlichen wurde die Stadt durch die typisch mittelamerikanischen, einstöckigen, eher schmucklos aneinandergereihten Häuser bestimmt, fast jedes in fliegenabweisendem Grün oder Blau gestrichen und zur Straße hin mit Terrasse und Schaukelstuhl ausgestattet. Allenthalben flackerte hinter irgendwelchen Vorhängen das fahle Licht der obligatorischen Schwarzweißfernseher – und zwar über die gesamte Straßenlänge im gleichen Rhythmus. Es gab damals noch nicht so viele Programme.

Der Landgang bot eine gute Gelegenheit, meine Sprachkenntnisse zu verbessern. An praktisch jeder freien Wand stand entweder „Ami go home!" oder „Venceremos!". Zudem lernte ich zum ersten Mal auf den allgegenwärtigen Plakaten neben dem obligatorischen „Fidel" auch den bereits erwähnten Herrn Che Guevara mit seiner schmucken Baskenmütze kennen. Nimmt man jetzt noch die Büste des Nationaldichters José Martí hinzu, hat man praktisch fast alle kubanischen Helden zusammen.

Das war schon interessant, aber für uns gab es Interessanteres: Auch im sozialistischen Kuba des Jahres 1970 war die Mini-Mode angekommen! Und da im Sozialismus bekanntermaßen alles knapp war, erschienen uns die Röcke der einheimischen Señoritas besonders kurz geraten zu sein. Trotz all dieser „Naturschönheiten" schafften wir es tatsächlich, komplett und pünktlich zum Ende des Landganges wieder an Bord zu sein! „¡Gracias compañeros automovilistas!"[7]

Wenig später liefen wir aus und noch einmal durften wir die wunderbare Revierfahrt zwischen der Bucht und dem offenen

---

7 Übersetzt: „Danke Genossen Kraftfahrer!"

Meer genießen. Die Sonnenuntergänge in den Tropen sind wirklich schön – doch sie enden schnell. Fast wie eine Metapher auf den Reiz der tropischen Mädchen. Auch sie erblühen sehr jung zu großer Schönheit …

Am nächsten Tag erreichten wir den fernsten Punkt der Reise. Auf der Brücke wurde das Ruder nach Steuerbord gelegt. Wir drehten in den Yucatán-Kanal ein. Und irgendwo weit drüben, außer Sicht, lag Mexiko. Am 10. November, dem sechsundzwanzigsten Reisetag tauchte im Morgendunst Steuerbord voraus die Skyline der kubanischen Metropole auf. Das eigentliche Ziel der Reise, Havanna, war erreicht.

Nur wenige Jahre zuvor hätte der Hegemonieanspruch der beiden Weltmächte, USA und Sowjetunion, um die karibische Insel beinahe zum Dritten Weltkrieg geführt. Wenn man heutigen Berichten und Dokumentationen glauben kann, stand die Menschheit im Oktober 1962 kurz vor einem nuklearen Inferno. Auslöser war die Entdeckung sowjetischer Mittelstreckenraketen mit Atomsprengköpfen auf der Insel. Sie hätten aufgrund der kurzen Distanz ohne jegliche Vorwarnzeit Ziele in den USA erreichen können. Amerika antwortete unter anderem mit einer totalen Seeblockade.

Kein Schiff durfte Kuba anlaufen oder verlassen, worauf die Sowjetunion Atom-U-Boote in die Region entsandte. Es fehlte praktisch nur der berühmte Funke, um das Pulverfass zu zünden. Doch die Büchse der Pandora blieb verschlossen. In letzter Sekunde siegte auf beiden Seiten die Vernunft. Und letztlich hatten die berühmten „13 Tage von Kuba“ auch ihr Gutes: Sie galten als Initialzündung für die Vertreter beider Militärblöcke, miteinander über die Chancen von Rüstungsbegrenzung oder gar Abrüstung zu reden. Erst rund zwanzig Jahre später wurden die ersten Abrüstungsverträge in die Tat umgesetzt.

Von all dem hatten wir freilich keine Ahnung. Während des Einlaufens bewunderten wir die berühmte Uferstraße, den Malecón, das mächtige Kastell El Morro und natürlich die Wolkenkratzer. Diese Stadt war schon von weitem etwas anderes als das beschauliche Cienfuegos!

Doch die Verheißung „Landgang“ sollte sich wohl nicht so schnell erfüllen. Auf Innenreede rasselte die Ankerkette und die „Fichte“ wurde Bestandteil einer Wartegemeinschaft von zirka fünfundzwanzig Handelsschiffen. So hatten wir uns das natürlich nicht vorgestellt! Irgendjemand hatte bei Gesprächen der Stammbesatzung aufgeschnappt, dass die „Fichte“ eine Reise zuvor achtzehn Tage auf Innenreede verbracht hätte. Ade Weihnachten zu Hause!

Etwas versüßt wurde uns der Tag allerdings durch die Verteilung von Post. Nach rund einem Monat die erste Nachricht von zu Hause. Eine Karte von Oma aus Gusow hatte den Weg bis nach Havanna gefunden. Das war eher eine bescheidene Ausbeute. Martin Utpadel, der mit der „Verlobten“, hatte dagegen sieben Briefe erhalten!

Es ist im heutigen Kommunikationszeitalter sicher nur noch schwer vorstellbar, welchen Stellenwert für den Seemann damals diese Briefe hatten. Anfang der siebziger Jahre war es praktisch die einzige Verbindung zu den Eltern, der Frau oder der Freundin. Funktelegramme gab es zwar, diese beschränkten sich aber auf die absolut notwendigen Informationen, zum Beispiel wenn ein Seemann Vater geworden war. Aber leider kamen auf diesem Weg oftmals auch sehr traurige Nachrichten. Und so zuckte man eher zusammen, wenn der Funker unerwartet mit einem Telegramm in der Kammertür stand.

Zurück zur Post: Zunächst hatte der Seemann sich damit abzufinden, dass nicht jeder Brief ankam, der zu Hause mit zarter Hand geschrieben wurde. Und je exotischer und entlegener der Hafen war, umso geringer war die Chance, dass die

Post v o r dem Schiff da war. Da allerdings manche Häfen im Liniendienst angelaufen wurden, erhielt man den Brief irgendwann dann doch – nicht selten erst nach mehreren Monaten. Clevere Ehefrauen gingen daher zu Hause dazu über, die Briefe zu nummerieren. Also, die Postverteilung war schon eine spannende Sache.

Eine Besonderheit sei noch erwähnt: Dank eines internationalen Postabkommens durfte jeder Seemann seine Briefe, die er auf hoher See geschrieben hatte, bei Einlaufen mit einer Briefmarke seines Heimatlandes versehen und abgeben. Dazu genügte es, das Wort „Paquebot“ groß und deutlich auf den Briefumschlag zu schreiben. Dieses System funktionierte erstaunlich gut und in den meisten Häfen sind wir diese Briefe tatsächlich losgeworden.

Neben der Zeitersparnis hatte es für uns DDR-Seeleute den Vorteil, dass wir unsere extrem knappen Devisen etwas schonen konnten. Für die „Philatelisten“ zu Hause war das natürlich weniger schön.

Am vierten Tag auf Innenreede wurde Ede, unser Kammerältester, zum Purser bestellt. Er kam mit einer Anzahl kubanischer Pesos zurück – für uns ein sicheres Indiz für einen bevorstehenden Landgang! Und tatsächlich: Die Schiffsführung hatte für den ausbildungsfreien Sonntag ein paar Hafenbarkassen organisiert. Und endlich durften auch wir Lehrlinge an Land. Allein! Ohne Lehrbootsmann!

Natürlich kamen wir aus dem Staunen kaum heraus. Das erste Mal zu Fuß in einer Großstadt des Südens unterwegs, mit anderem Flair, mit anderem Verkehr, mit anderen Gerüchen, mit anderem Temperament, ständig begleitet von einer Horde bettelnder und lärmender Kinder.

Wir waren fasziniert von den riesigen, chromblitzenden amerikanischen Straßenkreuzern, die allerdings ihre besten Jahre schon hinter sich hatten. Und unglaublich: Rund fünf Jahrzehnte später sind immer noch viele von ihnen unterwegs!

Wir liefen von einem Ende der Stadt zum anderen, standen mit offenem Mund vor dem grandiosen Hotel „Habana Libre“, dem ehemaligen „Hilton“, und schlenderten die längste Uferpromenade der Welt, dem Malecón entlang. Die Promenade diente und dient wohl noch heute nur einem Zweck: sehen und gesehen werden. Vor allen junge Leute sind hier unterwegs. Und natürlich wollten auch wir sehen und gesehen werden!

In den Gassen der Altstadt hingegen fielen uns besonders die Hausfrauen auf, die ungeniert mit Lockenwicklern auf dem Kopf auf der Straße herumliefen. Ich glaube, das würde in Deutschland, egal ob Ost oder West, keine Frau freiwillig machen. Niemals!

So exotisch die Altstadt und ihre Bewohner auf uns wirkten, genauso exotisch müssen auch wir auf die Kubaner gewirkt haben. Das Land war ja seit einem Jahrzehnt praktisch isoliert. Zwar kam auch damals schon ab und zu ein Urlauberschiff wie die „Völkerfreundschaft“ über den großen Teich, doch verglichen mit dem amerikanischen Massentourismus vor der Revolution waren das sehr geringe Besucherzahlen.

Von der eigentlichen architektonischen Schönheit von „Havanna Viejo“, der spanischen Altstadt (heute Weltkulturerbe) haben wir damals nichts mitbekommen. Wir haben sie schlichtweg nicht gesehen. Aber vielleicht sollte ich da nicht ganz so hart mit mir ins Gericht gehen, ich glaube, das ist ganz einfach eine Altersfrage.

Auch von den zwei weltberühmten Bars, „La Bodeguita del Medio“ und „El Floridita“, Hemingways Lieblingsbars, hatten wir noch nie etwas gehört. Immerhin, einige Jahre später, als Seefahrtschüler, begab ich mich dann doch noch auf Hemingways Spuren.

Aufgrund unseres Aussehens mit dem militärisch kurzen „Lehrschiff-Haarschnitt“ wurden wir fast immer auf Russisch angesprochen. Das gefiel uns nicht sonderlich, war aber ein sicheres Indiz dafür, woher jetzt die meisten Ausländer kamen. Erst einmal als Ausländer erkannt, wurden wir sofort Zielscheibe für Anfragen der unterschiedlichsten Art. Meistens ging es um irgendwelche Tauschgeschäfte. Das Wort „Chiclets“, eine amerikanische Kaugummimarke, konnte ich schon bald nicht mehr hören. Es wurde uns allgegenwärtig als Frage von Kindern entgegengeschleudert: „Chiclets, Chiclets?“ Es gab praktisch kein Entrinnen! Man muss es schon als besonders perfide Rache der Amis ansehen, bei ihrem Verschwinden einfach die Kaugummis mitzunehmen.

Der RGW[8] war niemals in der Lage, diese Lücke quantitativ und qualitativ zu schließen. Wer jemals DDR-Kaugummis probiert hat, weiß, was ich meine.

In Kuba fast genauso begehrt waren Kämme, ganz einfache, stinknormale Plastikkämme. Wer Glück hatte, konnte dafür sogar einen vorrevolutionären Silber-Peso eintauschen.

Die „härteste Währung“ allerdings waren Nylon-Hemden oder das ostdeutsche Kunststoff-Pendant mit dem Handelsnamen „Dederon“. Diese Hemden galten damals als letzter Modeschrei und Ausgeburt der Hochtechnologie. Nach mehreren tausend Jahren Hausfrauen- und Junggesellenfrust waren es die ersten bügelfreien Hemden der Welt. Für tropische Verhältnisse waren diese Dinger natürlich völlig ungeeignet. Aber Mode ist eben Mode – und dementsprechend waren die „Camisa-Nylon“ bei den Kubanern heiß begehrt. Sogar „Liebe“ hätte man dafür bekommen können, für uns „grüne Jungs“ aber nicht wirklich eine Option.

Stattdessen lernten wir Isabell und Ana kennen, zwei Germanistik-Studentinnen an der Universität. Es ist schon komisch, wie sich manche Klischees, egal wo auf der Welt, bestätigen. Auch hier das übliche Gespann: Die eine hübsch

---

8 „Rat für gegenseitige Wirtschaftshilfe“ – Wirtschaftszusammenschluss der sozialistischen Länder.

und kommunikativ, ihre Freundin dagegen … weniger schön und eher verstockt. Diese Kombination kannten wir schon von zu Hause. Die dunkelhäutige Isabell aber war wirklich ein Glücksfall für uns. Sie sprach hervorragend deutsch und bot an, uns Havanna zu zeigen. Ja und okay: Ana durfte auch mit. Durch die beiden lernten wir diese Stadt in den nächsten Tagen noch einmal von einer anderen Seite kennen. Und sie fuhren mit uns zum Badestrand Havannas: Playa Santa María, ein mondäner Ort, dessen Glanz allerdings nun ein wenig zu bröckeln begann.

Für mich, der ich zum ersten Mal meine Füße auf einen karibischen Traumstrand setzen durfte, ein wunderbares Erlebnis. Für den „Sachsen“ und den „Lütten“ allerdings war es weniger prickelnd. Sie (oder besser ihre Füße) machten unangenehme Bekanntschaft mit der dort heimischen Spezies Diadema setosum aus dem Stamm der Echinodermata, besser bekannt unter den Namen Diadem-Seeigel.

Übrigens, falls jemand nach Havanna kommen sollte: Ab Malecón Buslinie Nr. 61 benutzen (Stand November 1970!).

Bei allen Problemen, die das sozialistische Kuba unter Fidel Castro zu diesem Zeitpunkt schon zeigte, wurde eines deutlich: Die schulische Ausbildung der Kinder und damit das gesamte Bildungsniveau der Jugend befand sich auf sehr hohem Niveau und lag deutlich über dem Level der anderen lateinamerikanischen Staaten. Isabell stammte aus einfachen Verhältnissen und es ist sehr unwahrscheinlich, dass sie sich unter dem vorherigen Batista-Regime eine Universitätsausbildung hätte leisten können. Und Isabell hatte echt was drauf! Sie war im dritten Studienjahr und überrollte uns förmlich mit Goethe, Schiller, deutscher Liebesdichtung, Grimms Märchen, Präsens, Plusquamperfekt, Futur II … Wir haben damals nur die Ohren angelegt. Alle Achtung!

Und so gingen die Tage in Havanna mit Schule, praktischer Ausbildung und den täglichen Landgängen dahin. Doch auch die schönste Zeit hat irgendwann ein Ende. Die Löscharbeiten auf der „Fichte“ näherten sich ihrem Abschluss. Traurig nahmen wir von Ana und vor allem von Isabell Abschied. Die beiden Mädchen hatten viel Freizeit für uns geopfert und auch manchen Centavo, um uns die Sehenswürdigkeiten ihrer Heimatstadt zu zeigen. Dafür waren wir dankbar. Und natürlich haben wir uns gegenseitig versprochen, uns bei der nächsten Reise wieder zu treffen. Diese nächste Reise allerdings sollte es für uns Lehrlinge nicht mehr geben.

Am 27. November wurden die Luken seefest verschlossen und wir liefen aus. Doch es ging nicht weit. Ziel der Versegelung war der kleine Zuckerrohrhafen „Bahía de Mariel“, oder kurz „Mariel“, unweit von Havanna. Am fünfzigsten Reisetag gingen wir in der Bucht vor Anker. Die kurze Versegelung von Havanna nach Mariel und die Reedezeit wurden durch die Stammbesatzung (qualifizierte Arbeit) und uns Lehrlinge (Drecksarbeit) genutzt, um die Laderäume gründlich zu säubern und zu garnieren. In unserem Fall hieß das, eine Zuckerladung, rund 6.000 Tonnen in Säcken, vor allen möglichen schädlichen Einflüssen einer Seereise zu schützen. Insbesondere galt es mit Packpapier, Stauholz und Rappeltuch Schäden durch sogenannten „Schweiß“ zu verhindern. Der Zusammenhang ist folgender: Durch die hohen Temperaturen bei der Beladung in Kuba gerät auch ein enormes Wärmepotential und damit Feuchtigkeit in die Luken. Fährt das Schiff nun heimwärts in kalte Gewässer, bildet sich an der Innenschiffswand schnell Kondenswasser, „Schweiß“ genannt, was einer Ladung Zucker in aller Regel nicht gut tut. Dies soll mit dem Garnier und kräftiger Laderaumbelüftung verhindert werden.

Jeder Ladungseigner will, dass seine Ladung im Zielhafen heil und unversehrt ankommt und erwartet vom Seemann, dass er dafür alles nur erdenklich Mögliche tut. Doch Gefahren auf einer Seereise für das zu befördernde Gut gab und gibt es viele. Es fängt mit hässlichen kleinen Nagetieren an und hört bei großen Sturmschäden auf. Dies und noch viel mehr gehört in das Fachgebiet „Ladungspflege“. Und das wiederum war Teil unserer Lehrlingsausbildung bzw. später auch ein wichtiges Fach an der Ingenieurhochschule für Seefahrt in Warnemünde/Wustrow.

Uns Lehrlingen war die Ladung, ehrlich gesagt, zu diesem Zeitpunkt ziemlich schnuppe. Wir wollten wieder an Land, Kokosnüsse besorgen und unbedingt etwas für die Völkerverständigung tun, also Mädchen anbaggern!

Nach den üblichen Ausbilder-Schikanen vor dem Landgang machten wir Lehrlinge allerdings eine Erfahrung, die auch heutigen Kreuzfahrttouristen nicht völlig unbekannt sein dürfte. Wohin unsere Landgangtruppe auch ging – eine andere Gruppe vom Schiff war schon da. Wir fanden das nicht so toll, und auch ein Traumschiff-Tourist dürfte darüber nicht sonderlich erbaut sein, fühlt sich doch ein jeder von uns irgendwie als „Entdecker“. Mariel entpuppte sich als ein sehr kleines Städtchen, mit der Folge, dass es für uns nichts mehr zu entdecken gab, vor allem keine Mädchen.

Hinzu kam, und das sei eine Warnung für alle, die nach Mittel- oder Südamerika wollen: In den spanisch oder portugiesisch sprechenden Ländern versteht kaum jemand Englisch, geschweige denn Deutsch. Außer Isabell natürlich. Wenn wir auf ein paar Mädchen trafen, die noch nicht von einer anderen Lehrlingsgruppe „okkupiert“ waren, blieb es mehr oder weniger bei einem sehr einfachen Gesprächsniveau – ohne weitreichende Folgen für die demographische Entwicklung beider Völker.

Unterdessen wurde der Deal „Wirtschaftsgüter gegen Zucker“ auf der „Fichte“ weiter in die Tat umgesetzt. Die Wirtschaftsgüter waren wir in Cienfuegos und Havanna losgeworden, nun wurde also Zucker für die DDR verladen. Nicht, dass die DDR wirklich Zucker gebraucht hätte, denn seit „Erfindung“ der Zuckerrübe gab es davon in Europa und auch in der DDR genug davon. Doch so viele Exportartikel hatte Kuba nicht zu bieten – und das Wenige, Rum und vor allem die berühmten Zigarren, wurden dann doch eher gegen harte Devisen verkauft. Aber ich will mich nicht weiter auf ein Terrain begeben, von dem ich nur wenig Ahnung habe.

Überhaupt hatten Kapitän und Besatzung nur wenig Einfluss darauf, w a s das Schiff zu laden hatte. Das war Sache der Reederei, damals speziell die Aufgabe der Abteilung „Befrachtung“. Doch w i e das Schiff zu beladen war, das hatte die Besatzung, namentlich der Erste Offizier, zu entscheiden. Dabei ging es nicht nur um die schon erwähnte Ladungsfürsorge, sondern vor allem auch um die Schiffssicherheit, denn unseemännisch gestaute Ladung konnte bei Schlechtwetter zu einer erheblichen Gefahr für Schiff und Besatzung werden.

Um die Vorgaben des Ersten Offiziers zu erfüllen, wurde in jeden Laderaum ein sogenannter „Raumwächter“ geschickt. Auf der „Fichte“ waren das natürlich wir, die Azubis. Irgendwann fiel auch mir diese Aufgabe zu. Nach einer kurzen Einweisung und vielen Ermahnungen durch den Lehrbootsmann stieg ich über die Raumleiter tief hinab, zu den Hafenarbeitern. Und schon war ich in einer anderen Welt.

„Jegliches hat seine Zeit“, heißt es in einem Bibelspruch und es steckt viel Wahrheit drin: Diese Atmosphäre in der Tiefe des heißen Laderaums, die muskulösen Männer, jeder in einer anderen Schattierung, mit freiem Oberkörper, schweißglänzend; dazu Gesichter, die im Film „Fluch der Karibik“ ohne jedes Casting eine Rolle bekommen hätten; dann der spezielle Geruch: eine Mischung aus Jute, Schweiß, und Zucker – all das gibt es in der heutigen modernen Containerschifffahrt nicht mehr.

Das war damals noch schwerste körperliche Arbeit, wie sie schon seit Jahrhunderten von Schauerleuten in den Tiefen der Laderäume verrichtet wurde. Hiev um Hiev senkte sich in die Luke. Abertausende Zuckersäcke wurden durch die zwei Gangs, die aus je fünf bis sechs Männer bestanden, gepackt, geschultert, in die Ecken geschleppt und abgeworfen. Und zwar mit fast absoluter Perfektion! Keiner dieser Arbeiter war willens, einen Sack noch ein zweites Mal anzufassen, um ihn irgendwie besser hinzulegen. Das wurde als reine Zeit- und Energieverschwendung angesehen. Dennoch, trotz großem Geschick der Stauer, kam es natürlich hin und wieder vor, dass ein Sack nicht so lag, wie er eigentlich hätte liegen sollen. Und hier begann nun die Aufgabe des Raumwächters. Wenigstens theoretisch, denn auch hier wurde mir sogleich eine Lehre erteilt. Gegen die Cleverness von zehn bis zwölf ausgebufften Schauerleuten hat man nämlich im Grunde keine Chance, zumindest nicht, wenn man ein siebzehn Jahre altes Greenhorn ist und man gerade seine erste Reise macht. Ich wurde jedenfalls sofort in irgendwelche Gespräche verwickelt. Sie fragten mich aus und wollten wissen, wie alt ich wäre, woher ich käme, ob ich schon mal Sex hatte, Kämme oder Nylonhemden zu verkaufen hätte, und … und …

Natürlich habe ich fleißig und arglos mitpalavert. Schließlich hatte ich ja in der Schule gelernt, alle Menschen im Sozialismus sind hilfreich, edel und gut. Bis auf die Klassenfeinde, aber die hatten ja Fidel und Che erfolgreich verjagt.

Allerdings musste ich bald feststellen, dass diese „Gespräche" letztlich nur einem Zweck dienten: Um von allerlei schändlichem Tun der Schauerleute in der Luke abzulenken.

Ein paar Beispiele: Wie schon erwähnt, wurde kein Sack gern noch ein zweites Mal angefasst. Wenn also ein Zuckersack schweißwassergefährdet zu liegen kam, wurden blitzschnell noch ein paar andere so hingeworfen, dass ihn der Raumwächter dann nicht mehr sehen konnte. Oder es wurde versucht, Säcke in die Luke zu bringen, die schon beschädigt waren. Diese hatte der Raumwächter energisch zurückzuweisen – solange er sie bemerkte und nicht abgelenkt wurde. Oder der Raumwächter musste mal kurz raus, auf Toilette. Schon wurden sogenannte Sackhaken hervorgeholt, die zwar das Arbeiten für die Schauerleute sehr erleichterten, aber dabei fast jeden Sack beschädigten, und daher auf jedem Schiff unter Bann standen.

Apropos Toilette: Kein Stauer auf der Welt steigt freiwillig die zwanzig bis dreißig Meter hohen Raumleitern hoch und wieder runter, nur um einmal zu pinkeln! Das wird vor Ort erledigt, so lange es keine Aufsichtsperson zu verhindern weiß. Auch unter meiner Aufsicht konnte ich es ob der oben erwähnten Umstände wohl nicht immer verhindern. Aber irgendwo muss ja schließlich der ganz besonders pikante Geschmack des kubanischen Zuckers herkommen.

Bei allem Tun war an einigen untrüglichen Zeichen auch für uns Lehrlinge erkennbar, dass sich die Hafenliegezeit in Mariel dem Ende näherte. Luke um Luke wurde verschalkt und zwar von Hand, mit schweren hölzernen Lukendeckeln und noch schwererer Persenning. Frischwasser wurde gebunkert und Proviant an Bord genommen. Alles sichere Indizien dafür, dass es bald nach Hause gehen würde. Spätestens jetzt hatte jeden an Bord das Heimreisefieber gepackt. Rolling home!

Das Grummeln der beiden Hauptmaschinen am Morgen des zweiten Advents klang daher wie Musik in unseren Ohren. Dann die typischen Durchsagen: Zimmermann auf die Back! Klar vorn und achtern! Schwerfällig setzte sich die fast bis auf die Winter-Nord-Atlantik-Freibordmarke geladene „Fichte“ in Bewegung. „Adios Cuba!“

An dieser Stelle eine kurze Zwischenbemerkung. Ich hatte anfangs erwähnt, dass einige Jahre nach meinen Anfängen in

Mukran aus dem verschlafenen Fischerdorf später der bedeutendste Fährhafen der DDR wurde. Auf eine merkwürdige und sonderbare Weise sollte sich diese Bestimmung nun auch für Mariel erfüllen, inzwischen der größte Containerhafen der Karibik. Ist es Schicksal, ist es Vorsehung?

Was soll man dazu sagen? Ich bin jedenfalls am Überlegen, ob ich meine Dienste nicht den Bürgermeistern kleiner unbedeutender Hafenstädte anbieten soll. Für ein paar lumpige tausend Dollar käme ich hin – und schon nach ein paar Jahren könnte selbst aus dem kleinsten Kaff der größte Hafen der Region werden! Also, wenn das kein gut angelegtes Geld ist.

Zurück zur „Fichte“ und in das Jahr 1970. Was würde uns die Heimreise bringen? Nicht nur bei uns „Stiften“ begann jetzt das ganz große Rechnen. Wenn es keinen Sturm und keinen Maschinenschaden gäbe und wenn vielleicht die „Heizer“ noch eine Schippe drauflegen – ja, dann könnten wir es bis Weihnachten schaffen!

Es war schon komisch. All die Jungs, die noch vor einem halben Jahr mit den Eltern unterm Weihnachtsbaum zu sitzen ziemlich öde fanden, konnten sich nun kaum eine größere Glückseligkeit vorstellen. Und immerhin: Die Sache ließ sich gut an. Nachdem das Schiff die Florida-Straße erreicht hatte, geriet es in den Einflussbereich des Golf-Stroms und machte plötzlich mächtig Fahrt über Grund – und genau darauf kam es ja an!

Mit fast zwanzig Knoten Fahrt versank die Küste schnell achteraus und vor uns lag erneut die Weite des Atlantiks. Zum ersten Mal zog nun mit der Bordroutine auch ein gewisser Frust ein. Wir hatten plötzlich keine Lust mehr auf die tägliche Gängelei, auf das immer gleiche Essen (was, je länger die Reise dauerte, scheinbar immer schlechter wurde), auf die Schule, auf die immer gleichen Übungsmanöver und die ganze Seefahrt überhaupt.

Was macht man, wenn man in eine Sinnkrise gerät? Man(n) beginnt zu dichten:

„Kennst du das Schiff, dem die Sonne nie lacht?
Wo man jeden Lehrling zur Schnecke macht?
Wo man verlernt Anstand und Tugend?
Das ist die ‚Fichte' – das Grab meiner Jugend!"

Na ja, ganz so dramatisch war es dann doch nicht, wie ich fast fünfzig Jahre später ob meines Vierzeilers eingestehen muss.

Doch ein wenig vom damaligen Lebensgefühl spiegelt der Vers schon wider. Schließlich waren ferne, wunderbare Länder auf dieser Heimreise nicht mehr zu erwarten. Zudem war der Nordatlantik zu dieser Jahreszeit trist, rau und ungemütlich. Und genauso bleigrau wie die Wellen war auch unsere Stimmung. Von größeren Tiefdruckgebieten blieben wir aber glücklicherweise verschont.

Nach Passieren der Azoren, die diesmal außer Sicht blieben, begann im E-Deck die Gerüchteküche zu brodeln. Vor allem eine Meldung löste blankes Entsetzen aus: Wegen Überlastung des Rostocker Überseehafens soll die Zuckerladung im polnischen Stettin gelöscht werden! Wie ein Menetekel auf die schon verloren geglaubten Weihnachtstage wirkte dann auch noch der plötzliche Stopp der Hauptmaschine mitten auf dem Atlantik. Doch der Schaden, eine defekte Seewasserpumpe, war schnell behoben und es ging weiter.

Doch die Gerüchteküche brodelte weiter: Die Lehrlinge steigen vorher in Warnemünde ab; die Lehrlinge steigen nicht ab; die „Fichte" muss noch dies und die „Fichte" muss noch jenes. Jeder schnappte irgendetwas anderes von der Stammbesatzung oder den Ausbildern auf.

Als dann Kapitän Prause schließlich verkünden ließ „Der endgültige Löschhafen heißt … Rostock!", brach in der „Blechklasse" unbeschreiblicher Jubel aus. Nun galt es also, nur noch rechtzeitig zu Hause anzukommen. Natürlich konnte auch die Stammbesatzung rechnen und so ließ der Chief, tatsächlich „eine Kohle mehr auflegen". „Heimatumdrehungen" sagt man an Bord dazu, oder auch „das Schiff wittert den heimatlichen Stall".

Noch einmal mitternächtliche Hundewache, doch diesmal war die Brücke hochkarätig besetzt. Sogar Kapitän Prause war oben. Rundherum herrschte pottendicker Nebel[9]. Die Sicht betrug nur wenige hundert Meter. Dennoch lief die „Fichte" weiter mit „voller Kraft" ihrem Ziel entgegen. Wir Lehrlinge durften allerdings nicht auf die Brücke und hatten daher nicht die leiseste Ahnung, in welchem Seegebiet wir uns befanden. Unser Platz war draußen, als Ausguck in der Nock, dem nasskalten Fahrtwind ausgesetzt, der einem mit der Zeit durch Mark und Bein ging. Die Aufgabe lautete, in Sicht kommende Schiffe oder Nebelsignale zu melden. Und so starrte ich angestrengt in die nässende, undurchdringlich wabernde Waschküche. Eine Art von „Titanic-Gefühl" beschlich mich. Mir war klar, wenn ich ein anderes Schiff mit bloßem Auge sehen würde, wäre es mit großer Wahrscheinlichkeit für jegliche Ausweichmanöver zu spät. Alles ging gut und nach acht Glasen[10] kam mir meine warme, vermiefte Koje – welch Glück, genau über meinem Kopf hingen zwei Heizungsrohre! – beinahe wie ein Paradies vor.

Diese „paradiesischen Zustände" hielten jedoch nicht lange vor. Schon nach drei Stunden hieß es wieder aufstehen. Der Unterricht begann stets um 08.00 Uhr, egal, wann man vorher in die Koje kam. Spätestens jetzt hatten wir von der „Traumreise" die Nase endgültig voll! Wir konnten ja noch nicht wissen, dass solche Schlafrhythmen später durchaus normal waren. Aber, wie gesagt, wir hatten absolut keine Lust mehr auf Schule, Feuerlöschmanöver und Bettwäschetausch.

---

9 Nebel wie aus einem dampfenden Topf (norddeutsch:Pott).

10 Zum Wachende um 04.00 Uhr.

Im Grunde gehörte das Kammerreinschiff ebenfalls dazu, doch diesmal hatte es eine andere Qualität und wir gingen mit Begeisterung an die Aufgabe: Es war das letzte, ultimative Abstiegs-Reinschiff. Und wir hatten eine effektive Methode entwickelt, um die Sache zu beschleunigen. Alles, was entbehrlich schien, wurde einfach durch das Bullauge gestopft: Leergut aller Art, kaputte Schuhe, Socken, Handtücher, alte Arbeitssachen, Zeitschriften und … Auf allen Schiffen und auf allen Ozeanen war das damals noch gängige Praxis. Das Meer ist groß und die Worte „Umweltschutz“ und „Ökologie“ begannen gerade erst ihre Karriere.

Der vierundsiebzigste und damit letzte Reisetag war gekommen. Kurz vor Erreichen der Reede Warnemünde gab es noch einmal einen besonderen Moment: die Auszahlung der Heuer in bar. Der Purser übergab jedem persönlich die Lohntüte. Die genaue Summe in Mark der DDR ist mir nicht mehr gegenwärtig, wohl aber die des Westgeldes: pro Reisetag 0,70 DM, also rund 52 Mark für jeden Lehrling. Reichtum pur!

Also gut, es waren nicht wirklich echte Westmark. Aber ein Äquivalent in Bezugsscheinen, die zum Einkauf im internationalen Hafen-Basar in Warnemünde berechtigten. Und dieser „Basar“, vom äußeren Erscheinungsbild her eher eine biedere DDR-Kaufhalle, beherbergte innen unglaubliche Schätze: Jacobs-Kaffee, Lux-Seife, Levis-Jeans, Dash-Waschpulver, Sarotti-Schokolade, Peter-Stuyvesant-Zigaretten, Match-Box-Autos, Bols-Bananen-Likör, Litamin-Badeessenz, Nutella …, also alles, was man aus den Reklamesendungen des Westfernsehens kannte.

Wer damals einen solchen Basar oder auch einen der sogenannten „Intershops“ betrat, wurde von einer unvergleichlichen Duftmischung umfangen. Und jeder, der diesen Duft damals gerochen hat, hat ihn noch heute in der Nase. Auch „Westpakete“ sollen so gerochen haben.

Heute glaube ich, diese Duftmischung ist extra entwickelt worden, um die DDR ideologisch zu unterwandern. Auch wenn die DDR-Produkte qualitativ gar nicht so schlecht waren, diesem Smell hatten „Badusan“ & Co. nichts entgegenzusetzen. Bestärkt in meiner These vom „Duft als Waffe“ wurde ich dadurch, dass mit dem Verschwinden der DDR auch dieser Duft verschwunden ist. Weg. Nicht mehr da! Diesen Fakt werden mir alle bestätigen, denen dieser Duft einst in die Nase gestiegen ist. Heute allerdings muss ich diese Frage stellen: War der Einsatz chemischer Kampfstoffe nicht auch damals schon verboten?

Am vierundsiebzigsten und letzten Reisetag endet auch mein „Fichte“-Tagebuch. Kein Gedanke mehr daran, irgendwas aufschreiben zu wollen. Dafür vergingen die letzten Stunden auf unserem Schiff, welches rund zweieinhalb Monate mein Zuhause war, jetzt viel zu schnell.

Nun galt es, die Koffer zu packen, abzumustern und im Basar die Weihnachtsgeschenke zu kaufen, was mit den westlich-dekadenten Konsumartikeln kein Problem war. „Wir hatten ja nichts!“ Nach Passieren des Hafentores fuhren wir Lehrlinge dann aber selbstverständlich standesgemäß per Taxi vom Überseehafen zum Bahnhof. „Wir hatten’s ja!“

Die Zugfahrt nach Hause allerdings war eine einzige Enttäuschung. Niemand nahm von mir Notiz. Dabei musste ich doch nach so einer abenteuerlichen Reise mindestens so aussehen wie Wolf Larsen, der „Seewolf“ höchst selbst! Jedenfalls fühlte ich mich so. Warum, zum Teufel, sahen mir diese ignoranten Landeier das nicht an? Plötzlich war ich wieder ein ganz normaler Siebzehnjähriger wie tausende andere auch.

Das war einfach nicht fair! Erst als ich mir im Raucherabteil lässig eine hundert Millimeter lange „Peter Stuyvesant“ mit dem „Geschmack der großen weiten Welt“[11] anzündete, wurde mir dann doch etwas mehr Aufmerksamkeit zuteil.

Das alles ist nun fast fünfzig Jahre her. Damals hieß es, wir würden die „Fichte“ nicht mehr wiedersehen. Doch rund sieben Jahre später sah ich sie wieder, als Seefahrtschüler der Ingenieurhochschule für Seefahrt Warnemünde/Wustrow.

---

11 Westlicher Werbeslogan.

Praktikumsreise mit der „MS J. G. Fichte“

An dieser Stelle möchte ich die Chronologie meiner Erinnerungen durchbrechen. Auch wenn zwischen meiner ersten und letzten „Fichte“-Reise ganze Erlebniswelten liegen, gehören diese Erinnerungen doch irgendwie zusammen, sie gehören zu diesem Schiff, vermischen sich gar miteinander. Wieder ging es nach Kuba.

Gemeinsam mit meinem Kumpel Ingolf Träger, später Hafenkapitän von Stralsund, bezog ich eine Zweimannkammer. Es gab halbwegs Platz für uns beide, niemand musste im Schrank sitzen und sogar eine einfache Holzvertäfelung war vorhanden.

Der gravierendste Unterschied war jedoch, dass wir in der Offiziersmesse essen durften, wenn auch weitab von der Kapitänstafel. Dort thronte in der Mitte der „Alte“. Rechts und links, wie beim christlichen Abendmahl, die „Jünger“. Also Chief Mate, Chief, Funker, usw.

Die Messe selbst war beeindruckend. Sie füllte die gesamte Schiffsbreite aus und versprühte durch die Verarbeitung vieler dunkler Edelhölzer einen edlen, kolonialen Charme.

Obwohl wir Seefahrtschüler noch keinen einzigen goldenen „Balken“ auf den Schulterklappen trugen, waren wir für die Lehrlinge des E-Decks schon so etwas wie großen Zampanos. Natürlich besuchte ich auch einmal meine einstige Kammer und die sechs dazugehörigen „Stifte“. Doch viel mehr als ein bisschen Smalltalk kam dabei nicht heraus. Unsere Welten waren einfach schon zu verschieden.

Aber auch für die Seefahrtschüler gab es auf dieser Reise eine Mischung aus theoretischem Unterricht und Praxisausbildung. Letzteres bedeutete für uns angehende Nautiker: Brückenwache. Besonderer Wert wurde dabei auf eine möglichst „echte“ Arbeitsatmosphäre gelegt. Simulatoren, wie sie heute auf jeder besseren Seefahrtschule zu finden sind, gab es damals noch nicht.

Dafür war extra eine „Lehrbrücke" gebaut worden, etwa fünfzig Meter hinter der echten Brücke. Auf beiden Brücken gingen immer jeweils zwei Seefahrtschüler rund um die Uhr auf Wache, vorn unter Aufsicht des Wachoffiziers, achtern unter Aufsicht der Seefahrtschullehrer, meist ehemalige Nautiker.

Geübt wurden alle damals üblichen Methoden der terrestrischen, der funk- und der astronomischen Navigation. Die meisten dieser Verfahren, besonders die der Funk-Navigation, sind inzwischen Seefahrtgeschichte. Nautiker von heute können mit Begriffen wie „Consolfunk", „Loran A und Loran C" oder „Omega-Navigationsverfahren" sicher kaum noch etwas anfangen. Auch Funkpeiler, früher unverzichtbar, zum Beispiel bei Zielfahrten zu einem Havaristen, zählen heute nicht mehr zur Brückenausstattung.

Selbst das damals genaueste und meistverwendete Funkortungssystem, das Decca-Verfahren, hat inzwischen ausgedient. Eine Senderkette nach der anderen wurde in den achtziger Jahren abgeschaltet. 1990 war dann endgültig Schluss. Allesamt wurden sie Opfer des US-amerikanischen „Global Positioning System" (GPS). Und eine große Anzahl gut ausgebildeter, qualifizierter Nautiker wurde gleich mit entsorgt. GPS-Daten kann schließlich jeder – pardon – „Idiot" ablesen. Welch ein Einsparungspotential hatte sich da eröffnet, sogleich erkannt, von den armen, armen Reedern dieser Welt!

1976 hieß es allerdings noch: Grips anstrengen und üben, üben und nochmals üben! Insbesondere die Navigation mit Hilfe des Sextanten, des nautischen Jahrbuchs und der astronomischen Tafeln erforderte schon einige Routine, um wirklich „sichere Orte" zu produzieren. Und so gab es auf der

„Fichte" ein ganz besonderes Phänomen: Unser schönes Ausbildungsschiff „wuchs" morgens und abends zur Beobachtungszeit von lumpigen 163 m Länge öfter mal bis zu einer Länge von rund fünf Kilometern an. Ja, richtig, unser Schiff wurde plötzlich bis zu fünf Kilometern lang! Soweit lagen nämlich die Ortsbestimmungen der Hauptbrücke und der nur fünfzig Meter entfernten Ausbildungsbrücke gelegentlich auseinander. Der Laie mag nun glauben, das sei eine fürchterliche Ungenauigkeit. Dem ist jedoch nicht so. Auf den riesigen Mercator-Überseglerkarten fallen zwei bis drei Seemeilen Differenz kaum ins Gewicht. Und na klar, die Hauptbrücke hatte immer recht!

Je näher man dem Land kam, umso größer waren natürlich auch die Anforderungen an die Genauigkeit der Navigation, vor allem aber an die Schnelligkeit und Häufigkeit der Auswertung. Da waren die Alternativen, terrestrische Ortsbestimmungen per Kompass und Diopter oder auch mit Radar einfach unschlagbar.

Und dennoch: Für mich gehörte es später zu den befriedigendsten Augenblicken meines Berufslebens, wenn so eine professionell durchgeführte Vorbereitung, Beobachtung und Berechnung zu einem sicheren astronomischen Ort führte. Mit mehreren Standlinien quasi durch einen Punkt! Ohne, oder nur mit kleinem Fehlerdreieck! Allerdings muss ich zugeben, dass es oft vorkam, dass eine von vier oder fünf Standlinien „abpfiff", also unbrauchbar war. Das lag dann meist an einem Zeit- oder Beobachtungsfehler. Bei der astronomischen Navigation kommt es auf die Sekunde an! Übrigens konnte man auch am Tage mit Hilfe des Sextanten durch die Versegelung von Sonnenstandlinien einigermaßen sicher die Position bestimmen. Eine Sonderstellung nahm dabei die sogenannte „Mittagsbreite" ein. Das Verfahren war schon zu Kolumbus' Zeiten bekannt. Es erlaubt durch Messung des höchsten Sonnenstandes auf einfache Weise die geografische Breite zu berechnen – aber leider eben nur die Breite und nur einmal am Tag. Der Begriff „Mittagsbreite" bekam mit der Zeit auch noch eine andere Bedeutung: als Ruhestunde von Kapitän, Chief Mate und Chief nach einer opulenten Mahlzeit.

Noch immer steht der Sextant auf der Brücke im Schrank. Wie der Nautiker von heute allerdings im „Falle eines Falles" ohne regelmäßiges Üben einen verlässlichen Ort produzieren soll, ist mir schleierhaft. Insofern möchte ich heute schon mal an einer der übriggebliebenen Seefahrtschulen „Mäuschen" spielen, um zu hören, was dort diesbezüglich noch gelehrt und vor allem geübt wird.

Insgesamt gehört die Praktikumsreise mit zu den schönsten Episoden meiner Seefahrtzeit. Ich galt nicht mehr als absolutes Greenhorn, hatte aber auch noch nicht wirklich Verantwortung zu tragen. Eine derart komfortable Situation sollte es bis zum Ende meiner Karriere nicht mehr geben. Ein besonders wichtiges Privileg für uns Seefahrtschüler war übrigens das Recht, allabendlich das „Hippodrom" aufsuchen zu dürfen. Was das einzige Bordrestaurant allerdings mit einer „Bahn für Pferde- und Wagenrennen", so die Übersetzung, zu tun hat, ist mir bis heute nicht klar geworden.

Es gab aus meiner Erinnerung heraus in diesem „Restaurant" auch kaum etwas zu essen. Das war uns aber nicht wichtig, denn es gab Fassbier – so viel wie die Herren Studiosi vertragen konnten und soweit es ihre Dienstpflichten erlaubten! Von solchen Wonnen waren wir Azubis vor sieben Jahren weit entfernt gewesen. Damals gab's zu besonderen Anlässen allenfalls mal zwei Flaschen „Hafenbräu". Lange Rede, kurzer Sinn: Fast alle Grundlagen eines erfüllten studentischen Lebens waren an Bord vorhanden – die einzig fehlende Komponente muss ich hier wohl nicht näher erläutern.

In Havanna hatten wir das Glück, zur Karnevalszeit einzutreffen und somit etwas von der mittelamerikanischen Lebensfreude miterleben zu dürfen. Aber, um ehrlich zu sein, als geborener Brandenburger habe ich dafür nicht das entsprechende Genom. Auch heute mache ich um solcher Art Mummenschanz eher einen Bogen.

Leider besaß ich keine Adresse von Isabell. Ich glaube, die verwahrte Ede, unser Kammerältester von damals, doch von meinen einstigen Lehrlingskameraden war auf dieser Reise niemand an Bord. Da wir die beiden Mädchen niemals von zu Hause abgeholt, sondern uns immer irgendwo getroffen hatten, gab es kein Chance, Isabell oder Ana wiederzusehen. Und so war die letzte Chance vertan, diese Freundschaft noch einmal aufleben zu lassen.

Ein Kinobesuch in Kuba war früher übrigens ein tolles Erlebnis. Embargo hin oder her – ein paar Blockbuster aus den USA liefen auf der Zuckerrohrinsel. Wahrscheinlich waren die Kubaner noch nicht „reif genug" für die kulturell weit wertvolleren Filme aus den sozialistischen Bruderländern jenseits des Atlantiks. Auch das Ambiente war anders als von zu Hause gewohnt. Der Lärmpegel war schon beim Eintritt extrem hoch, sollte sich aber später noch bis zur schreienden Kakofonie steigern. Dafür nahm man es mit der Sauberkeit nicht so genau, was aber der guten Stimmung keinen Abbruch tat. Fliegende Händler sorgten für Eis und Naschwerk – ein Service, der bei uns erst rund dreißig Jahre später Einzug hielt. Etwas gewöhnungsbedürftig hingegen waren die freilaufenden Hunde. Es gab so viele, dass man vermuten musste, dass sie keinen Eintritt zu zahlen brauchten.

Trotz des Ausbleibens andächtiger Stille ging irgendwann der Film los. Nach meiner Erinnerung war es der „Weiße Hai" oder ein ähnlich anspruchsvolles cineastisches Hollywoodwerk. Sei's drum, eine Szene ist mir jedenfalls im Gedächtnis geblieben: Eine junge, bildhübsche und aus dramaturgischen Gründen äußerst knapp bekleidete junge Dame schwimmt mit letzter Kraft auf den rettenden Steg zu. Hinter ihr, mit weit aufgesperrtem Rachen der Monsterhai! Nach meinen Berechnungen und auch nach denen der Kubaner war zu erwarten, dass es knapp werden könnte. Dies veranlasste wiederum die Kinobesucher, kollektiv von den Sitzen aufzuspringen und die Schwimmerin lautstark anzufeuern. Als nun die Verfolgte mit letzter Kraft auf den Steg krabbelte und das Ungeheuer ins Leere biss, brandete unbeschreiblicher Jubel auf. Es wurde geschrien, geklatscht, mit den Füßen getrampelt – sogar die Hunde jaulten zum Gotterbarmen! Wildfremde Menschen lagen sich in den Armen, wie weiland bei uns beim 2 : 0 von Energie Cottbus gegen Bayern München! Wie armselig ist dagegen doch heutzutage ein Kinobesuch in einem klimatisierten High-Tech-Kino.

Zum Glück hatten wir genügend Zeit, nun auch die berühmten Hemingway-Bars zu besuchen und den einen oder anderen Mojito oder Daiquiri zu schlürfen – übrigens relativ dicht gedrängt stehend mit Touristen, vornehmlich aus Westeuropa und besonders aus Westdeutschland. Ein Deutsch-Deutsches-Treffen fern der Heimat. Einfach so. Was heute selbstverständlich ist, kam uns damals absonderlich vor.

Über den kolumbianischen Hafen Santa Marta ging es wieder über den Atlantik in Richtung Heimat. Die Rückreise verlief ohne besondere Vorkommnisse. Nach rund zwei Monaten war auch meine zweite Reise auf der „Fichte“ zu Ende. Diesmal sollte es mein endgültiger Abschied von der guten, alten, liebenswerten „Johann Gottlieb Fichte“ sein – obwohl, nicht so ganz.

Offiziell wurde das Ausbildungsschiff der Deutschen Seereederei Rostock im Jahr 1979 außer Dienst gestellt und unter dem Namen „Sunrise“ nach Panama verkauft. Als das Schiff im Jahre 1981 unter ihrem letzten Namen „Pegancia“ von Colombo zum Abwracken nach Gadani Beach geschleppt wurde, schien sich ihr Schicksal endgültig erfüllt zu haben. Doch wie einst der „Fliegende Holländer" findet das Schiff keine Ruhe. Die „Fichte", dieser alte, rostige Leviathan, geistert noch immer über die Meere – und zwar in der Kult-Serie des DDR-Fernsehens „Zur See". Zur Entstehungszeit der Serie im Jahr 1974 von uns Seeleuten ob der einen oder anderen skurrilen dramaturgischen Idee müde belächelt, schaue ich mir die Folgen heute nicht ohne eine gewisse Rührung an. Irgendwie spiegeln diese Filme doch den Zeitgeist und unser Lebensgefühl von damals recht gut wider. Und so kann ich mich, wann immer ich will, auf eine Zeitreise in die eigene Vergangenheit begeben.

Auf großer Fahrt nach Afrika

Zurück zu meiner Ausbildung zum Vollmatrosen: Da man nach unserem Heimaturlaub noch immer kein vernünftiges Ausbildungsquartier und vor allem keine Unterkünfte gefunden hatte, wurden wir in den seltenen Stand von DDR-Kreuzfahrttouristen erhoben. Bei der Seefahrt ist man also vor Überraschungen nie sicher.

Das Passagier-Gas-Turbinen-Motorschiff „Fritz Heckert", 1961 in Wismar gebaut, sollte eigentlich DDR-Urlauber in die Bruderländer über die Ostsee, zum Schwarzen Meer und nach Kuba schippern, doch die Vita des Schiffes stand von Anfang an unter keinem guten Stern. Zu massiven Problemen mit der komplizierten Antriebsanlage kamen auch noch Schwierigkeiten mit der Stabilität.

Die „Fritz Heckert" hatte kein gutes Seegangverhalten und herumfliegendes Geschirr und Gestühl wollte man den verdienten Werktätigen des Volkes wohl ersparen. Sie wurde außer Dienst gestellt.

Irgendeine sinnvolle Verwendung musste für den verhinderten Luxusliner jedoch gefunden werden und so wurde der „Weiße Schwan der Ostsee" kurzerhand im Rostocker Stadthafen vertäut und zum Wohnschiff deklariert. Welch ein „Abstieg" für das Schiff, welch ein „Aufstieg" für uns Azubis! Eben noch Blechklasse – und nun Passagiere in der Außenkabine, mit Blick auf Rostocks Altstadt. Der theoretische Unterricht fand in den verschiedenen ehemaligen Bordrestaurants statt. Das Schönste für uns aber war das enorme „Angeberpotential" des Schiffes. Teile des Stadthafens waren damals im Gegensatz zum Überseehafen kein „Grenzgebiet" und daher für jedermann zugänglich. Auch wenn das Areal längst nicht so schön war wie heute, lud es doch am Wochenende tausende Rostocker zum Flanieren ein. Und die „Heckert" machte zumindest äußerlich immer noch etwas her. Stolz wie die Spanier liefen wir an Deck herum, um jedem auf der Pier zu demonstrieren: Wir gehören hierher! Wir sind Seeleute! Und im Gegensatz zu Ponta Delgada durften wir uns jetzt mit den Mädchen verabreden, die ebenfalls sehr zahlreich vor dem Schiff erschienen.

So vergingen die Wochen mit viel Theorie und wenig Praxis. Das erste Ausbildungsjahr näherte sich seinem Ende. Dies bedeutete auch gleichzeitig das Ende der Klasse VM 11. Im zweiten Lehrjahr würden wir auf verschiedene Schiffe und Flottenbereiche aufgeteilt werden. Doch wer kommt wohin? Gespannt fuhr ich nach Hause.

Endlich, mitten im Sommerurlaub, wurde mir und meinen fünf Gefährten per Telegramm der Name des Schiffes mitgeteilt, der für die nächsten zwölf Monate unser Zuhause werden sollte. Das Schiff hieß „MS Wismar". Natürlich hatte ich nichts Eiligeres zu tun, als alte Zeitungen nach vergangenen Positionen des Schiffes zu durchforsten: Casablanca, Dakar, Banjul, Monrovia, Lagos – also Afrika, der schwarze Kontinent!

Ich würde mich auf die Spuren vieler Helden meiner Kindheit begeben, den großen Afrikaforschern Heinrich Barth, David Livingstone und Gustav Nachtigal folgen und vielleicht sogar den Äquator überqueren.

Die „MS Wismar" selbst entpuppte sich als moderner Neubau, 1968 als Erstes einer ganzen Serie extra für die Afrikafahrt konstruierter Schiffe, 129 Meter lang, 17 Knoten schnell, 5.715 BRT, ausgerüstet mit vier Ladeluken, zwei Kühlräumen und Süßöltanks. Enorme Erleichterung für die Matrosen brachten gewaltige, tonnenschwere hydraulische Lukenabdeckungen, die man mit einem Finger auf- und zufahren konnte – wenn alles funktionierte. Ein Schwerlastbaum versetzte die Besatzung in die Lage, auch in den technisch unterentwickelten afrikanischen Häfen schweres Gerät zu löschen. Der Clou aber war die Klimaanlage für die Aufbauten – damals noch längst nicht national und international auf allen Schiffen Standard. Man konnte schon stolz sein auf dieses von der Matthias-Thesen-Werft in Wismar gebaute Schiff!

Die ersten Tage an Bord vergingen wie im Fluge. Hier waren wir Lehrlinge nicht mehr Teil einer anonymen Masse, sondern wichtiger Bestandteil der Besatzung. Gebraucht wurden wir hauptsächlich für Arbeiten, die sonst keiner machen wollte. Also Toiletten-Reinschiff, Laderaumreinigung oder stundenlange Gangway-Wache. Besonders die altgedienten Vollmatrosen, an Bord nur „Lords" genannt, versuchten, diese Arbeiten an uns weiter zu delegieren.

Zum ersten Mal war ich unmittelbar an den Arbeiten, die jedem Auslaufen eines Frachtschiffes vorausgehen, beteiligt. Zunächst galt es, jede Menge Proviant an Bord zu nehmen und zu verstauen. Da die DDR-Mark nicht konvertierbar[12] war, musste praktisch alles, was man auf einer sechzig bis siebzig Tage dauernden Reise benötigt, schon in Rostock an Bord genommen werden. Nur für den Kauf von ein wenig frischem Obst und Gemüse und Ähnlichem stand unterwegs eine kleine Summe Westgeld zur Verfügung. Und daher wanderten nun für zweiunddreißig Personen Unmengen an Mehl, Kartoffeln, Fleisch, Zucker, Milch, Konserven, Bier, Schnaps, Zigaretten … und … und … an Bord.

Aber auch an die entgegengesetzte Seite der Nahrungsverwertung musste gedacht werden. Wehe, wenn zum Beispiel unterwegs das Toilettenpapier ausgegangen wäre und man hätte für die knappen Devisen welches kaufen müssen!

Während die Rostocker Hafenarbeiter eine Kiste nach der anderen in den Laderäumen versenkten, vervollständigte sich

12 Im westlichen Ausland konnte man damit nicht bezahlen.

langsam die Besatzung. Als einer der letzten kam der Stammkapitän Peter Zimmer an Bord. Ausgestattet mit einem schwarzen Rauschebart gab er schon rein äußerlich eine Respektsperson ab. Uns Lehrlingen kam der „Alte“ damals schon ziemlich alt vor. Aus heutiger Sicht schätze ich ihn höchstens fünfzehn Jahre älter als uns, also Anfang dreißig.

Ende der sechziger, Anfang der siebziger Jahre konnte man bei der DSR aufgrund der schnell wachsenden Flotte noch eine rasante Karriere hinlegen, was die fachliche Leistung des Berliners allerdings in keiner Weise schmälern soll. Zudem war der junge Kapitän noch nicht ganz so weit weg von den Problemen, die einen Matrosenlehrling bewegten. Dies sollte zu einem späteren Zeitpunkt für mich noch wichtig werden.

Als eine der letzten Arbeiten wurde von der Maschinenbesatzung der Landanschluss gekappt. Mit einiger Verwunderung habe ich daher kürzlich eine Doku über die Seefahrt gesehen, in der dieser als neueste Errungenschaft im Kampf gegen den Klimawandel gefeiert wurde, da im Hafen kein Hilfsdiesel zur Stromversorgung des Schiffes laufen muss.

Nach dem üblichen Prozedere, also der lästigen und zeitraubenden Zoll- und Grenzkontrolle, konnte die Seereise nach Afrika endlich beginnen, allerdings nicht nonstop. Üblicherweise wurden damals zur Vervollständigung der Ladung noch weitere Häfen in Westeuropa, meist Hamburg, Rotterdam und Antwerpen angelaufen. Zuerst also Hamburg.

Nach rund zwanzig Stunden Fahrt über Skagen, diesmal bei schönstem Wetter, kam in der Elbmündung der Lotse an Bord und nach einer beeindruckenden Revierfahrt vorbei an Blankenese machten wir schließlich im „Afrikahöft“ fest.

Ich war im Westen. In Westdeutschland. Jenseits des „Eisernen Vorhangs“[13]!

---

13 Nach dem Namensgeber aus dem Theaterbau bezeichnete Grenze zwischen „Ost“ und „West“ in der Zeit des Kalten Krieges.

Zum Staunen über diesen merkwürdigen Umstand blieb aber erst einmal keine Zeit. Die Stauer standen schon an der Pier bereit und der Bootsmann machte uns ordentlich Beine für die Kapitalismus-Lektion Nr. 1: Zeit ist Geld! Und das galt hier auch für die Besatzung aus dem sozialistischen Ausland. In kürzester Zeit hatten wir die Luken geöffnet und das Ladegeschirr aufgetoppt, damit ungehindert mit Landkränen gearbeitet werden konnte.

Es war für mich faszinierend zu sehen, mit welcher Effizienz die Hamburger Stauer ihrer Arbeit verrichteten. Besonders die Vormänner waren ausgebuffte, mit allen Wassern gewaschene Praktiker. Zudem konnten sie sich auf eine ausgefeilte Logistik verlassen. Wenn zu einem bestimmten Zeitpunkt eine ganz bestimmte Kiste benötigt wurde, dann war sie auch „in time" da, und zwar ohne die Hilfe von Handys, Laptops oder Smartphones.

Auch die Stauer selbst, die schon damals durch viele Fremdarbeiter ergänzt wurden, verstanden ihr Handwerk. Da wurde keine unnötige Energie verschwendet, jeder Handgriff saß. Und da sich die verschiedenen Stauereien untereinander in einem harten Konkurrenzkampf befanden, wurde in der Regel auch sauber und nach Seemannsbrauch gestaut, was den Wachoffizier jedoch niemals dazu veranlassen sollte, seine Aufsichtspflicht zu verletzen. Was passiert, wenn Stauer nicht mehr kontrolliert werden, habe ich ja schon zwei Kapitel davor über die kubanischen Hafenarbeiter beschrieben.

Etwas gewöhnungsbedürftig war der raue Umgangston, der zwischen den Hafenarbeitern gepflegt wurde. Mein Schimpf-Vokabular vom Schulhof erweiterte sich in diesen Tagen deutlich.

All dies war neu, spannend und aufregend. Aber natürlich wollten wir so schnell wie möglich an Land – nach St. Pauli, wo sich nach den Erzählungen der Lords die unglaublichsten

Dinge abspielen sollten. Und tatsächlich, der erste Landgang auf westdeutschem Boden begann mit einem Schock, einem Kulturschock gewissermaßen. Es war die Präsentation der Rechnung für ein einziges Bier auf den Terrassen der Landungsbrücken: 3,50 Mark! Pro Person! In West! In der DDR hätte man für die gleiche Summe in DDR-Mark sieben Bier trinken können, wenn auch in nicht ganz so nobler Umgebung. Und über die Anzahl der Biere bei Umrechnung von West-Mark in DDR-Mark will ich lieber gar nicht erst nachdenken. Doch alles Jammern über den Verlust half nichts mehr. Unser Lehrlingstagessatz in Devisen war damit bereits um das Doppelte überschritten; blieben noch rund fünfzehn Mark an „Vorschuss". Eine Summe, die nicht wirklich ausreichte, um in St. Pauli einen auf dicke Hose zu machen. Hingegangen sind wir natürlich trotzdem, bloß nirgends rein.

In einige Eckkneipen konnten wir aber wenigstens reinschauen. Merkwürdigerweise schienen sich Filmklubs in diese eingenistet zu haben. Jedenfalls ratterten überall kleine 8-mm-Schmalfilmprojektoren und auf zigarettenrauchgefärbten Leinwänden trieben Menschen Sport. Sonderbarerweise hatten sie, soweit man das bei dem Geflimmer erkennen konnte, nichts an. Die meisten trugen lange Haare, was wohl aber der damaligen Mode geschuldet war. Aber aufregend war es schon, jedenfalls irgendwie ganz anders, als ich es von den Übertragungen des Turn-und-Sportfestes in Leipzig gewohnt war.

Aber wenn ich ehrlich bin, so richtig wohl fühlten wir uns in dieser Atmosphäre nicht. Und so ähnelte unsere St. Pauli-Besichtigungstour irgendwie dem Inspektionsgang einer Politiker-Delegation durchs Pestkrankenhaus. Es war sozusagen Pflicht hinzugehen, danach aber mit fliegenden Fahnen nichts wie weg! Ich war später übrigens nie wieder dort, bis heute. Und so erinnern jetzt einzig ein halbes Dutzend grellbunter Ansichtskarten an diesen Ausflug Spätpubertierender ins Rotlichtmilieu.

Die Hafenliegezeiten in Westeuropa und besonders in Hamburg waren kurz. Schon am nächsten Tag ging es weiter nach Rotterdam, wiederum zwei Tage später nach Antwerpen. Die Ausreise über den „Kontinent" ist für die Besatzung eines Stückgutfrachters mit vielen Überstunden und sehr wenig Schlaf verbunden. Nach einer knappen Woche war schließlich die letzte Kiste verstaut, der letzte frische Proviant an Bord gehievt und die letzte Leine gelöst. Wieder ging es nach Westen, durch die Straße von Dover und den Kanal. Doch anders als bei der Kuba-Reise wurde der Kurs bei der Insel Ouessant diesmal in Richtung Kap Finisterre abgesetzt.

Die französische Insel Ouessant, (engl. Ushant) vor der bretonischen Küste hat für die Seeleute seit Jahrhunderten eine ganz besondere Bedeutung. Sie ist oft das Letzte, was man von Europa sieht, wenn es über den großen Teich geht und sie begrüßt einen als Erstes, wenn man aus den Weiten des Atlantiks den Kanal ansteuert. Das Insichtkommen des mächtigen Leuchtfeuers Phare du Créac'h[14] verhieß dem Seemann baldige Ankunft in der Heimat. Bei unsichtigem Wetter sollte man dieser Insel jedoch besser nicht zu nahe kommen. Gefährliche, schroffe Felsen haben dort schon manches Schiff zerschellen lassen. Für die „Wismar" bestand diese Gefahr nicht. Kapitän Zimmer hatte den Kurs weit genug von allen Untiefen abgesetzt und so liefen wir mit Südsüdwestkurs in die Biskaya. Wieder ein Seegebiet mit einem ganz besonderen Mythos: berühmt und berüchtigt durch schwere Winterstürme, die dort gefährliche Kreuzseen hervorrufen können. Davon war aber an diesem Tag nicht der leiseste Hauch zu spüren. Seit Tagen herrschte sogenanntes „Ententeichwetter" – und dieser Begriff bedarf wohl keiner weiteren Erläuterung.

---

14 Seit der Elektrifizierung 1888 der leuchtstärkste Leuchtturm in Europa und einer der stärksten der Welt, von den Nautikern meist nur Créac'h-Point genannt.

Während wir mit den verschiedensten Arbeiten an Deck beschäftigt waren, dampfte die „Wismar“ Stunde für Stunde und Tag für Tag weiter nach Süden, vorbei an der wilden Nordwestküste Spaniens und den sonnigen Stränden der Algarve – damals beides noch keine Traumziele für deutsche Urlauber. In Spanien regierte General Franco, ein alter Spießgeselle Hitlers. Und Portugal, zu dieser Zeit gern als „Armenhaus Europas“ bezeichnet, stöhnte ebenfalls noch unter einer konservativ-autoritären Diktatur.

Und dann endlich die Küste Afrikas! Ein Landstrich nach dem anderen zog in der Ferne vorüber. Marokko mit der verlorenen spanischen Enklave Sidi Ifni, die Westsahara, die Spanien ebenfalls an Marokko abtreten musste, die öde Küste Mauretaniens und schließlich Senegal und Gambia.

Die „Wismar“ umfuhr berühmte Kaps wie das Kap Bojador in der Höhe der kanarischen Inseln, das Anfang des 15. Jahrhunderts das Ende der bekannten Welt markierte. Noch nie war ein Seefahrer vor dieser Zeit von dort zurückgekommen. Erst im Jahr 1434 gelangte es dem portugiesischem Kapitän Gil Eanes im Auftrag von Heinrich dem Seefahrer, das gefürchtete Kap zu umsegeln und lebend in die Heimat zurückzukehren.

Oder das Cap Vert bei 14° 45’ nördlicher Breite, das „grüne Kap“, welches der weit auf den Atlantik vorgelagerten Gruppe der Kapverdischen Inseln seinen Namen gab. Es gehört heute zum Stadtgebiet der senegalesischen Hauptstadt Dakar. Viele dieser Orte und Namen waren mir schon vom Lesen meiner Entdecker- und Forscherbücher aus der Kindheit vertraut. Andere Ortsnamen, wie das geheimnisvolle Sidi Ifni, hatte ich noch nie zuvor gehört.

Das Alltagsleben an Bord ließ allerdings wenig Zeit für romantische Spinnereien. Bootsmann Manfred Neuhaus, kurz „Manne“ genannt und tatsächlich fast wie der „Seewolf“ Wolf

Larsen aussehend, sorgte schon dafür, dass wir auf dem Boden der Tatsachen blieben.

Ein Laie oder auch ein Passagier eines modernen Kreuzfahrtschiffes mag sich fragen, was macht eigentlich ein Matrose auf so einer langen Frachtschiff-Reise den ganzen Tag? Nun, er kämpft im Wesentlichen gegen einen chemischen Prozess an. Und zwar gegen die unselige Verbindung zwischen Salzwasser und Eisen, welche an Bord eines Schiffes leider nicht selten vorkommt. Dabei steht er trotz aller Bemühungen oft auf verlorenem Posten. Das Schiff ist groß und die Matrosen sind wenige. Jedenfalls beginnt das Schiff nach einigen harten Jahren Einsatz an vielen Stellen gleichzeitig zu rosten. Das Ergebnis konnte durchaus eindrucksvoll sein: Ein Millimeter dicker Stahl ergibt zirka sieben Millimeter dicken Rost! Dies ist aber eher ein optisches Problem. Schließlich will kein Seemann auf einem rostigen Kahn fahren. Das Schiff selbst ist dadurch aber kaum gefährdet. Problematisch ist eher der Einfluss des Seewassers auf alle beweglichen Teile. Kranseile beispielsweise können, wenn sie nicht laufend gelabsalbt werden, innen unerkannte Korrosionsnester bilden. Müssen dann eines Tages wieder schwere Lasten bewegt werden, kann das fatale Folgen haben. Oder die Rettungsboote können nicht zu Wasser gelassen werden, weil die Davits festgerostet sind. Ich will's bei diesen Beispielen belassen. Arbeit für Matrosen gab und gibt es jedenfalls immer reichlich, zumal jeder Reeder der Welt dazu geneigt ist, die Besatzungszahl möglichst gering zu halten.

Noch ein Wort zu unserem Bootsmann. Wie schon erwähnt, ein Bild von einem Mann: groß, kräftig, blondes Haar und weder zimperlich im Umgang mit schwerem Gerät noch mit uns Lehrlingen. Ein ausgezeichneter Fachmann mit außergewöhnlichen Fertigkeiten, der zudem kräftig zupacken konnte.

Jede Schiffsführung konnte sich glücklich schätzen, so einen Mann an Deck zu wissen. Was mir aber am meisten imponierte, war sein Hobby. Dieser Mann, der zehn Made-in-DDR-Spannschrauben auf einmal tragen konnte, baute in seiner Freizeit Schiffsmodelle – und zwar nicht irgendwelche Modelle, sondern bauplangetreue und maßstabsgerechte Nachbildungen, weit entfernt von irgendwelchen Freizeitbasteleien, wie sie damals auf vielen DSR-Schiffen üblich waren.

Auf dieser Reise war er dabei, die „Wasa“ nachzubauen. Das Original war einst für den Einsatz im Dreißigjährigen Krieg bestimmt gewesen und hatte für damalige Verhältnisse imposante Ausmaße gehabt. Es war 69 Meter lang und 12 Meter breit. Die Höhe des Großmasts betrug fast 52 Meter. Die gesamte Segelfläche lag bei etwa 1.300 m^2. Bestückt war es mit 64 Kanonen. Zudem sollten über 400 Mann Besatzung die Kampfkraft sichern. Das Prestigeobjekt des schwedischen Königs Gustav II. Adolf kam jedoch nicht weit: Nach gerade mal einer Meile kenterte es auf seiner Jungfernfahrt am 10. August 1628.

Grund für ihren Untergang war eine Einmischung des Königs. Er forderte mehr Kanonen an Oberdeck, ohne die Stabilitätseigenschaften des Schiffes zu beachten. Es ist also keine neue Erscheinung, dass sich die Obrigkeit unheilvoll in aktuelle Bauvorhaben einmischt.

Über dreihundert Jahre später wurde die Galeone wiedergefunden. Seit ihrer Bergung im Jahre 1961 kann sie restauriert in Stockholm besichtigt werden, für das Schiff wurde eigens ein Museum gebaut.

Ja, und auch die „Wasa“ von Manne Neuhaus müsste eigentlich im Museum zu sehen sein. Und zwar im Schifffahrtsmuseum Rostock, in dessen Auftrag der Bootsmann das Modell gebaut haben soll. Ich weiß nicht, ob das stimmt, aber zumindest dürfte damit klar sein, mit welchem Feingefühl und welcher Präzision dieser nach außen robust wirkende Mann an diesem Modell gearbeitet hat. Zu meiner Schande muss ich aber gestehen, dass ich es bis heute nicht geschafft habe, diesem Museum einen Besuch abzustatten und danach zu suchen[15].

Auf der Fahrt entlang der afrikanischen Westküste erreichte das Schiff den Gürtel der innertropischen Konvergenz, eine mehr oder minder stationäre Tiefdruckzone, in früheren Zeiten auch Kalmengürtel oder Doldrums genannt.

Meine etwas naive Vorstellung, dass in Äquatornähe immer die Sonne heiß vom Himmel brennt, erhielt einen Riss. Mächtige Quellwolken türmten sich auf und gelegentlich prasselte Regen nieder, wie man ihn bei uns zu Hause nicht kennt. In meiner Erinnerung war das Verhältnis von Wasser zu Luft etwa eins zu eins. Oder man stelle sich vor, es regnet in ungeheurer Menge silberfarbene Sardinen vom Himmel. Wenn jemals Regenfälle den Namen „Wolkenbruch“ verdient haben, dann diese. Doch so plötzlich, wie es in den Tropen losgeht, ist es meist auch wieder vorbei.

Die „Wismar“ steuerte den ersten Löschhafen an: Monrovia, die Hauptstadt Liberias. Dieser westafrikanische Staat hat übrigens eine äußerst interessante Geschichte. Näher darauf einzugehen würde allerdings den Rahmen dieser Erinnerungen sprengen. Es gibt genügend Literatur darüber. Nur so viel: Im Jahr 1822 kaufte eine Gesellschaft von weißen US-Amerikanern den Küstenstreifen, um dort freigelassene ehemalige Sklaven anzusiedeln. Die erste freie „Sklavenrepublik“ der Welt! Um 1860 lebten dort rund 12.000 Afroamerikaner. Und die machten erst mal das, was sie in Amerika gelernt hatten: Money machen und Chef spielen. Die daraus entstan-

---

15 Anmerkung des Verlags: Heute steht dieses Modell im Ausstellungsraum der Begegnungsstätte des Societät Rostock maritim e.V., August-Bebel-Straße 1, 18055 Rostock

dene Herrschaft einer schwarzen Oberschicht wurde im April 1980 durch einen Putsch beendet. Was folgte, war ein vierzehnjähriger Bürgerkrieg mit verheerenden Auswirkungen für das Land und die Hauptstadt.

Monrovia hat heute zwar rund eine Million Einwohner, aber keine globale Bedeutung mehr. Das war zu meiner Zeit noch ein wenig anders. Die günstig gelegene Hafenstadt hatte sich seit dem 19. Jahrhundert zu einem wichtigen Knotenpunkt im Seeverkehr entwickelt. Zudem galt sie als Steuerparadies für Reeder aus aller Welt. Am Heck sehr vieler Schiffe wehte Anfang der siebziger Jahre des vorigen Jahrhunderts die Flagge Liberias (der US-amerikanischen Flagge nicht unähnlich) und prangte in aufgeschweißten Lettern der Name des „Heimathafens“ Monrovia, den die meisten dieser Schiffe niemals zu Gesicht bekamen.

Noch mit dem Ausbringen der Gangway auf der Pier beschäftigt, hörte ich plötzlich hinter mir eine kräftige, etwas gutturale Stimme: „Heil Hitler!“

Ich fuhr herum und sah mich einem baumlangen Schwarzafrikaner mit strahlend weißem Gebiss und breitem Grinsen gegenüber. Nach meiner Sozialisation in der DDR war dieser Gruß so ziemlich das Schlimmste, was man damals überhaupt sagen konnte. Ich wollte den Mann also scharf zurechtweisen (soweit man das als junger Spund überhaupt kann), aber irgendetwas in seinem Gesicht hielt mich zurück. Ich spürte deutlich, dass das keine Provokation sein sollte, sondern dass hier jemand mit seinem „geschichtlichen Wissen“ glänzen wollte und schlicht um Anerkennung heischte: schwarz-rot-goldene Flagge, aha, also Deutschland! Deutschland? Was er kannte, war: „Heil Hitler!“

Zum ersten Mal dämmerte es mir damals, dass die Welt die DDR nicht immer so wahrnahm, wie wir es in der Schule gelehrt bekamen. Abgesehen von einer kleinen Bildungselite war für die meisten Menschen der „Dritten Welt“[16], insbesondere in Afrika, Deutschland einfach Deutschland. Ost oder West? DDR oder BRD? Kein großer Unterschied! Als „reich“ galt man da und dort.

Ich weiß nicht mehr, wie ich damals aus der Hitler-Nummer herausgekommen bin, aber hundert Prozent politisch korrekt war es wohl nicht.

Die Tage und Wochen vergehen schnell, wenn man auf einer Westafrikareise mit einem Handelsschiff die Küste abklappert. Abidjan, Sekondi-Takoradi, Lagos[17] … Jede Menge Arbeit, jede Menge Überstunden, wenig Schlaf. Dieses Schlafdefizit hatte aber auch etwas Gutes. Wer nach der Arbeit todmüde in die Koje fällt, kommt weniger auf dumme Gedanken. Schließlich waren wir eine Besatzung von beinahe ausnahmslos jungen Männern, denen „die Natur“ arg zu schaffen machte. Doch irgendwann half nicht mal mehr die Arbeit. Insbesondere wir Azubis, alle zwischen siebzehn und achtzehn, wussten kaum noch wohin mit unserer Kraft und vor allem mit unserem „Saft“. Irgendwann fing ich an, mich an allem zu schubbern, was irgendwie rund war.

Doch wo es ein Bedürfnis gibt, gibt es im Kapitalismus auch immer jemanden, der es befriedigt. Ich will es kurz machen: Im Hafen von Takoradi kamen zwei „Damen“ an Bord, die uns für zwei Stück „Nautik“-Seife pro Azubi schnell und professionell von unseren Leiden erlösten.

Ich hatte also meine „Unschuld“ verloren, und das gleich in mehrerer Hinsicht. Ich war zwar ein „Mann“ geworden, nun

---

16 In der Zeit des Kalten Krieges die Bezeichnung für blockfreie Staaten, heutzutage eher ein Synonym für „Entwicklungsland“.

17 Damals 1,3 Millionen Einwohner (heute mit über 22 Millionen Einwohnern die größte Stadt Nigerias und die zweitbevölkerungsreichste Stadt Afrikas), nicht zu verwechseln mit Lagos in der Algarve im Süden Portugals.

aber kein guter FDJler mehr. Die machen schließlich so was nicht. Auch nicht, wenn die Not groß ist. Oder doch? Aus heutiger Sicht erinnere ich mich jedenfalls mit einigem Schrecken an die damalige Aktion, denn wir kamen ohne jeglichen Schutz zur Sache.

Es war allerdings nicht so, dass es nun in jedem Hafen wie in Sodom und Gomorrha zuging. Die meisten Seeleute waren jung verheiratete Familienväter und verhielten sich auch dementsprechend korrekt, aber es gab natürlich immer mal die eine oder andere Ausnahme, die die Regel bestätigte.

Interessant in diesem Zusammenhang ist vielleicht, wie sich die Schiffsführung, namentlich der gerade diensthabende Wachoffizier zu dem „Problem" verhielt. Die Kausalitätskette sah ungefähr so aus: Um der sozialistischen Moral willen hatte der „Alte" in Rostock Anweisung von der Reederei bekommen, solche „Kontakte" zu unterbinden. Der verdonnerte als nächstes den „Ersten" dazu, diese Anweisung auch durchzusetzen. Der Erste gab den Druck dann an die übrigen Wachoffiziere weiter, die wiederum an die Wachmatrosen. Doch ähnlich wie bei der stillen Post geht unterwegs mal etwas verloren. Und der Weg nach Afrika ist weit!

Sobald unser Schiff in irgendeinem afrikanischen Hafen festgemacht hatte, wimmelte meist innerhalb von kurzer Zeit eine kleine Kanu-Flottille unter unserem Heck herum. Das allein schon bot einen sehenswerten Anblick. Auf der einen Seite das hoch aufragende, stählerne Achterschiff des Ozeandampfers und im Gegensatz dazu, weit darunter, die kleinen Kanus mit Eingeborenen in teils bunten, teils zerrissenen Gewändern darin. Meist boten diese Bananen oder Ananas zum Kauf an, gelegentlich auch kleine Tiere oder einfach von anderen Schiffen gestohlene Sachen. Ab und zu waren auch Kanus mit Frauen dabei, die ebenfalls ihre Dienste anboten. Der Musiker und Komponist Achim Reichel hat mit seinem Titel „Aloha Heja He" („Hab' die ganze Welt geseh'n …") ein ziemlich gutes Bild dieser Szenerie beschrieben, abseits von jedem falschen Seemanns-Pathos, wie ihn aktuell gerade andere Musiker zelebrieren. Die Verständigung zwischen „oben“ und „unten“ lief übrigens meist über das sogenannte Pidgin-Englisch, eine in der Kolonialzeit entstandene Sprache, die eine einfache Verständigung bezüglich der Geschäfte, der zu erledigenden Arbeiten oder der sozialen Kontakte ermöglichte.

„Do you like plenty chop, chop?”

„Do you like plenty djiggi, djiggi?”

Bei der ersten Frage ging es ganz harmlos nur um Essen. Beantworteten wir aber die letztere Frage mit „Ja“, konnten die „Damen“ nicht einfach über die Gangway an Bord spazieren, denn die hatten Kapitän und Wachoffizier gut im Blick.

Doch wozu gab es am Heck eines jeden Schiffes mindestens ein Spill zum Durchholen der Festmacherleinen? Natürlich konnte man mit dem großen Auge der Leine oder mit einem Fender auch „Besuch“ an Bord hieven.

An dieser Stelle zeigte sich dann übrigens die ganze Unterschiedlichkeit der Charaktere der Kapitäne und Wachoffiziere, um noch einmal auf die erwähnte Befehlskette zurückzukommen. Die einen nahmen den Dienst sehr ernst und handelten sich damit jede Menge Ärger, Frust und Schreibkram ein – die anderen hatten just in diesem Augenblick gerade etwas Wichtiges auf dem Vorschiff zu tun.

Aber natürlich stellte diese Art von Kontrolle nicht die Hauptaufgabe der Wachoffiziere im Hafen dar. Sie hatten, wie schon erwähnt, einen reibungslosen Löschbetrieb zu organisieren. Und da war es schon ein großes Ärgernis, wenn du plötzlich feststellen musstest, dass Teile der eben gelöschten Ladung, anstatt mit dem Laster in die Hauptstadt gekarrt zu werden, plötzlich auf der Seeseite auf einem Kanu vorüberfuhren, um dann auf Nimmerwiedersehen im Dschungel zu verschwinden.

Ich habe mich oft gefragt, in welcher Menge und in welchem Zustand ein Großteil der Ladung in den afrikanischen Ländern nach unsachgemäßer Behandlung, Diebstahl und Korruption überhaupt noch beim Besteller ankam. Teilweise konnte man zusehen, wie einige DDR-Solidaritätsgüter, zum Beispiel Traktoren, im Laufe der Jahre im Hafen verrotteten bzw. demontiert wurden. Fehlten beim ersten Hafenanlauf vielleicht nur die Spiegel, waren drei Monate später schon die Reifen weg.

Im Grunde hätte es nur ein paar Bestechungsgelder für den Zoll und die lokalen Beamten bedurft, doch diese Art Gelder waren im Solidaritätsfond der DDR nicht vorgesehen. Eigentlich war man gegen diese Zustände machtlos. Selbst skurrile Versuche brachten wenig. Ich erinnere mich, dass wir einmal einige Kisten Männerschuhe nach Afrika fuhren. Um Diebstahl vorzubeugen, wurden in der einen Kiste nur linke, in der anderen Kiste nur rechte Schuhe transportiert. Ich hielt das eigentlich für eine gute Idee, bis ich einen Afrikaner mit zwei linken Schuhen auf der Pier herumstolzieren sah.

An dieser Stelle eine Bemerkung: Ich bin weit davon entfernt, mich als Deutscher oder Europäer als etwas Besseres zu empfinden als Menschen anderer Völker oder Hautfarbe. Keinem Seemann, glaube ich, würde so etwas jemals in den Sinn kommen. Und wenn es auf diesem Globus nur Seeleute geben würde, hätten wir mit Sicherheit eine bessere Welt. Natürlich weiß ich, dass viele Probleme dieser Länder durch Armut und wirtschaftliches Diktat der Industrienationen bedingt sind. Ich bin aber dennoch dafür, bestimmte Dinge beim Namen zu nennen: Komik bleibt Komik und Diebstahl eben Diebstahl.

Das gilt auch für Afrika. Nicht, dass es so etwas nicht auch bei uns geben würde, aber in Afrika haben diese Zustände eine Dimension erreicht, dass sie jeden Fortschritt hemmen. Und da hilft es diesen Ländern wenig, wenn Sozialromantiker immer wieder die vergangene Kolonialzeit als Hauptursache für die gegenwärtigen Probleme nennen. Ab einem gewissen Alter ist man für sich selbst verantwortlich. Das gilt nicht nur für Menschen, sondern auch für die afrikanischen Staaten!

Übrigens, weil ich gerade beim Thema Schuhe bin: In Afrika, zumindest zur damaligen Zeit, ein absolutes Statussymbol! Und wenn die Pier auch noch so dreckig war: Die Schuhe der örtlichen Behördenvertreter, die an Bord ihren Aufgaben nachzugehen hatten, glänzten immer in einem makellosen Schwarz. Dazu trugen die Herren schneeweiße, perfekt gebügelte Oberhemden. Dagegen sah mancher Kapitän und Offizier „unrasiert und fern der Heimat“ eher wie ein Penner aus.

Aber ich merke, ich bin mit meiner Geschichte vom Kurs abgekommen. Zurück also zur „Wismar“. Es ist für jeden Seemann immer ein besonderer Augenblick, wenn die letzte Kiste gelöscht und der letzte Hafenarbeiter von Bord gegangen ist. Dieser Augenblick markiert das Ende der Ausreise.

Auf einem modernen Containerschiff kann dann sofort wieder mit dem Laden begonnen werden, nicht so auf einem Stückgutfrachter in der Afrikafahrt. Die „leeren“ Luken sahen stets aus, als hätte eine Bombe eingeschlagen. Zunächst bleibt erst mal jede Menge Garnier zurück und dann diverse Ladungsreste, die beim Löschen der Ladung liegengeblieben sind. Und davon gab es leider jede Menge. Viele der afrikanischen Hafenarbeiter waren keine ausgebildeten oder zumindest keine erfahrenen Schauerleute, sondern oft unterbezahlte Tagelöhner. Denen war es völlig egal, ob beim Heraushieven eine Kiste samt Inhalt auseinanderflog oder dass sich Fässer aus dem Stropp lösten und wieder in die Luke stürzten. Im Gegenteil, manche Schauer legten es direkt darauf an. So wussten sie wenigstens, was in Kiste oder Fass drin war. Ich will es nicht dramatisieren, aber man stelle sich vor, in einer Partie Fässer ist Glukosesirup – in den anderen Fässern trockenes Farbpulver. Es genügt schon, wenn nur ein Fass jeder Partie sich im gesamten Laderaum verteilt.

Nach Ansicht des Ersten Offiziers und des Bootsmanns war zum Säubern der Luken niemand besser qualifiziert als wir Lehrlinge. Und ich versichere jedem heutigen Berufsanfänger: Bei 35 bis 40 °C in der Luke und extrem hoher Luftfeuchtigkeit ist diese Arbeit kein Vergnügen – nur für den Fall, dass der geneigte Leser zur Zeit ebenfalls Azubi ist und gelegentlich zu „unwürdigen" Reinigungsarbeiten eingeteilt wird.

Was ich allerdings zu diesem Zeitpunkt noch nicht ahnte: Es kann durchaus noch schlimmer kommen!

Während die Luken durch uns wieder einigermaßen auf Vordermann gebracht wurden, befassten sich Kapitän und Erster mit der Vorbereitung der Heimreise.

Und das hieß in der Westafrikafahrt in der Regel: eine Ladung tropischer Edelhölzer für Westeuropa. Meist wurden komplette Stämme gewaltiger Urwaldriesen verladen, ergänzt durch einige Partien Schnittholz als Deckladung. Einige dieser Tropenholzarten weisen übrigens eine so hohe Dichte auf, dass sie im Wasser untergehen, von uns und den Hafenarbeitern daher einfach auf gut „denglisch" als „Sinker" bezeichnet. Normalerweise erfolgte das Laden der Stämme in für afrikanische Verhältnisse einigermaßen gut ausgebauten Häfen mit entsprechender Infrastruktur. Nicht so auf dieser Reise. Unser „Ladehafen" war diesmal eine Reede auf einem entlegenen Urwaldfluss mitten im Dschungel von Gabun, und zwar fernab jeder Zivilisation – kein Hafen, kein Dorf, keine Arbeiter! So musste zunächst Port-Gentil angelaufen werden, um sogenannte „Kruboys" an Bord zu nehmen.

Für mich und für die meisten meiner Kameraden lebte damit erstmalig und wohl auch letztmalig ein Stück archaischer Seefahrtgeschichte auf. Da wir für die zwanzig bis fünfundzwanzig Arbeiter natürlich nicht genug „Accomodation", also nicht genug Unterkunft, hatten, richteten wir kurzerhand das Zwischendeck von Luke I als Wohn- und Schlafraum her. Viel Brimborium wurde allerdings nicht gemacht. Einfach ein paar Schilfmatten ausgelegt – das musste als Komfort reichen. Neben dem Kabelgatt gab es aber wenigstens noch eine kleine Toilette. Nachdem mit viel Palaver letztlich jeder seinen Schlafplatz gefunden hatte, konnte es endlich losgehen.

Bis zum Ladehafen war es nicht allzu weit. Aus heutiger Sicht kann ich mir gut vorstellen, dass die Fahrt auf dem Urwaldfluss mit sparsam ausgelegten Tonnen und nur wenigen festen Seezeichen für den Kapitän kein reines Vergnügen war. Auf die Seekarten war jedenfalls kein hundertprozentiger Verlass mehr. Die Morphologie des Flussuntergrundes konnte sich durch starke Regenfälle innerhalb kurzer Zeit ändern. Ich kann mich nicht mehr genau erinnern, ob wir damals einen Lotsen mit an Bord hatten, aber es ist sehr wahrscheinlich. Und: „Ehre, wem Ehre gebührt!" Auch wenn diese Ortskundigen in einigen afrikanischen Ländern nicht immer sehr vertrauenerweckend aussahen – ihr Revier kannten sie!

Wir Lehrlinge jedenfalls genossen die Fahrt immer tiefer in den Dschungel hinein, bis wir schließlich die Ladestelle erreicht hatten und die Ankerkette ins trübe Wasser hinunterrasselte. Wieder war ein Reiseabschnitt zu Ende.

Dicht über dem Äquator kommt die Dunkelheit schnell und unvermittelt – und damit auch die typischen Urwaldgeräusche: Kreischen, quietschen, stöhnen ... Und mit dem Geräusch kamen eine ganze Menge Urwald-Viecher an Bord! Zugegeben, keine Löwen, Tiger, Krokodile oder Schlangen, aber „Monster" waren es für uns trotzdem, wenn auch im Westentaschenformat.

Als ich am nächsten Morgen vom Chief Mate die Order erhielt, eine defekte Hochwattlampe am Mast des Schwergutbaumes auszuwechseln, bekam ich die „Monster" zu sehen.

Angelockt durch das nächtliche Deckslicht saß praktisch auf jeder Klampe der Leiter ein anderes Ungeheuer. Schillernde Käfer, riesige Motten, mörderische Gottesanbeterinnen und was weiß ich noch für Flatterzeug. Da ich mit solchem Getier ziemlich genierlich bin, wand ich mich beim Hochklettern wie ein Aal. Noch heute schaudert's mich, wenn ich an diese „Brut“ denke. Soviel zur Unerschrockenheit von Seeleuten, wenn es ums Maststeigen geht.

Im Laufe des Vormittags wurden mit einer asthmatisch schniefenden Barkasse große Raffs mit jeweils zirka zwei Dutzend zusammengeschnürten Stämmen aus dem Urwald an das Schiff gezogen. Außenbords, auf den tonnenschweren Stämmen turnten sogenannte „Waterboys“ herum. Ihre Aufgabe war es, das Auge des Runners zum Hochhieven um den Baum herumzulegen. Dabei musste das Auge so befestigt werden, dass der Stamm, sobald er aus dem Wasser kam, einigermaßen waagerecht hing. Dies erforderte ein außergewöhnliches Gefühl dafür, den Schwerpunkt eines jeden Stammes zu erkennen. Obwohl das Laden der Baumstämme mit den Jahren zur Routine wurde, habe ich doch immer wieder gestaunt, mit welchem Geschick die Arbeiter diesen Job verrichteten. Nur ganz selten lag ein „Waterboy“ falsch, so dass noch einmal nachjustiert werden musste.

Eine gefährliche Arbeit! Wehe, einer der Jungs wäre von den feuchten, glitschigen und sich drehenden Stämmen abgerutscht! Starke Quetschungen oder gar offene Brüche wären die Folgen gewesen. Fuß oder ein Bein hätte man unter diesen Umständen wohl kaum retten können.

Für das Ladegeschirr der „Wismar“ (Kräne gab es damals selten auf Schiffen) war das Laden der bis zu acht Tonnen schweren Stämme eine harte Belastung. Noch heute habe ich das gequälte Jaulen und Winseln der Winschen in den Ohren, wenn mancher Stamm mehr wog, als eigentlich zulässig war. Hatte es der Stamm erst mal bis in der Luke geschafft, kam das sogenannte „pull rope“ zum Einsatz, ein 22-mm-Stahldraht, der über mehrere Umlenkblöcke geführt wurde, um mit Hilfe der Winsch den Stamm in die richtige Position zu ziehen. Unvergesslich der melodische Sing-Sang des schwarzen Vorarbeiters: „Hiev up, pull rope! Pull-up! Bull-up! Bullup!“ Rumms! Entweder der Stamm lag jetzt in Idealposition – oder aber der Draht war gebrochen. Gnade Gott dem Arbeiter oder dem Matrosen, der in diesem Falle in der Schussbahn gestanden hätte.

Übrigens hatte ich es einmal gewagt, die „Idealposition“ eines Stammes anzuzweifeln und um „Verbesserung“ gebeten. Was danach folgte, war eine Demonstration der Macht! Eben noch äußerst geschickte Arbeiter stellten sich plötzlich an wie die ersten Primaten Afrikas. Nach einer Stunde Hin-und-her-Gezerre lag der Stamm wieder exakt so da, wie er zuerst gelegen hatte: „Schau hin, weißer Mann, wir haben es dir ja gleich gesagt! Es geht nicht besser!“

Aber wenn ich ehrlich bin, die Jungs verstanden ihr Handwerk schon. Und mit jedem Stamm, der an Bord gehievt wurde, sank die „Wismar“ ein paar Millimeter tiefer. Mit Einbruch der Dunkelheit wurden die Arbeiten eingestellt und es zog Ruhe ein auf dem Schiff.

Und dann bot sich plötzlich dieses unvergessliche Bild: Silbernes Mondlicht auf dem leise gurgelnden Fluss, rundherum biblische Finsternis, Geräusche aus dem Urwald. Und neben Luke I ein kleines Lagerfeuer, an dem gekocht, gegessen und palavert wurde … Seefahrtromantik einer inzwischen längst vergangenen Zeit. Und auch die Dauer der Übernahme der Ladung – in meiner Erinnerung waren es so um die zehn Tage – ist heute kaum noch vorstellbar.

Nachdem der letzte Stamm an Bord gehievt und der Urwaldboden von Gabun wieder ein wenig mehr Sonnenschein bekam – noch heute stehe ich vermutlich auf der Fahndungsliste von Greenpeace –, ging es zurück nach Port Gentil. Es hieß Abschiednehmen von unseren Kruboys. Irgendwie waren sie uns ans Herz gewachsen. Und ich hätte sie auch in guter Erinnerung behalten, wenn es zum Schluss nicht noch eine böse Überraschung gegeben hätte.

Kaum hatte die „Wismar" abgelegt und wir unseren zeitweiligen Besatzungsmitgliedern ein letztes Mal zugewinkt, kam für uns Lehrlinge die Order vom Chief, das „Wohnzimmer" der Kruboys aufzuklaren.

Keine große Sache, ein paar Schilfmatten über Bord schmeißen, ein bisschen ausfegen, die Toilette neben dem Kabelgatt reinigen – das war's. Dachten wir … bis ich den Mannlochdeckel anhob, um über die Raumleiter noch ein Deck tiefer zu klettern. Kaum hatte ich jedoch den Deckel angehoben, knallte mir ein infernalischer Gestank entgegen. Was zum Teufel war das? Oh Shit! Oh Shit! Unsere afrikanischen Freunde hatten über zwei Wochen lang den Einstieg in das Zwischendeck unter ihrer Unterkunft als Toilette benutzt! Und nun hingen an jeder Sprosse braune Stalaktiten. Und wie es sich gehört, wuchsen ihnen von unten mächtige Stalagmiten entgegen. Das Ganze hübsch garniert mit Papierfetzen.

Zur besseren Einordnung der Gesamtsituation möchte ich noch einmal daran erinnern, dass sich das Schiff kurz unter dem Äquator befand, mit entsprechenden Temperaturen und einer adäquaten Luftfeuchtigkeit. Kurzum: Es stank bestialisch, es war heiß und schwül!

Aber natürlich musste die Arbeit gemacht werden und eine Anti-Mobbing-Kommission für die Durchsetzung von Menschenrechten bei Azubis war noch nicht erfunden.

Mit Feuerwehrschläuchen, Piassava-Besen[18] und tonnenweise Putzlappen machten wir uns an die Arbeit. Durch den hohen Druck auf den Feuerwehrschläuchen flog uns im

---

18 Piassava ist eine starke, äußerst haltbare Pflanzenfaser.

wahrsten Sinne des Wortes die Scheiße um die Ohren. Der Schweiß floss in Strömen, wir würgten uns die Seele aus dem Leib und verfluchten die ganze Welt.

Plötzlich kam von ganz oben, vom Deck, eine Stimme. Eine schneeweiße, gottähnliche Erscheinung mit makellos reinem Hemd beugte sich über das Lukensüll zu uns herunter – der Chief: „Seid ihr noch nicht fertig?!“

Das war der Moment, wo ich beschloss, meine Karriere nicht beim Berufsstand eines Matrosen enden zu lassen!

Doch zu meiner Zeit konnte man sich nicht einfach so an einer Seefahrtschule anmelden. Zunächst galt es die Prüfung zum Vollmatrosen erfolgreich zu absolvieren und danach eine entsprechende Fahrenszeit in diesem Beruf nachzuweisen. Zu guter Letzt brauchte es dann noch eine Empfehlung der Schiffsleitung.

Aus heutiger Sicht würde ich die Lehrlings- und Matrosenzeit in meinem Leben aber niemals missen mögen. Sie bescherte mir viele wunderbare Reisen mit der „Wismar“ nach West- und Ostafrika.

Ich hatte anfangs schon erwähnt, dass die DDR-Währung nicht konvertierbar war. Und die zugeteilten Devisen reichten nicht hinten und nicht vorne. Dies führte natürlich zu einem permanenten Geldmangel bei den DDR-Seeleuten. Allerdings waren wir mit diesem Dilemma ja nicht allein. Auch die Mitglieder der DDR-Handelsvertretungen, Botschaften oder Reedereivertretungen traf das gleiche harte Schicksal. Doch Not in der Diaspora schweißt bekanntlich zusammen! Jede Seite hatte etwas, was die andere Seite nicht hatte. In unseren Schiffslasten lagen solch wunderbare Sachen wie Schwarzbrot, Bockwurst, Sauerkraut, Räucherspeck und „Hafenbräu“. Wer schon mal längere Zeit im Ausland gelebt hat, also nicht in New York, Paris oder London, sondern „am Arsch der Welt“, weiß sicher, was ich meine. Schon die Aufzählung dieser

Köstlichkeiten ließ diesen armen Menschen das Wasser im Munde zusammenlaufen.

Andererseits hatten sie etwas, was wir nicht hatten: Gute Ortskenntnis, einen Kleinbus und das Wissen, wen man im Falle eines Falles bestechen musste. Und so lag nichts näher als ein Handel zum gegenseitigen Vorteil. Heute hieße das wohl „Win-win-Situation". Zwar wurde unsere Proviantlast dadurch etwas leichter, andererseits bescherten uns diese Deals viele wunderbare Ausflüge ins Landesinnere oder zu bekannten Sehenswürdigkeiten. Ich erinnere mich zum Beispiel noch an eine Safari im Tsavo-East-Nationalpark in Tansania, an Tauchfahrten vor der ostafrikanischen Küste oder an Badeausflüge zum Busua-Beach in Ghana, einem Traumstrand, wie er im Buche steht: Palmen, weißer Sand, eine kleine vorgelagerte Insel und vor allem keine Touristen.

Das kleine Fischerdorf in der Nähe vervollständigte eher die Idylle, als dass es sie störte. Und natürlich wurde Anfang der siebziger Jahre FKK[19] gemacht.

Zu unserem Erstaunen konnten wir sogar unsere neue Bäckerin Conny zum Mittun überreden, ein echtes Dresdner Mädel, blond und genauso knackig wie die Brötchen, die sie jeden Morgen in die Messe brachte.

Natürlich wollte sich die Gute nicht vor allen Männern zur Schau stellen, flitzte daher bis ans Wasser, zog sich blitzschnell aus und verschwand in den Wellen. Das erwies sich jedoch als schwerer Fehler! Die Ärmste hatte nicht mit der Tücke der Elemente gerechnet. Schon die nächste größere Welle griff nach ihren Kleidern und ließ sie in den Tiefen des Meeres für immer verschwinden.

Nun war guter Rat teuer. Während wir Männer nach und nach wieder aus dem Wasser stolzierten, blieb Conny bis zu ihrem wohlgebauten Busen allein im Wasser stehen. Anders

19 „Freikörperkultur", also Nacktbaden.

als einst Aphrodite auf Zypern wollte sie partout nicht aus dem Wasser kommen. Alles Jammern half ihr nichts. Die Lords blieben hart. „Komm erst mal raus – dann kriegst du auch Klamotten!“

Aber letztlich waren wir dann doch anständige Jungs. Nachdem wir unsere „Schaumgeborene“ eine ganze Weile hatten zappeln lassen, drehten wir uns kollektiv um und das arme Mädchen konnte sich ein paar Männersachen überziehen.

Aufgrund der langen Hafenliegezeiten wurden durch die örtlichen Reedereivertreter oft Fußballspiele zwischen den Schiffen verschiedener Nationen organisiert. Anfang der siebziger Jahre hatte ich dadurch fast mehr „Länderspielerfahrung“ als unsere damalige DDR-Fußball-Nationalmannschaft!

Und diese Spiele, manchmal sogar Turniere, boten noch einen weiteren großen Vorteil: Der Verlierer musste einen ausgeben! Da die Besatzungen unserer Schiffe meist viel jünger waren als die Besatzungen von Schiffen anderer Nationen, war der Ausgang meist vorprogrammiert. Ich erinnere mich jedenfalls noch gern an schöne Nachfeiern bei Griechen, Italienern, Polen und Russen.

Aber wenn wir tatsächlich einmal verloren hatten, ließen auch wir uns nicht lumpen. Dass die Spielfelder in Afrika nicht unbedingt europäischen Standards entsprachen, dürfte klar sein. Im Grunde ist jeder abgeerntete heimatliche Acker dagegen ein Golfplatz. Meist gab es nur zwei mögliche Zustände: in der Regenzeit Modderloch, in der Trockenzeit Sahara. Unserer Spielfreude tat das keinen Abbruch.

Im Übrigen haben wir damals bei Temperaturen und Sonneneinstrahlungsquotienten gespielt, bei denen jeder Arzt sofort das Spiel abgebrochen hätte – oder gar nicht erst angepfiffen. Und nach einem Foul durfte man weder den sterbenden Schwan markieren noch zu lange liegenbleiben. Hoch über dem Platz begannen dann sofort die Aasgeier zu kreisen.

Einmal spielten wir aber in einem richtigen Stadion – in Daressalam, der Hauptstadt Tansanias. Ich kann mich weder an den Gegner noch an das Ergebnis erinnern – aber doch an das wunderbare Gefühl, einmal auf fast richtigem Rasen zu laufen und vor einer erklecklichen Anzahl von Zuschauern zu zeigen, was wir so drauf hatten.

Später durften wir zwar immer noch gegen jedermann Fußball spielen, jedoch die Nachfeiern mit „Gegnern" aus dem „nichtsozialistischen Wirtschaftsgebiet" wurden uns verboten. Das führte manchmal zu sehr peinlichen Situationen. „Warum dürft ihr nicht zu uns kommen?" Eine Frage, auf die nicht nur ich keine vernünftige Antwort geben konnte. Schließlich waren wir alle Seeleute.

Besonders beliebt waren auch Ausflüge mit dem Rettungsboot. Wann immer es die Arbeitszeit erlaubte, wurde ein Boot mit den nötigsten Utensilien bestückt. In der Regel war das Kujampel[20], alternativ gern auch ein oder zwei Kästen Bier, eine DDR-Flagge und etwas Krimskrams zum Tauschen. Nein, keine Glasperlen! Aber ein paar Stück Seife, ein paar Äpfel, die waren bei den Eingeboren als „exotische" Frucht sehr beliebt, billige Taschenuhren von Ruhla für sechs DDR-Mark oder auch Römersandalen oder so etwas in der Art für acht DDR-Mark. Und natürlich durften wir keinesfalls das Grillzeug vergessen!

Ausgangspunkt unserer „Expeditionen" waren meist die nigerianischen Häfen Port Harcourt oder Calabar, zwei Häfen, die allein durch ihre Lage dafür prädestiniert waren. Beide lagen an Flüssen, aber weit im Landesinneren. Sowohl der Calabar-River als auch der gewaltige Niger boten zudem ein weitverzweigtes Deltasystem mit unzähligen Creeks[21].

---

20 Wasser mit Sirup.

21 kleine Flussläufe.

Viele Gedanken darüber, ob etwas passieren könnte, machten wir uns nicht. Ich weiß nicht, ob unsere Offiziere auch so unbesorgt waren wie wir Lehrlinge und Matrosen, jedenfalls war der blutige Biafra-Krieg in der Region gerade erst ein oder zwei Jahre her. Es ging wieder einmal um die zwei Hauptkriegsgründe: Ethnische Konflikte und Öl. Über zweihunderttausend Menschen soll dieser Bürgerkriegskonflikt das Leben gekostet haben. Ich will es dabei bewenden lassen.

Unbedarftheit ist manchmal aber gar kein schlechter Ratgeber. Jedenfalls tuckerten wir auf unseren Ausflügen so lange einen Creek hinauf, bis sich irgendwo am Ufer ein Kraal[22] zeigte. Oft staunten die Eingeborenen nicht schlecht, was sich da für ein illustrer Haufen in ihr Dorf ergoss. Besonders die kleinen Kinder schauten uns mit großen staunenden Kulleraugen an. Die meisten von ihnen hatten noch nie einen Weißen gesehen. Und jetzt kam gleich rund ein Duzend bärtiger, langhaariger Teutonen!

Ein großes kulturelles Austauschprogramm wurde übrigens nicht veranstaltet. Wir gaben etwas von unserem Zeug zum Kosten ab und auch die Einheimischen schleppten irgendwelche Früchte an. Dazu wurde palavert, fotografiert und der umliegende Urwald erkundet. Probleme gab es eigentlich nie. So freundlich, wie wir empfangen wurden, verabschiedete man uns auch wieder.

Das Rettungsboot leistete uns auch bei einem anderen Ausflug gute Dienste. Dazu muss ich jedoch in meinen Erinnerungen mehrere tausend Meilen von der westafrikanischen an die ostafrikanische Küste springen. Ich weiß nicht mehr, ob das Riff vor der kenianischen oder vor der somalischen Küste lag, jedenfalls tuckerten wir eines Tages mit dem Boot – damals waren die Rettungsboote noch offen – bis zu einem vor dem

---

22 Kreisförmige afrikanische Siedlung.

Hafen liegenden Korallenriff. Eine Tauchausrüstung hatte natürlich niemand, nicht einmal Taucherbrille und Schnorchel. Wie sich herausstellte, war das auch gar nicht nötig.

Wir manövrierten unser Boot zwischen die dicht unter der Wasseroberfläche liegenden Korallenstöcke hindurch bis zu einer geeigneten Ankerstelle. Danach stiegen wir aus, setzten uns mit dem Hintern auf eine in nur zwanzig Zentimeter Tiefe liegende Korallenbank, hielten die Luft an und steckten einfach den Kopf unter Wasser.

Urplötzlich eröffnete sich eine phantastische Traumwelt mit einem unglaublichen Farbenspiel: Kleine Korallenfische mit aberwitzigen Mustern flitzen herum, Korallen und Anemonen sorgten für einen Unterwasserzauberwald in Miniaturformat. Besonders beeindruckten mich die Diadem-Seeigel, die wie Edelsteine funkelten. Ich kann jeden Unterwasser-Fotografen oder -Filmer verstehen, der sagt: Es ist einfach unmöglich, diese Pracht auch nur halbwegs real wiederzugeben – mit den damaligen technischen Mitteln schon gleich gar nicht. Vielleicht wird es eines Tages mit der 3-D-Technik möglich sein, auch „Nichttauchern“ diese verborgene Welt wirklich zu erschließen, wenn … wenn … ja wenn sich nicht jeder so barbarisch verhält, wie wir es taten. Also, lange herumdrucksen hilft ja nicht: Es war damals gang und gäbe, dass man versuchte, ein Stück dieser exotischen Welt mit nach Hause zu nehmen, und da wurde leider nicht zimperlich vorgegangen.

Zunächst haben wurde alles eingesammelt, was nicht schnell genug weglaufen konnte, also Seesterne oder irgendwelche Muscheln. War etwas nicht willig, so brauchten wir Gewalt. Ohne Skrupel schlugen wir ganze Korallenstöcke mit eisernen Brechstangen los und warfen sie ins Boot. Niemand hatte dabei auch nur den Anflug eines schlechten Gewissens. Von dem Zeug gab es schließlich genug und es wächst auch wieder nach. Dachten wir …

Später erwies es sich als unmöglich, die „Beute“ einfach so mit nach Hause zu nehmen. Schon auf dem Boot begann es sehr komisch zu riechen. An Bord wurde dann alles Getier mit Formalin gespritzt oder gleich ganz in Formalin-Fässer geworfen. Übrig blieben einige schneeweiße Korallenskelette und verblasste Seesterne.

Der „Clou“ der ganzen Angelegenheit war aber, dass wir Jungmatrosen einen Teil unserer Unterwassersammlung später anlässlich der „X. Weltfestspiele der Jugend und Studenten“[23] auf einem „Solidaritätsbasar“ verkauften. Natürlich ging das Zeug weg wie warme Semmeln. Der Erlös sollte den armen Ländern Afrikas zugutekommen.

Wir haben also den Afrikanern damals einen Teil ihres wunderbaren Naturerbes zerstört und geplündert – um ihnen mit dem Erlös zu helfen! Das ist doch irre, oder?

Als an eine der schönsten Abwechslungen auf dieser Reise erinnere ich mich noch an einen Ausflug von Mombasa aus in den Tsavo-East-Nationalpark, eine klassische Safari mit allem Drum und Dran. Allerdings schossen wir auch damals schon anstelle mit dem Schießgewehr nur mit Fotoapparaten. Da ich mir für diese Tour extra ein fünfhunderter Teleobjektiv ausgeliehen hatte, konnte ich auch einige ganz gute Aufnahmen machen. Alles in allem war es ein tolles Erlebnis, am Fuße des Kilimandscharo die afrikanische Tierwelt in freier Natur zu beobachten. Aber natürlich kam damals für uns Seeleute auch noch ein gewisses „Elitegefühl“ dazu. Es gab Anfang der siebziger Jahre nur sehr, sehr wenige DDR-Bürger, die sagen konnten, sie hätten in Afrika schon einmal eine Safari mitgemacht. Aus heutiger Sicht ist dieser Stolz eher beschämend. Schließlich hatten die normalen DDR-Bürger zu dieser Zeit nicht die geringste Chance, dorthin zu kommen.

---

23 1973 in Berlin

Zum Ende dieser Afrikareise liefen wir damals Mogadischu an, die Hauptstadt Somalias. Zu meiner Zeit ging es in der Stadt am Horn von Afrika noch recht gesittet zu. Ich konnte da noch ganz normal an Land gehen, kaufte für meine damalige Freundin ein kleines goldenes Kettchen und fuchtelte in dem ärmsten Ecken der Stadt mit meinem teuren Fotoapparat herum. Nichts passierte mir dabei. Das wäre wohl heute anders. Die Namen Somalia und Mogadischu stehen inzwischen für Bürgerkrieg, War-Lords und islamistischen Fundamentalismus. Bittere Armut und Kriminalität bestimmen die Schlagzeilen über das Land – und vor allem die Piraterie in einem noch nie dagewesenen Ausmaß.

Mehrere Hollywoodfilme haben sich mit der katastrophalen Situation in diesem Staat beschäftigt, so „Black Hawk Down" oder „Der Kapitän". Durch einige Erfolge gegen radikalislamistische Milizen in den letzten Jahren gibt es immerhin wieder etwas Hoffnung für das Land.

Mit dem Auslaufen aus Mogadischu begann übrigens der längste Seetörn meiner Laufbahn. Unser nächster Hafen hieß Rotterdam. Normalerweise wäre die „Wismar" jetzt Richtung Rotes Meer gelaufen, um durch den Sueskanal das Mittelmeer zu erreichen. Doch der Sueskanal war nach dem Sechs-Tage-Krieg zwischen Ägypten und Israel immer noch gesperrt. Für Kapitän Zimmer hieß es also, Kurs nach Süden absetzen, zum Kap der Guten Hoffnung.

Für die Besatzung der „Wismar" bedeutete das lange einunddreißig Seetage, ohne auch nur einen Fuß an Land zu bekommen! Natürlich war das Ganze verbunden mit viel Bordroutine und immer wiederkehrenden Instandhaltungsarbeiten. Das hieß für die Lehrlinge im Klartext, jeden Tag acht Stunden lang Rost klopfen! Aber natürlich versuchten wir uns zumindest den Feierabend etwas schöner zu gestalten. Es gab regelmäßig Grillabende, der „E-Mix" (unser Elektriker) zeigte mit einem Projektor die neuesten DEFA-Streifen, darüber hinaus aber auch einige gute internationale Filme. Es wurden Sportfeste veranstaltet und natürlich hatte auch das eine oder andere Besatzungsmitglied Geburtstag. Zu feiern gab es öfter etwas.

Bei so einem langen Seetörn bedeutete sogar eine FDJ-Versammlung eine gewisse Abwechslung. Wann immer es ging, setzte Kapitän Zimmer den Kurs dichter unter Land ab, so dass wir wenigstens ab und zu etwas zu sehen bekamen. Besonders beeindruckend: Kapstadt von See aus, mit dem Tafelberg und dem „Löwen", zwei sehr auffälligen Felsformationen.

Wer die Karte Afrikas einigermaßen vor Augen hat, weiß, danach wird es sehr schnell wieder sehr, sehr einsam …

Es war schon ein verdammt langer Kanten, eigentlich eher etwas für Einhandsegler oder andere Einzelgänger. Jedenfalls waren wir froh, als wir endlich in Rotterdam ankamen. Und dennoch: Kapitän Kassner, ein bekannter DSR-Kapitän, soll einmal den Satz geprägt haben: „Es gibt nichts Schöneres als eine gaaanz lange Reise auf einem gaaanz langsamen Schiff!"

Als junger Mann hätte ich ihm sicher auf das heftigste widersprochen. Heute allerdings kann ich ihn schon ein wenig besser verstehen.

Nach einigen West- und Ostafrikareisen fühlte ich mich langsam als alter Hase. Die Bordroutine war bekannt und auch die angelaufenen afrikanischen Häfen begannen sich zu wiederholen. Da schlug dieses Gerücht wie eine Bombe ein: Die „Wismar" bekommt in Westafrika keine Rückladung und muss daher nach Südamerika.

Brasilien, eines der Traumziele für jeden Seemann! Weniger wegen der dortigen politischen Verhältnisse, sondern eher wegen der einheimischen kaffeebraunen Schönheiten. Selbst die Lords konnten ihre Aufregung kaum vor uns Lehrlingen verbergen. Ich hatte inzwischen gelernt, solche Informationen erst zu glauben, wenn es wirklich losgeht. Allzu oft kam es anders als geplant. Doch das Gerücht wurde wahr! Wieder einmal sollte für mich ein lang gehegter Wunsch in Erfüllung gehen.

Die Fahrt über den Südatlantik selbst gestaltete sich wenig spektakulär, unser Kurs lag abseits aller üblichen Schifffahrtswege. Selbst auf den stark befahrenen Routen des Nordatlantiks bekommt man mitten auf dem Teich nur sehr selten ein anderes Fahrzeug zu Gesicht, doch „hier unten" war praktisch gar nichts los. Auf dem Weg nach Salvador de Bahia blieben die wenigen südatlantischen Inseln weit außerhalb unseres Sichtkreises. Was hätte ich dafür gegeben, einmal einen Fuß auf Ascension, Fernando de Noronha oder Trindade zu setzen. Aber man kann nicht alles haben. Und leider auch nicht auf Tristan da Cunha, die wohl einsamste bewohnte Insel der Welt.

Mutterseelenallein zog die „Wismar" ihre Bahn. Nur ein paar fliegende Fische belebten gelegentlich die Wasseroberfläche und hin und wieder eine Schildkröte. Es erstaunte mich damals sehr, die an Land eher plump wirkenden Tiere so weit draußen auf hoher See anzutreffen. Heute weiß ich dank des Meeresforschers Jacques-Yves Cousteau, welch ungeheure Entfernungen diese Tiere zurücklegen können.

Allzu viele Erinnerungen an die brasilianische Millionenstadt Salvador habe ich heute nicht mehr. Außer, dass ich mich in dem Straßengewirr der Altstadt bei biblischer Finsternis hoffnungslos verlaufen hatte. Und natürlich sprach auf den Straßen wieder niemand auch nur ein einziges Wort Englisch.

Normalerweise hatte jeder DDR-Seemann im Laufe der Jahre ein untrügliches Gespür dafür entwickelt, wohin er zu laufen hatte, um in die City zu kommen. Oder umgekehrt zurück zum Hafen – selbst mehr oder weniger alkoholisiert. In diesem einen Fall versagte mein Orientierungsvermögen völlig und ich tat etwas, was für jeden „West“-Seemann ganz normal war: Ich nahm ein Taxi! Angesichts des schmalen Lehrlingssalärs tat mir damals jeder Cruzeiro doppelt und dreifach weh. Noch heute habe ich Phantomschmerzen, wenn ich bedenke, was ich mit dem Geld hätte alles anfangen können. Dazu kam damals noch die Sorge, ob das Geld für die Fahrt reichen würde. Doch es gab keinen Ausweg mehr und letztlich war ich froh, als endlich die Lichter des Hafens in Sicht kamen. Zum Glück reichte auch mein Geld, dank der „Segnungen“ eines Billiglohnlandes.

Übrigens waren die brasilianischen Geldscheine damals unglaublich schmierige Lappen. Einige davon habe ich noch in der Schublade. Wer sie herausnimmt, sollte vorsichtig sein. Ich nehme an, sie sind auch nach über vierzig Jahren noch immer hochinfektiös!

Weiter ging die Fahrt nach Süden, allerdings mit mehr als nur einem tränenden Auge, denn Rio de Janeiro stand leider nicht auf der Liste der Ladehäfen. Adieu Copacabana und Zuckerhut! Aber wie heißt es so schön: „Wenn sieben gute Dinge zusammenkommen, muss man nicht den Mangel des achten beklagen!“

Schon der nächste Hafen sollte uns reichlich entschädigen. Santos ist der bedeutendste Hafen Südamerikas und der wichtigste Kaffeeausfuhrhafen Brasiliens sowieso. Zudem gibt es in der Nähe durchaus schöne Strände und andere Sehenswürdigkeiten. Und es war die Heimat des berühmtesten Fußballers der Welt zur damaligen Zeit: Edson Arantes do Nascimento, besser bekannt unter dem Künstlernamen „Pelé“. Mein Idol!

Das farbige Ausnahmetalent steht heute in einer Reihe mit Diego Maradona und Lionel Messi. Als eingefleischter Fußballfan, der ich damals schon war, keimte in mir eine Hoffnung auf: Vielleicht wäre es ja möglich, in der Hafenliegezeit ein Spiel des FC Santos zu besuchen!

Den Lords stand anderes im Sinn. Schon seit Tagen sprachen sie nur noch davon, der „Rua General Câmara“ einen Besuch abstatten zu wollen. Diese Straße hatte bei den Seeleuten aus aller Welt auch noch einen zweiten Namen. Sie wurde schlicht und einfach „Rue de Galopp“ genannt.

Aufgrund der relativ langen Reisedauer hatten sich sogar auf unseren Lehrlingskonten ein paar Devisen kumuliert, so dass es für ein oder zwei Drinks in einer der dort ansässigen Bars reichte und für den ersten und letzten Table-Dance-Striptease meines Lebens.

Also, eines steht fest, bewegen können sich die Brasilianerinnen! Dennoch, wohlgefühlt habe ich mich dort nicht. In den Ecken des Schuppens saßen ein paar Typen herum, denen ich lieber nicht über den Weg laufen wollte, falls sie mal schlechte Laune kriegen sollten. An Bord fühlten wir Lehrlinge uns ja schon ziemlich erfahren, aber auf diesem Terrain waren wir eben doch noch echte Milchbärte. Und so blieb es für mich, genau wie auf der Reeperbahn, bei einem einzigen Besuch der „Rue de Galopp“.

Kaffeebraune Schönheiten hin oder her: Kapitän Zimmer holte einige Tage vor Auslaufen noch ein ganz dickes Ass aus dem Ärmel: Wachfreie Besatzungsmitglieder konnten sich für einen Ausflug nach São Paulo einschreiben. Auf dem Programm standen ein City-Bummel, der Besuch eines Fußballspiels und eine Stippvisite im Zoo. Was so lapidar auf dem Aushang stand, hatte es in sich. São Paulo war und ist eine Mega-Stadt, nur vergleichbar mit New York, Mumbai oder Tokio!

Wie viele Menschen dort genau leben, weiß niemand. Aktuell geht man von über zwölf Millionen „Paulistas“ aus. Damit gehört São Paulo zu den größten Städten der Erde. Auch das Fußballspiel versprach, der absolute Oberkracher zu werden: Corinthians São Paulo gegen den FC Santos. Auf jeder Seite war ein aktueller Weltmeister aktiv: bei Corinthians Roberto

Rivelino, bei Santos der schon erwähnte Pelé. Mir schien es einfach unvorstellbar, diesen Ausflug eventuell nicht mitmachen zu dürfen. Nun, ich durfte!

Schon die Fahrt mit einem Bus ins brasilianische Hinterland war ein Erlebnis: vorbei übrigens am 1953 gegründeten VW-Werk, wo noch bis zum Jahr 1986 der „Käfer" in Serie gebaut wurde, acht Jahre nach Ende der VW-Käfer-Produktion in Deutschland. Insgesamt liefen dort drei Millionen dieser Fahrzeuge vom Band. Damit wurde der kleine Kerl auch in Brasilien zum Volkshelden.

Man stelle sich einen Bauern vor, der niemals in seinem Leben aus der brandenburgischen Provinz herausgekommen ist und plötzlich, von einer Sekunde zur anderen, in die City von New York gebeamt wird. Und zwar zur Rushhour! So ähnlich habe ich mich in der Innenstadt von São Paulo gefühlt. Diese Hochhäuser, dieser Verkehr, diese Menschenmassen – und dennoch, ich spürte nichts Beängstigendes, eher im Gegenteil. Ich hätte noch ewig durch die Häuserschluchten stromern können. Durfte ich aber nicht, nach drei Stunden hieß es wieder in den Bus einsteigen und den nächsten Programmpunkt abarbeiten.

Ich weiß nicht mehr, wer für diesen Plan verantwortlich zeichnete, aber eines weiß ich noch: Vor allem wir jungen Lehrlinge und Matrosen waren hochgradig vergnatzt, der quirligen, faszinierenden City Lebewohl sagen zu müssen, nur um anschließend mehrere Stunden durch den Zoo zu tigern. Ich fand es unfassbar. Da hat man die einmalige Gelegenheit, eine der spannendsten Städte der Welt kennenzulernen und was machen wir? Zebras und Giraffen anschauen, Tiere, die in Südamerika nicht vorkommen, wohl aber im Cottbuser Zoo, selbst zu tiefsten DDR-Zeiten!

Ich weiß nicht, möglicherweise tue ich dem Tierpark in São Paulo Unrecht. Vielleicht ist es ein ganz toller Zoo, vielleicht gibt es dort wunderbare Anlagen, eine tolle Architektur oder äußerst seltene Amazonas-Laubfrösche. Ich war jedenfalls so sauer, dass ich von all dem nichts mitbekam. Aber den Offizieren hat's scheinbar gefallen. Also wieder ein Grund mehr, auf die Seefahrtschule zu gehen, um dann irgendwann selbst zu bestimmen, wo der Bus hält.

Spätestens am Abend, beim Betreten des Estádio Municipal von São Paulo waren Offiziere, Mannschaft und Lehrlinge wieder miteinander versöhnt. Aus heutiger Sicht mögen die Fußballmuffel sagen: Na ja, ein Fußballspiel, zweiundzwanzig Männer rennen hinter einem Ball her ... Oder die Fans: Weltmeister? Große Stadien? Super Stimmung? Hatten und haben wir bei Bayern, Schalke, Dortmund auch! ... Kann schon sein. Wir reden aber von den frühen siebziger Jahren des vorigen Jahrhunderts. Die vielen internationalen Stars in der Bundesliga tauchten erst viel später auf. Von der DDR-Oberliga gar nicht zu reden, der FC Energie Cottbus kröpelte sogar in der II. DDR-Liga herum und galt als hoffnungslos provinzieller Verein, Zuschauerschnitt vielleicht zwei- bis dreitausend. Und Flüge oder Schiffsreisen über den Atlantik konnten sich damals selbst im Westen nur begüterte Leute leisten. Also, wenn das Wort „privilegiert" auf irgendetwas hundertprozentig zutraf, dann auf dieses kleine Fähnlein von DDR-Fußballfans.

Für mich ist dieser Abend bis heute unvergesslich: dieses riesige Stadion, das warme, angenehme Wetter, das Flutlicht und die fröhliche, karnevalistische brasilianische Grundstimmung. Dazu drängten sich jede Menge Fanartikel- und Eisverkäufer durch die Massen. Drei Reihen hinter uns trommelte auf irgendwelchen Perkussionsinstrumenten eine komplett durchnummerierte Frauen-„Mannschaft" ununterbrochen heiße Samba-Rhythmen.

Die Mädels sahen so gut aus und machten solch ein Spektakel, dass ich zeitweilig sogar das Geschehen auf dem grünen

Rasen etwas aus den Augen verlor. Außerdem handelte ich mir eine leichte Genickstarre ein. Lustig war auch, als im weiten Rund mitten im Spiel das Flutlicht ausging. Das gutgelaunte Publikum begleitete das zögerliche Wiederaufflackern der Lampen mit zigtausenden „Hop-hop-hop"-Rufen.

Das Spiel selbst endete 1 : 1. Pelé, mein Idol, schoss tatsächlich ein Tor für Santos. Wer für Corinthians traf, weiß ich nicht mehr, aber auch der schnauzbärtige Rivelino machte ein sehr gutes Spiel.

Der letzte Ladehafen und damit südlichste Punkt auf dieser Brasilienreise hieß Município de Paranaguá. Die 1648 gegründete Hafenstadt gehört zum Bundesstaat Paraná. Sie soll derzeit rund 150.000 Einwohner haben. Davon spürte ich damals bei meinem Landgang allerdings sehr wenig. Auf mich machte die Stadt eher einen ruhigen, fast verschlafenen Eindruck. Diese provinzielle Anmutung mag ja durchaus seinen Charme gehabt haben – um diesen jedoch zu erkennen, war ich aber wieder einmal eindeutig zu jung.

Schmunzeln musste ich allerdings, als ich kürzlich Folgendes bei Wikipedia fand: „… Außerdem verfügt der Hafen noch über den großen schnellwachsenden Containerterminal TCP (Terminal de Contêineres de Paranaguá S.A.), der privat betrieben wird. Während im Jahr 2000 252.679 Containereinheiten TEU im- und exportiert wurden, steigerte sich die Umschlagsmenge im Jahr 2013 auf 739.818 TEU …"

Teufel und Thunfisch! Das ist doch nicht zu glauben: Nach Mukran und Mariel nun also auch Paranaguá. Das kann doch kein Zufall sein!

Die Eindrücke auf dieser Afrika-Brasilienreise waren für mich so tiefgreifend, dass ich an die Rückreise kaum noch Erinnerungen habe. Einzig die Tatsache, dass wir zum Bunkern Praia auf den Kapverdischen Inseln anliefen, habe ich noch im

Gedächtnis. Doch war die Liegezeit dort derart kurz, dass sich der „Landgang" leider auf die Pier beschränkte. Aber wie man so ist als junger Kerl, wichtig war nur dieser Fakt: „I c h habe meinen Fuß auf diese Inselgruppe gesetzt!" Wie lange ich dort war, musste ja nicht gleich jeder wissen …

Langsam wird es Zeit, dass Kapitel Lehr- und Matrosenzeit zu beenden. Eine Geschichte habe ich aber noch. Und dafür geht es noch einmal zurück nach Afrika.

Die Liebe in Zeiten des Klassenkampfes

Eines schönen Morgens, die „MS Wismar“ lag im ghanaischen Hafen Takoradi, hielt genau vor der Gangway ein großer Mammy Lorry. Auf der Ladefläche des LKW ein riesiger Berg Kisten, Koffer und Krimskrams aller Art. So eine Fuhre war in Afrika nicht ungewöhnlich, wohl aber die Personen, die dazu gehörten: Vater, Mutter und vier zum Teil schon erwachsene Kinder. Sie standen wie die Orgelpfeifen vor dem Truck. Alles Weiße, denen man aber ansah, dass es sich keinesfalls um Touristen handeln konnte. Besonders die drei großen Mädchen fielen uns Lehrlingen und natürlich auch den Lords sofort ins Auge. Nach unseren damaligen Maßstäben waren sie äußerst fetzig (jetzt würde man sagen: „cool“) gekleidet. Heutzutage würde ich es als eine Mischung aus Indianer- und Afro-Look beschreiben.

Wie ein Lauffeuer sprach sich die Nachricht herum, dass diese Familie als Passagiere mitfahren würde. Plötzlich hatte jedes Besatzungsmitglied, was unter fünfundzwanzig Jahre war, arbeitsmäßig im Bereich der Gangway zu tun! Und natürlich gab es beim Anbordkommen der Leute jede Menge helfende Hände.

An dieser Stelle möchte ich meine eigenen Memoiren für eine Weile unterbrechen. Und zwar aus folgendem Grund: Auch die Familie Swim, so hießen unsere Mitfahrer, hatte ihre Erinnerungen an diese Reise schriftlich niedergeschrieben. Und das eröffnete mir und jedem späteren Leser die Chance, einmal einen Blick von außen auf das Bordleben unseres Schiffes zu werfen. Alle meine Erinnerungen, die guten und die schlechten an die DDR-Seefahrtzeit, sind natürlich subjektiv gefärbt. Robert, das Familienoberhaupt der kanadischen Familie, hatte dagegen sein ganzes Leben „im Westen“ zugebracht. Für ihn war die Buchung eines „kommunistischen“

Schiffes mindestens so exotisch wie für uns heute ein Badeurlaub in Nordkorea!

Im Folgenden habe ich daher einen Auszug aus der Bordchronik (nicht zu verwechseln mit dem Schiffstagebuch) übernommen, den ich damals abschrieb. Leider weiß ich nicht mehr, wer diesen Text übersetzt hatte. Um die Authentizität zu wahren, habe ich, bis auf ein paar kleine Schreibfehler, nichts daran verändert.

Hier ist er, der Reisebericht von Robert Swim:

Geschichte der Familie Swim an Bord der „MS Wismar" (April – 12. Mai 1972)

Einleitung

Der Erste Offizier sprach uns an, kurz nachdem wir auf der „MS Wismar" angekommen waren, und bat uns, unsere Eindrücke über das Schiff, dessen Besatzung und die Reise niederzuschreiben und Bemerkungen, Vorschläge und Ideen für einen möglichen Nutzen zukünftiger Passagiere zu machen.

Wir sagten zu, um den I. Offizier mit seiner Bitte zufriedenzustellen, aber wir zweifeln sehr daran, dass das, was wir schreiben können, für spätere Passagiere viel Gültigkeit haben wird, denn wir glauben, dass weder die Swim-Family charakteristisch ist für normale Passagiere, die man ansonsten finden dürfte, noch das der Grund für die Anwesenheit auf dem Schiff für alle Reisende gleich ist. Warum? Gut, zum einen sind wir zu sechst:

Swim Robert (Bob) 19.09.1930 Yarmouth N. B.
Swim Rhoda Mae 10.11.1933 Sackville P. Q.
Swim Helen Louise 14.06.1953 Shawville P. Q.
Swim Lysa Kyen 17.12.1955 Wakefield P. Q.
Swim Vicky Ellison 12.11.1959 St. Jerome P. Q.
Swim Robert (Robbie) 08.08.1961 Ottawa Ontario

Eine weitere Sache ist: Wir haben Erfahrungen:

a) *alle Arten von Klimata: arktisches, gemäßigtes, tropisches, trockenes, feuchtes, heißes, kaltes, warmes, kühles, nasses, dampfiges, frostiges, eisiges.*

b) *annähernd alle Arten von Wohnungen: Schneehütte, Fellzelt, Leinwandzelt, Erdhütte, Grashütte, Schuppen, Wohnhaus, Einzelzimmer, Doppelzimmer, Landhaus (eins für den Sommer und eins für den Winter), wohnten aber niemals in einer Höhle, einer Festung oder einer Kabine – bis zu dieser Reise, wo wir drei Kabinen hatten.*

c) *annähernd alle Arten von Reisemöglichkeiten: Flugzeuge (Cessna 180, Beaver, Otter, Norseman, Pipercup, Anson, Catalina, DC-3, DC-4, DC-6, DC-8, DC-9, Boing 707, Boing 747, Comet, VC-10 und Convair) Züge, Lastzüge, Untergrundbahnen, Lifts, Rolltreppen, Hundeschlitten, Kayak, Mamy Lorry, Peterhead, Kanu, Fähre, Schneeauto, Schneeschuhe – aber für die meisten von uns noch niemals ein Schiff!*

d) *viele politische Gruppen, Kulturen und Rassen auf der Welt, darunter Briten, Franzosen, Französisch – Kanadier, Eskimos, Rot-Indianer, Inder, Pakistaner, Zentralafrikaner, Westafrikaner, Libanesen, Araber, Amerikaner, Japaner – aber niemals vorher Ostdeutsche.*

Wie wir anfangs sagten, macht uns unsere vielseitige Erfahrung vielleicht ein wenig anders als normale Passagiere. Wir kennen Überfluss und Hunger, Bequemlichkeit und Not und wissen, dass der menschliche Körper viel von beiden Extremen vertragen kann und dennoch bestehen bleibt.

Für uns ist diese Reise auf der „MS Wismar" eine Reise voller Überfluss und Komfort. Auch wenn es nicht so wäre, wäre uns die Gelegenheit zum Sammeln von Erfahrungen willkommen.

Hinsichtlich der Gründe, Plätze auf der „MS Wismar" zu buchen, sind verschiedene zu nennen: Obwohl Kanada damit einverstanden war, mich (Bob), für insgesamt fünf Jahre nach Ghana zu schicken, entschied ich mich nach zweiunddreißig Monaten, dass ich meine Zeit hier unnütz verbrachte und mehr schadete als Gutes tat, falls ich weiterhin in Ghana blieb.

Ich bat Kanada, mich zurückzurufen. Dies tat Kanada, aber weil ich meine Zweitstellung vorzeitig verließ, hatte ich keine Zeitnot, zu meiner Arbeit nach Kanada zurückzukehren. Das heißt, wir konnten erwägen, mit dem Schiff zu reisen, anstatt schneller mit dem Flugzeug.

Ein Schiff war möglich, weil ich seit einer Anzahl von Jahren keinen Urlaub genommen hatte und darauf rückwirkend Anspruch erheben konnte. Ein Schiff war angenehm, weil

- *meine Frau und ich innerhalb von 18 Jahren nie Flitterwochen hatten*
- *sie und ich Erholung brauchen*
- *ich Zeit zum Erlernen des Akkordeonspiels brauche*
  Wir alle neue Erfahrungen brauchen, speziell die Kinder und Robbie im Einzelnen. Ein Passagierschiff, das bei weitem weniger Gelegenheit für wertvolle Erfahrungen und Lehren bietet, als es ein Frachter mit Einrichtungen für Passagiere tut, war weniger wünschenswert.

Obwohl wir alle Bürger Kanadas und deshalb ein Teil des „Westens" sind und obwohl ich ein Federal Public Servant[24] *und Erzieher durch meinen Beruf bin, ist es keine notwendige Folge, dass ich oder meine Frau mit der politischen Situation, wie sie zur Zeit existiert, oder mit dem Erziehungssystem, wie es in den kanadischen Schulen praktiziert wird, einverstanden sind. Auf jeden Fall, meine Frau und ich arbeiten lieber unter*

---

[24] Ein Bundesbeamter.

Bedingungen, in denen die Beziehungen von Mensch zu Mensch im Vordergrund stehen anstatt Beziehungen von Nationalität zu Nationalität. Wir haben kanadische Nachbarn, die, soviel wir sahen, uns weniger Respekt entgegenbrachten als unsere afrikanischen Nachbarn in Accra! Kanadas Schulen und deren Weg beinhalten die Widerspiegelung des Systems, welches sie schützt, nicht allerdings einzig das kanadische System – es ist allgemein in allen Nationen, Gruppen, usw. Aber meine Frau und ich möchten nicht, dass unsere Kinder erwachsen werden und nur einen „0-0-15-Standpunkt“[25] *haben. Wir möchten ihnen beibringen, dass ein Mensch anders als sie sein kann, ebenso seine Kultur, Politik usw. Solch ein Unterschied mag ihnen fremd sein, aber ist dadurch nicht falsch. Das gilt zumindest für Menschen, die sich entwickeln wollen oder die mit solchen Unterschieden geboren sind.*

Und wo gibt es eine bessere Gelegenheit als auf einem ostdeutschen Frachter?! Nur die Sprache und die Politik und kleine kulturelle Unterschiede sind anders als bei unseren Kindern. Sie können Bekanntschaft mit der sorglosen Ungezwungenheit, mit dem europäischen (deutschen) Essen und den allgemeinen physischen Gegebenheiten machen, es ist ihnen überlassen, ihre Meinung im Zusammentreffen mit anderen Meinungen frei zu bilden, wobei sie auf engem Raum mehrere Wochen mit Menschen zusammen sind, die in der vergangenen Zeit durch den Westen als gefährlich, als Kommunisten, als Bedrohung, usw. hingestellt wurden.

Falls sich unsere Erkenntnisse als richtig erweisen, werden unsere Kinder feststellen, dass es gute und schlechte Ostdeutsche gibt, genau wie es gute und schlechte Kanadier gibt. Es wird

---

25 Gemeint ist hier wohl eine Anspielung auf die deutsche Redewendung, dass etwas „nullachtfuffzehn“, also „nicht besonders“, „mittelmäßig“, „nicht erwähnenswert“ ist.

sich festigen, was sie bereits während des Lebens zwischen Eskimos, Indianern, Afrikanern usw. lernten: dass Menschen eben Menschen sind, in der ganzen Welt.

Was den Unterschied in der Sprache anbelangt, haben wir festgestellt, dass man beim Studium irgendeiner Sprache oft formale Wendungen lernt, dass man beim Studium dieser Art aber nicht die wahren Gefühle so stark ausdrücken kann wie Gesten von Menschen, die nicht die Sprache des anderen sprechen.

Zwischen der Schiffsbesatzung, die zumeist nur deutsch, und unseren Kindern, die nur englisch sprachen, mussten die Gesten anstelle der Sprache treten. Gedanken, Gefühle, Wünsche wurden reduziert auf das Einfache. Beide Seiten erkannten die Wünsche des anderen, bevor es notwendig wurde, dass sie ausgesprochen wurden. Eine reichliche Gelegenheit für menschliche Wechselbeziehungen! Übrigens wollten wir dabei etwas Deutsch lernen, aber es war umgekehrt, wir lernten mehr Englisch, als dass wir Deutsch lernten, ausgenommen ein paar gebräuchliche Kraftausdrücke.

So viel zur Einleitung, ein wenig lang vielleicht, aber notwendig unserer Meinung nach. Der nächste Teil wird einige Höhepunkte unserer Reise behandeln.

Höhepunkte der Reise (geordnet in zufälliger Reihenfolge):

- *für die Töchter Nr. 1 und Nr. 2: die jungen Besatzungsangehörigen, speziell solche mit langen Haaren;*
- *für Vicki: die Einsamkeit ihrer Kabine, für Stunden und Stunden ununterbrochenen lesend;*
- *für Robbie: die Wunder eines arbeitenden Schiffes und die Art und Weise der Besatzung, die ihn behandelten wie einen jüngeren Bruder oder Sohn, abhängig vom Alter der Schiffsleute;*

- *für Rho und mich: die Sauberkeit, das gute Verhältnis in der Besatzung, der Stolz, Passagier auf einer „Lady" zu sein;*
- *für uns alle: die Freundlichkeit, die Rücksichtnahme, der Humor, die Kameradschaft;*
- *das Essen – reichlich, wunderbar gekocht, gebacken, geschmackvoll und erfrischend serviert, mehr Varianten der Zubereitung von kaltem Fleisch, als ich glaubte;*
- *unsere Bekanntschaft mit dem „Teufel in der Flasche", mehr als einmal spät abends bis morgens in den Kabinen der Offiziere; das Erlernen des Spiels „Straße und Ratte";*
- *Unterhaltung durch gute Musik*
- *der „Irish Coffee" zweimal beim Kapitän, seiner Frau und Besatzungsangehörigen;*
- *ein Festmahl mit „Bockwurst", um den Geburtstag des IV. Offiziers zu feiern;*
- *das Eis und die Scheiben Zitronen in unseren Getränken (das war für uns während der vergangenen Monate in Ghana sehr selten)!*
- *Robbies Sandalen gingen entzwei und wurden vom Bootsmann repariert. Meine Sandalen, die kurz darauf entzweigingen, wurden ebenso anstandslos repariert.*
- *unsere Diskussionen mit dem Kapitän, von welchem wir abwechslungsreich eine fantastische Anzahl von Gegenständen kennenlernten; seine offenkundige Befähigung als Kapitän eines Schiffes und seine Kenntnis von einem solchen Bereich der Weltprobleme und zwar allgemein und spezifisch – gekoppelt mit seiner edlen Aufrichtigkeit zeichnen ihn sicher gegenüber dem abgedroschenen Seebären aus;*
- *die Qualität und die Handwerkskunst, die beim Bau des „MS Wismar" angewandt wurde, offenbar von den einfachen Türbeschlägen bis zu den Ausstattungsarbeiten in den Kabinen, sofort hat man das Gefühl, dass keine See solch einem guten Schiff etwas anhaben kann, ein Gefühl*

des allgemeinen Vertrauens, während die Passagiere ihre Seebeine bekamen und lernten, dem Rollen und Stampfen vorzubeugen;

- *die Freundlichkeit, die Höflichkeit, die Sauberkeit, die Kameradschaft; (Wir schrieben dies schon einmal, aber es ist so bezeichnend, dass wir meinen, dies wiederholen zu müssen!)*
- *die Freunde, die Familien der Besatzungsangehörigen (Mannschaften und Offiziere) durch Bilder und Erzählungen kennenzulernen;*
- *der Grillabend auf dem Peildeck mit dem Hafen von Takoradi als Hintergrund – wir aßen zum ersten Mal gegrilltes Schweinesteak über Holzkohle bereitet; das bestschmeckende Fleisch, welches ich kenne: Kassler; der Tanz; die Musik; Jerry; der Tanz und der Tod des Frosches; Robbie im Mittelpunkt mit allen anwesenden Damen; das Freilassen von Flaschenteufeln; deutsche Stimmungslieder, gesungen mit Lebensfreude und Humor, während sich eingehakt und geschunkelt wurde; eine Bank brach bei diesen Anstrengungen; das Messen des Flascheninhalts mit Hilfe des Daumens lehrte der Chief; zuletzt fielen wir frühmorgens ins Bett und hatten das Gefühl, das Schiff rolle in schwerer See anstatt sicher im Hafen an den Tonnen zu liegen;*
- *die morgendlichen Fahrten mit der Schiffsbarkasse vom Hafen Takoradi zu den Fischerkanus der Afrikaner. Es war das erste Mal, dass ich sah, wie Langusten mit Hilfe von Schnapsflaschen gefischt wurden – und das Ergebnis war sehr lohnend!*
- *der bei uns hervorgerufene Ärger, weil Ghanesen in Luke I den Logger aufgebrochen hatten – aber sie waren enttäuscht, nur afrikanische Schnitzereien darin zu finden;*
- *das Aufgreifen des Lieblingsausspruches vom II. Offizier, wenn ihm schwierige Fragen gestellt wurden: „May be yes –*

may be no, may be rain – may be snow!" Dazu fügte Robbie einen weiteren Kontrast: „ May be come – may be go!"

- *die Anglergeschichten des I. Offiziers;*
- *Als Bootsmann Neuhaus in seiner Freizeit ein großes Modell der „Cutty Sark" modellierte, konnten wir seine handwerklichen Fähigkeiten bewundern; der Kapitän übersetzte unsere Bitte an den Bootsmann, uns ein Modell der „Bluerose" zu bauen und der Bootsmann willigte ein, falls wir ihm einen Bauplan zusenden würden, welches wir versprachen, sofort nach Erreichen Kanadas zu tun;*
- *der köstliche Fisch von einem Verarbeitungsschiff aus Rostock, welches wir auf dem Weg nach Europa trafen, wurde auf unserem Schiff wundervoll von Reiner Vogt und Rolf Wichmann geräuchert;*
- *das Fußballspiel zwischen unserem Schiff und der „MS Bridgepool" – Robbie schwenkte während des Spiels eine DSR-Flagge, unser Schiff gewann 5 : 1 und dazu die Flagge der „MS Bridgepool";*
- *das batteriebetriebene Spielzeugauto, welches Robbie von einem Vollmatrosen erhielt. Es lieferte Stunden um Stunden Spielspaß für unseren Sohn in den Kammern, den Gängen, der Messe, überhaupt in allen Winkeln des Schiffes, wo genug Platz war, das Auto fahren lassen zu können.*
- *Robbie wurde von Lehrlingen zum Landgang in Douala mitgenommen. Als er zur Kaffeezeit auf das Schiff zurückkam, bewegten sich seine Füße nur noch schwer, aber sein Kopf war voll von all den Dingen, die er erlebt hatte.*
- *Der Handel auf dem Schiff mit Nigerianern um Schnitzereien für die Besatzung, die Preise der Afrikaner waren annähernd inflationär für Fremde, aber durch meinen Aufenthalt in Afrika hatte ich Kenntnis der korrekten Preise und erhielt die Schnitzereien billiger;*
- *…*

An dieser Stelle endet die Wiedergabe der Niederschrift von Bob Swim. Allerdings nicht, weil Bob keine Lust mehr hatte weiterzuschreiben, sondern weil ich damals zu faul war, den Rest abzuschreiben!

Aber ich denke, im Grunde reicht dieses Tagebuchfragment aus, um zu zeigen, wie wohl sich Menschen eines kapitalistischen Staates an Bord eines Schiffes eines – in ihren Augen „kommunistischen" – Staates fühlten. Und immerhin werde ich in dem Bericht ja auch zweimal persönlich erwähnt. Einmal direkt, als es um das Räuchern von frischem Fisch ging – und einmal indirekt als „junge Besatzungsangehörige mit langen Haaren", die es seinen Töchtern angetan hatten.

Wie man sich unschwer vorstellen kann, entbrannte unter den jüngeren Besatzungsmitgliedern sofort ein heißer Kampf um die Aufmerksamkeit der beiden Mädchen. Helen war zu diesem Zeitpunkt neunzehn und Lysa siebzehn Jahre alt. Also genau im „richtigen" Alter.

Und damit waren nach Auffassung von uns Lehrlingen die Lords aus dem Rennen. Die waren immerhin schon so um die zweiundzwanzig, und damit eindeutig zu alt! Dachten wir zumindest … Die Lords waren allerdings anderer Meinung und baggerten kräftig mit.

Ich weiß nicht mehr, wie wir es geschafft haben, aber die „Siegerkränze" gingen an die Lehrlinge – an meinen Kumpel Rolf Wichmann und an mich, um genau zu sein. Im Nachhinein wundere ich mich noch immer, dass die Matrosen das hingenommen und uns keine Tracht Prügel verabreicht haben.

Also Helen: Sicher keine Schönheit im klassischen Sinne, aber auch kein Opfer des alten Seemannsspruches: „Je länger die Reise, umso schöner die Mädchen." Wir waren uns auf Anhieb sympathisch, obwohl unsere bisherigen kurzen Lebensläufe unterschiedlicher kaum hätten sein können:

Ich: im Kokon der DDR aufgewachsen, Pionier, Timurhelfer, Altstoffsammler, Absolvent der 7. Polytechnischen

Oberschule Cottbus, FDJler und Helen: auf mehreren Kontinenten und in verschiedenen Kulturen zu Hause, unterrichtet einzig und allein vom Vater. Ihre Vorlieben: Hippie-Songs auf der Gitarre klimpern und mit wehenden Haaren auf dem Motorrad durch Afrika fahren. Ich sprach kaum Englisch, Helen kein Wort Deutsch. Doch wenn es eines Beweises bedurft hätte, dass es eine universelle Sprache der Liebe gibt, dann wurde er für mich auf dieser Reise erbracht.

Es waren genau zehn Glücksumstände, die uns dies möglich machten:

Der erste Glücksumstand war, dass sich die „Wismar" immer noch auf Ausreise befand. Das heißt, die Swims sind erst noch einmal ein ganzes Stück in die „falsche" Richtung bis nach Douala in Kamerun mitgefahren. Dadurch hatten Helen und ich rund einen ganzen Monat vor uns! Nachdem die „Paar-itäten" geklärt waren, hockten wir, so es möglich war, jeden Tag zusammen – an Bord allerdings selten allein, da ich als Azubi mit drei anderen Kumpels in einer Viermannkammer wohnte.

Dennoch waren es tolle Abende. Wir waren jung, die Swim-Mädels hingen bei uns herum, ab und zu gab es auch etwas Alkohol. Und wir waren im Besitz der tollsten Erfindung der damaligen Zeit: dem Kassettenrecorder! Endlich konnten wir „unsere" Musik hören, wann und wo immer wir wollten. The Beatles, The Rolling Stones, The Tremeloes, Middle of the Road, Mungo Jerry …

Glücksumstand Nummer Zwei bescherte mir Landgänge, wie ich sie sonst nie hätte erleben können. Helen bewegte sich in den afrikanischen Hafenstädten, als wäre sie dort geboren, sprach die Sprache der Eingeborenen, kannte die Sitten und Gebräuche, wusste, wo man besser nicht hingehen sollte und hatte vor allem deutlich mehr Geld zur Verfügung als ich, was mich das erste Mal in meinem Seemannsleben in die Lage versetzte, nicht jeden CFA-Franc[26] einzeln abzählen zu müssen.

Glücksumstand Nummer Drei war natürlich d e r Hauptgewinn überhaupt! Nach ein paar Tagen beschloss Helen, dass es an der Zeit sei, jedwede falsche Vornehmheit abzulegen und gelegentlich bei mir zu übernachten – Viermannkammer hin oder her, schließlich hatten wir gerade Flower-Power-Zeit und einen Vorhang hatte meine Koje immerhin auch.

Die Glücksumstände Vier und Fünf sind schnell erzählt: Sowohl Bob und Rhoda Mae als auch der Kapitän ließen uns gewähren, für beide Seiten keine einfache Entscheidung: Helens Eltern sicher aus Sorge um ihre Tochter, und Kapitän Zimmer sicher aus Sorge um seine Stellung als Leiter eines sozialistischen Bordkollektivs! Noch heute bin ich dankbar, mit welcher Toleranz und welchem Verständnis beide Parteien jeweils beide Augen zugedrückt haben. Das hätte nicht jeder Vater und nicht jeder DSR-Kapitän geduldet! Und das ist es, was ich meine, als ich anfangs schrieb, Kapitän Wolf-Peter Zimmer war immerhin selbst noch so jung, dass er die Sorgen und Nöte einer jungen Besatzung verstehen konnte.

Glücksumstand Nummer Sechs hat nichts mit Sex zu tun. Es war einfach die Freude, jeden Tag mit diesem Mädchen zusammen sein zu können, ihre Warmherzigkeit zu spüren, ihre Kultur kennenzulernen, ihr etwas von meinem Humor zu verpassen, gemeinsam Vokabeln der jeweils anderen Sprache zu lernen, deutsche und englische Witze zu erzählen, über Gott und die Welt zu reden …

Glücksumstand Nummer Sieben ist etwas heikel („die verflixte 7“). Er bestand darin, dass ich mich quasi weit außer Reichweite meiner damaligen Freundin Liane befand.

---

[26] Währung der Westafrikanischen Wirtschafts- und Währungsunion (UEMOA), also von Benin, Burkina Faso, der Elfenbeinküste, Guinea-Bissau, Mali, Niger, Senegal und Togo.

Liane war ein hübsches, kluges Mädchen aus der Nähe von Wismar. Zum ersten Mal über den Weg gelaufen sind wir uns auf einem der damals üblichen Patenschaftstreffen zwischen der Stadt Wismar und unserem gleichnamigen Schiff. Es war eine wirkliche „Jugendliebe" à la Ute Freudenberg, wir haben uns viele Briefe geschrieben und Zukunftspläne geschmiedet. Doch letztlich war unsere Beziehung zum Scheitern verurteilt. Wir waren damals noch viel zu jung, und dazu kam, dass wir immer wieder für viele Monate voneinander getrennt waren. Dennoch, ich gebe es zu, es war Liane gegenüber nicht fair.

Mein Glück war: Die Nonkonformistin Helen hatte damit allerdings überhaupt kein Problem.

Glücksumstand Nummer Acht für mich war gleichzeitig ein Pechumstand für die übrige Besatzung. Aufgrund der fortschreitenden Reisedauer und der geringfügig angewachsenen Personenzahl an Bord mit der jedoch daraus resultierenden überproportionalen Zunahme von Partys ging auf dem Schiff langsam das mitgenommene „Hafenbräu" zur Neige. Da Bier aber aus Gründen des bereits mehrfach erwähnten Devisenmangels nicht einfach nachgekauft werden konnte, griff der Erste Offizier zu einer in dieser Lage altbewährten Maßnahme, und die hieß schlicht und einfach: Rationierung!

Konkret sah das so aus, dass Mannschaften und Offiziere gar kein Bier mehr bekamen. Nur noch dem Kapitän stand ein gewisses Quantum zu „Repräsentationszwecken" zur Verfügung und natürlich den westlichen Passagieren. Für den Rest der Besatzung hieß das Abstinenz bis nach Hause …

Halt! Einen „Privilegierten" habe ich noch vergessen: Lehrling Vogt! Okay, ich hab jetzt nicht direkt Bier vom Kapitän bekommen, aber schließlich gab es ja noch Helen.

So schön diese Tage für mich und Helen auch waren, die „MS Wismar" unterlag natürlich einem bestimmten Fahrplan. Und so lief die Zeit, die wir gemeinsam noch vor uns hatten, schneller ab, als uns lieb war. Meile um Meile kurbelte das

Schiff jetzt nordwärts in Richtung Rotterdam herunter. Ich weiß es zwar nicht ganz genau, aber ich denke mir Folgendes: Sicher hat sich Kapitän Zimmer mit seinen Offizieren darüber beraten, was in Rotterdam passieren wird. Sind die Lehrlinge Wichmann und Vogt so in die Mädchen verliebt, dass sie die Möglichkeit nutzen, dort das Schiff zu verlassen? Mit allen sich daraus ergebenden Konsequenzen? Diese wären für alle Beteiligten erheblich gewesen! Wahrscheinlich hätte Kapitän Zimmer seinen Posten verloren und vermutlich der Erste Offizier und der Parteisekretär gleich mit. Und Rolf und ich hätten bis zur Wende 1989 nicht mehr nach Hause zurückkommen dürfen. Auch unseren Eltern wäre die „Republikflucht“ der Söhne teuer zu stehen gekommen. Warum das damals so war, hatte ich am Anfang meiner Erinnerungen kurz angedeutet. Doch selbst wenn die Schiffsführung diese Gefahr gesehen hatte – was hätte sie tun können? Uns einsperren? Wie hätten Bob und Rho darauf reagiert? Mit Sicherheit würden die Behörden in Rotterdam ebenfalls Wind von der Sache bekommen und das Schiff einfach an die Kette legen.

Im Prinzip hatte Kapitän Wolf-Peter Zimmer keine Wahl. Er musste dem Schicksal seinen Lauf lassen. Wohl wird ihm dabei nicht gewesen sein. Umso mehr verdient er sowohl aus damaliger als auch aus heutiger Sicht meinen Respekt und meinen Dank! Dass wir nicht eingesperrt wurden, ist damit Glücksumstand Nummer Neun.

Ich glaube, jeder kann sich vorstellen, wie Helen und mir am Tag der Trennung zumute war. Mit neunzehn Jahren zu wissen, dass es definitiv ein Abschied für immer sein wird, dass wir uns niemals wiedersehen würden!

Für rund vier Wochen hatte sich der Eiserne Vorhang für mich ein klein wenig geöffnet und wir hatten die Kultur und das Leben des jeweils anderen kennen und lieben gelernt. Aus und vorbei, die Politik der Großmächte hatte den Vorhang wieder geschlossen. Als letzten kleinen Trost versprachen wir uns gegenseitig, sofort zu schreiben, sobald wir wieder zu Hause wären.

Bleibt noch die Frage offen, warum ich nicht in Rotterdam abgestiegen bin, um Helen nach Kanada zu folgen. Obwohl wir uns wirklich geliebt hatten, spürte ich wohl im Innersten, dass es ein Fehler gewesen wäre. Weniger wegen der erwähnten politischen Umstände und deren Folgen. Die hatten damals sicher auch eine wichtige Rolle gespielt und als „gelernter DDR-Bürger“ und FDJler hatte ich Grenzen vermittelt bekommen und die hielt ich ein. Mehr aber noch, dass ich irgendwie spürte: Helen ist ein tolles Mädchen, eine ideale Geliebte – aber für ein ganzes Leben reicht es nicht, unsere Lebensläufe und Zukunftsvisionen waren zu verschieden. Ihr Freiheitsdrang und ihre unkonventionellen Lebensvorstellungen hätten unsere Beziehung über kurz oder lang in eine Katastrophe geführt. Und ich glaube, Helen wusste das auch.

Und damit hat sich auch der zehnte und letzte Glücksumstand erfüllt: Das Gefühl, die richtige Entscheidung getroffen und dennoch ein großes Maß an Dankbarkeit zu haben, dass ich diese vier Wochen erleben durfte.

Ein kurzer Epilog sei noch gestattet. Natürlich habe ich von zu Hause aus sofort an Helen geschrieben. Helens Antwortbrief hüte ich bis heute wie einen Schatz. Auf einen weiteren Brief von mir kam jedoch keine Antwort mehr. Vermutend, dass sie mit ihren Eltern schon wieder an einem anderen Ende der Welt unterwegs war, nahm ich das damals so hin. Vielleicht war es aber auch ganz anders, vielleicht sollte ich doch einmal in meine Stasi-Akte schauen, möglicherweise liegt ja da noch ein Brief von Helen …

Wie auch immer. Jede Spur von Bob, Rho, Helen, Lysa, Vicky und Robbie hat sich in der Zeit verloren. Auch mit den Möglichkeiten des Internets ist es mir bisher nicht gelungen, die Fährte dieser Globetrotter-Familie wieder aufzunehmen.

Soweit meine Erinnerungen an die Zeit „vor dem Mast“, also die Lehrlings- und Matrosenzeit.

Vieles gäbe es noch zu erzählen: über die bestandene Facharbeiterprüfung, über wunderbare Hafenstädte wie Lissabon, Casablanca und Bordeaux oder weitere Ausflüge nach Paris und Amsterdam, über den „Ritterschlag“ als Manöver-Rudergänger der „Wismar“, als ich auf der Seine von Rouen nach Le Havre steuern durfte und der Lotse für anderthalb Stunden auf jedes Kommando verzichtete, darüber, wie ich mal vom Zoll abgeführt wurde, als ich eine Mungo-Jerry-Schallplatte schmuggeln wollte, warum ich in die SED eingetreten bin, über das freundschaftliche Verhältnis mit dem Offizier Jörg Linzbach, der sich für meinen Seefahrtschulbesuch einsetzte und der mir beibrachte, dass man zum Kochen mehr als Salz und Pfeffer verwenden kann, über die „wilden“ Zeiten mit meinem Kumpel Frank Klose, in denen wir die Bars von Rostock über Berlin bis Görlitz unsicher machten …

Und auch die „Wismar“ ist nach ihrem irdischen Ende 1991 in Kalkutta nicht endgültig verschwunden. Ähnlich wie die „Fichte“ lebt sie auf Zelluloid[27] weiter: und zwar in dem wunderbaren DEFA-Kinderfilm von Rolf Losansky „Ein Schneemann für Afrika“. Das allerdings war dann schon viele Jahre nach meiner Zeit auf der „Wismar“. Wie ich gehört habe, hatten Kapitän Peter Zimmer und der Erste Offizier Jörg Linzbach einen großen Anteil am Zustandekommen dieses Films. Schon allein dadurch, dass sie das eine oder andere Mal die örtlichen Hafenautoritäten bestachen, damit das Filmteam auch an Land drehen durfte.

Ein Letztes noch: Ich bin später, solange meine Enkeltochter Majel noch klein war, zur Weihnachtszeit mit ihr ab und zu noch mal an Bord der „MS Wismar“ gegangen.

---

[27] Gibt es jetzt natürlich auch auf DVD.

Familiengründung und Seefahrtschule

Die Zeit als Seefahrtschüler war für mich von ganz besonderer Bedeutung. Liebe Kinder, Lebenspartner, Enkel, Urenkel, Ur-Ur-Enkel, Nichten, Basen, Oheime, Freunde, Freundinnen usw., ihr alle könntet dieses Büchlein nicht lesen, wenn es nicht den 18. Januar 1974 gegeben hätte. Es war der Tag, an dem ich meine Christine kennenlernte. Und natürlich hatte Bruder „Zufall" wieder seine Finger im Spiel.

Kurz bevor besagter Lehrgang beginnen sollte, war ich noch ein paar Tage zu Hause in Cottbus. Mein alter Schulkumpel Rüdiger Sonnenfeld und ich hatten beschlossen, die Diskothek „Freundschaft", heute ein „Grieche", zu besuchen. Ungefähr zur gleichen Zeit kamen die Freundinnen Ulla und Christine auf eine ähnliche Idee. Der Wunsch, tanzen zu gehen, garantierte zu damaliger Zeit aber nicht, auch „reinzukommen". Die Kapazitäten aller Discos in Cottbus zusammengerechnet reichten damals nicht annähernd für alle Jugendlichen der Stadt. Heute ist das nur schwer vorstellbar.

So kam, was kommen musste: eine lange Warteschlange vor der Eingangstür – und vor uns die beiden Mädchen Ulla und Christine. Doch das endlose geduldige Warten brachte an diesem Abend weder für meinen Freund und mich noch für die beiden Mädchen den erhofften Erfolg: Die Disco-Tür war und blieb uns verschlossen! Wer weiß, wie der Abend verlaufen wäre, hätte man uns reingelassen. Aber so hatten wir genügend Zeit, die beiden Schicksalsgenossinnen vor uns anzubaggern. Die eine war dunkel, die andere blond, also normalerweise eine klare Sache: Mein Freund Sonne „nimmt" die Blonde, ich die Dunkle. Aber irgendwie lief es diesmal anders. Ich glaube, an diesem Abend wurde mein bisheriges Beuteschema (siehe Azoren, Kuba, etc.) auf „Blond" umgepolt. Jedenfalls nahmen die beiden die Einladung zu einer Flasche Wein im Restaurant

„Hotel Lausitz“ an, und das war damals immerhin das beste Haus der Stadt.

„Wenn ihr noch eine zweite Flasche Wein trinken wollt, dann müsst ihr die aber auch bezahlen!“ Angeblich soll ich diesen Satz von mir gegeben haben, den ich heute noch gelegentlich vorgehalten bekomme. Ehrlich, ich glaube nicht, so etwas jemals zu einer Frau gesagt zu haben. Fakt ist aber, es wurde noch eine zweite Flasche ungarischer „Tokajer“ getrunken. Und wer diesen Wein kennt, weiß, man kann sich danach sehr schnell näherkommen.

Genauso schnell ging es mit uns auch weiter. Nicht einmal anderthalb Jahre später haben Christine und ich geheiratet und wiederum ein halbes Jahr später wurde unsere Tochter Jana geboren. Für mich ist damit eines klar: Ob eine Beziehung langsam oder stürmisch beginnt, ist für die Dauer des Zusammenseins irrelevant. Bei uns ging es jedenfalls sehr schnell und doch sind wir mit dem Tag dieser Niederschrift nun schon über fünfundvierzig Jahre zusammen.

Unser Sohn Stefan, sieben Jahre später als Jana geboren, meinte angesichts seiner letzten partnerschaftlichen Trennung kürzlich zu uns: Ihr habt einfach nur Glück gehabt! Aber ist es wirklich so? Jedenfalls hatte ich über meine vielen Seefahrtjahre hinweg immer eine liebe und treue Frau, die zu Hause mit zwei Kindern „ohne Wenn und Aber“ „den Laden „geschmissen“ hat. Und das bei voller Berufstätigkeit!

Trotz oder gerade wegen der monatelangen Trennung haben wir uns immer unbändig auf das Wiedersehen gefreut. Auch „erotisch“ hatte das durchaus seine Vorteile. Nach so langer Zeit konnte man gewissermaßen mit der eigenen Frau „fremdgehen“! Keinem von uns kam irgendwann der Gedanke, dass wir uns auseinanderleben könnten.

Und im Grunde hat sich das bis heute nicht geändert. Selbst die für diese Art Ehen kritischste Phase, wenn der Seemann seine Mütze an den Nagel hängt und für immer zu Hause bleibt, war für uns kein Problem.

Bis zu meinem Rentenbeginn habe ich mich noch täglich über die jetzt sehr kurzen „Reisen“ gefreut: früh hin zur Arbeit und abends schon wieder pünktlich zurück – das war wirklich toll!

Und ich denke, auch unsere Kinder haben nichts vermisst. Die ersten vier Jahre nach Janas Geburt kam ich aufgrund des Besuches der Seefahrtschule noch regelmäßig heim. Später war ich zwar lange weg, aber dazwischen auch immer wieder für eine recht komfortable Dauer bei meiner Familie, so dass ich viel Zeit für die beiden Kinder hatte. Im Kindergarten waren sie dann meist „Mittagskinder“ oder blieben sogar ganz zu Hause. Und auch die gelegentlichen Besuche während der Hafenliegezeit auf dem Schiff bei Papa waren für die beiden Kinder sicher tolle Erlebnisse.

Jana hatte sich damals übrigens mit der Zeit zu einer Art „zweiten Mutti“ für Stefan entwickelt. Wenn Christine aus irgendwelchen Gründen doch mal weg musste, konnte man sich hundertprozentig auf Jana verlassen.

Na ja, und als die Pubertät kam, war eine längere Abwesenheit des Vaters ja auch nicht so schlecht. Jedenfalls hatten wir auch „in der Phase, wo die Eltern schwierig werden“, keine großen Probleme mit unseren Kindern.

Doch zurück zu meiner Studienzeit auf der Seefahrtschule: Wie bereits erwähnt, waren Kapitän Peter Zimmer und insbesondere die Nautischen Offiziere Linzbach und Plota der Auffassung, dass ich das Zeug dazu hätte, die Seefahrtschule zu besuchen. Und aufgrund von „Erfahrungen“, wie die Sache mit den Kruboys, musste man mich auch nicht lange bitten. Halb schob man mich, halb sank ich hin!

Zunächst war guter Rat teuer. Für das Patent „Kapitän auf Großer Fahrt“, und nur dieses kam für mich in Frage, war zunächst das Abitur Voraussetzung, um mit dem Studium überhaupt beginnen zu dürfen. Nun rächten sich einstige schulische Faulheit und die „Vollmatrosenausbildung ohne Abitur“.

Doch manchmal muss man im Leben auch Glück haben. Um den Offiziersbedarf der immer noch schnell wachsenden Handelsflotte zu befriedigen, wurde für geeignete Matrosen und Maschinenassistenten ein Spezialprogramm aufgelegt. Das Ganze nannte sich dann „Hochschulvorbereitungslehrgang“, begann im Februar 1974 und dauerte ein halbes Jahr. Im Prinzip war es so eine Art Notabitur. Gelehrt wurden ausschließlich die naturwissenschaftlichen Fächer Physik, Chemie und Mathematik, sowie die Fächer Englisch und Russisch. Das sogenannte „Abwählen“, heute bei den Abiturienten für unangenehme Fächer, wenn auch nur eingeschränkt, Usus, gab es damals noch nicht.

„Die Mathematik ist ein Hochhaus! Ich gucke aus dem zweiten Stock – und Sie … Sie graben am Grundwasser!“ Mit dieser „Selbstbewusstsein aufbauenden“ Begrüßung begann unsere erste Mathematikstunde an der DSR-Seefahrtschule Wustrow. Was folgte, waren sechs Monate hartes, intensives Lernen, oft bis in die späten Nachtstunden hinein.

Den meisten von uns fiel die Rückkehr auf die Schulbank sehr schwer. Doch soweit ich mich erinnere, schafften wir alle den begehrten Abschluss. Das lag zu einem großen Teil daran, dass wirklich jeder jedem half. Wir ackerten gemeinsam so lange, bis auch der Letzte den zu lernenden Stoff irgendwann kapiert hatte. Ich bin mir nicht ganz sicher, ob unter heutigen Abiturienten und Studenten die Solidarität immer noch so einen hohen Stellenwert hat.

Es wäre auch falsch, ernsthaft zu behaupten, wir hätten ausschließlich studiert, gebüffelt und geübt – erstens glaubt mir das sowieso keiner und zweitens muss man auch in einer Biografie stets bei der Wahrheit bleiben. Der kleine Badeort

Wustrow auf dem Fischland besaß im Verhältnis zur Einwohnerzahl eine beachtliche Anzahl von Kneipen. Da aber die Saison noch nicht begonnen hatte, waren die meist ziemlich leer. Kurzum, wenn wir nach einem langen Tag die Nase voll hatten, ging's kollektiv ab in die Kneipe. Und wir hatten ziemlich oft die Nase voll!

Nach der erfolgreichen Not-Abitur-Schnellbesohlung begann für mich und meine Kameraden im September 1974 offiziell das Studium an der Ingenieurhochschule für Seefahrt Warnemünde/Wustrow. Dazu brauchten wir zunächst nicht einmal den Ort zu wechseln, die Ausbildung in den Grundlagenfächern fand in der alten, ehrwürdigen Seefahrtschule Wustrow auf dem Fischland statt. Immerhin durften wir nun von der Wohnbaracke in das feste Haus umziehen.

Doch das Studium in den Grundlagenfächern wurde keinen Deut leichter. Manchmal fragte ich mich schon, wozu ich als zukünftiger Nautiker so viel Atomphysik brauchen würde. Aber es hatte auch sein Gutes: Falls ich heute rein zufällig einen Atomphysiker treffen würde, könnte ich mich mit ihm immerhin über die Fermi-Dirac-Verteilung und die Heisenbergsche Unschärferelation unterhalten! Es ist nur schade, man trifft so wenige.

Die Großherzogliche Mecklenburgische Navigationsschule, wie sie einst hieß, gibt es heute nicht mehr. Über zweihundert Jahre nautische Ausbildung auf dem Fischland sind nur noch Geschichte.

Es blutet mir jedes Mal das Herz, wenn ich dort vorbeifahre, um unsere langjährigen Freunde in Zingst zu besuchen. Teile des Gebäudes wurden abgerissen, der Rest verkam mehr oder weniger zu einer Ruine. Inzwischen wird dort zwar wieder gebaut: Eigentumswohnungen und auch Ferienzimmer. Na ja …

Nach einem Jahr Grundlagenausbildung in Wustrow erhielten wir einen blauen „Balken“ auf den Schulterklappen und durften nach Warnemünde umziehen. Hier begann nun endlich die eigentliche nautische Grundausbildung: terrestrische, astronomische und Funknavigation, nautisches Rechnen, Meteorologie, Meereskunde, Seerecht, Seemannschaft, Ladungspflege, Medizin usw.

Ich will dieses Kapitel über die Seefahrtschulzeit nicht allzu sehr ausdehnen. Ich glaube, es ist klar, dass das Seebad Warnemünde zu den attraktivsten Studienorten zählte, die man sich überhaupt vorstellen konnte. Wenn es überhaupt einen Nachteil gab, dann vielleicht diesen: Plätze in einer Kneipe für sechs oder sieben Studenten zu finden, das war besonders in der Urlaubszeit ein sehr schwieriges Unterfangen.

Doch gerade die „Fischerklause“ war bei uns sehr beliebt. Das konnte man allein schon daran erkennen, dass bei einer zur Deko aufgestellten weiblichen Gallionsfigur eine Brust schon deutlich abgegriffen war. Toll fanden wir auch die einzig mir bekannte DDR-Bierkneipe, die schon morgens um 07.00 Uhr öffnete[28]. Im Grunde handelte es sich nur um eine kleine Stube, direkt am Warnemünder Marktplatz, zu dieser Uhrzeit meist bevölkert von einigen stadtbekannten Clochards, schichtfreien Werftarbeitern und lustlosen Studenten. Alle waren fasziniert von dem wunderbaren Anblick, wenn die ersten Strahlen der aufgehenden Sonne auf das goldene Funkeln eines frisch gezapften Bieres trafen.

Gelegentlich leisteten wir uns aber auch mal etwas „Besseres“, so zum Beispiel einen Besuch der Sky-Bar im von den Schweden erbauten Neptun-Hotel. Schon damals konnte dort

---

28 Anmerkung des Verlags: Da gab es sicher mehrere in der DDR. Die „Bäckerbörse“ in Cottbus öffnete damals sogar schon um 05.00 Uhr und wenn man sich dort am zeitigen Morgen einen „Kaffee“ bestellte, bekam man statt der erwarteten Tasse Kaffee einen Kaffeelikör.

bei schönem Wetter zum Tanz unterm Sternenzelt die Dachkuppel aufgefahren werden. Oder wir gingen zur „Schillerstraße 18“, einem weit über Warnemünde und Rostock hinaus bekannten echten Gourmet-Tempel.

Der Alltag war freilich anders. Ich weiß gar nicht mehr, wie viel Bockwürste ich in der Kantine der Seefahrtschule verdrückt habe. Es müssen unzählige gewesen sein! Was ich aber noch genau weiß, ist, wie sie heiß gemacht wurden: in einer Waschmaschine vom Typ „WM 66“.

Studiert haben wir natürlich auch, aber ich glaube, das ist eine Selbstverständlichkeit, die hier nicht weiter ausgewalzt werden muss. Und über die Praktikumsreise auf der „Fichte“ als willkommene Abwechslung vom Studentenalltag hatte ich ja schon ausführlich berichtet. Insgesamt war es eine sehr schöne Studentenzeit. Ich glaube ohnehin, dass jeder, der irgendwo studiert hat, mit ein wenig Wehmut an diese wunderbaren Jahre zurückdenkt.

Mit der Zeit hatte sich die Anzahl der blauen Balken auf unseren Schulterklappen auf vier erhöht, und das hieß viertes und damit letztes Studienjahr.

Machen wir es kurz. Bis auf eine Nachprüfung zum „Sprechfunkzeugnis“ kam ich für meine Verhältnisse überall ganz gut durch. Danach schloss sich noch ein halbes Jahr Diplomphase an. Meine Diplomarbeit trug übrigens den Titel „Die praktische Anwendung der rechtlichen Regelung des Schlepp- und Bugsiervertrages auf der Grundlage des Seehandelsschifffahrtsgesetzes der Deutschen Demokratischen Republik“. Ein Thema, welches mit dem Ende der DDR quasi bedeutungslos wurde.

Am 15. Juli 1978 durfte ich mich schließlich „Diplomingenieur für Schiffsführung“ nennen. Das war verbunden mit dem

Patent A5 und ich war nun berechtigt, auf allen Schiffen in allen Größen und auf allen Weltmeeren als Nautischer Offizier zu fahren.

Durch unglückliche Umstände (ehrlich gesagt: durch zu viel Alkoholgenuss) ging noch am selbigen Tag besagte Diplomurkunde wieder verloren. Das Original ist bis heute nicht wieder aufgetaucht. Wer weiß, wer darin meinen Namen ausradiert und dann seinen eingesetzt hat?!

Aber das Patent A5 war ja noch da! Als die Deutsche Seereederei Rostock schließlich ihre ehemaligen Matrosen nun als ausgebildete Nautiker wiederhaben wollte, musste mich wohl der Teufel geritten haben, jedenfalls antwortete ich auf die Frage eines Reedereimitarbeiters, ob ich mir zutrauen würde, sofort als Dritter Offizier zu fahren, mit „Ja“.

Mittelmeerfahrt auf „Alttonnage“

Normalerweise begann man seine Nautiker-Karriere bei der DSR als Vierter Offizier, sprich Assistenzoffizier vom Chief Mate. Das hatte auch durchaus seinen Sinn. Woher sollte der frischgebackene Offizier seine Brückensicherheit bekommen, wenn nicht an der Seite eines erfahrenen Nautikers? Wie schon erwähnt, die große Zeit der Simulatoren war noch nicht angebrochen. Geübt werden konnte also nur „in echt“. Der Vierte hatte die Chance, über ein halbes Jahr lang alle Abläufe auf der Brücke kennenzulernen, Sicherheit im Umgang mit den Geräten zu erwerben, Fehlerquellen bei der Navigation zu erkennen und auszuschließen und letztlich auch komplexe Ausweichmanöver durchzuführen. Das alles wurde beim Dritten Offizier bereits vorausgesetzt und so hatte ich ein ziemlich mulmiges Gefühl, als ich zum ersten Mal als Nautischer Offizier die Gangway der „MS Bode“ betrat.

Rein schiffbaumäßig ging es gegenüber der „Wismar“ um mehr als ein Jahrzehnt zurück. Die Technik an Deck war umständlich und zum Beispiel durch das Hantieren mit Scherstöcken und Lukendeckeln teilweise auch ziemlich gefährlich. Eine Klimaanlage war auch noch nicht vorhanden. Soweit ich mich erinnere, gab es lediglich in den Messen durch nachträglich eingebaute Geräte etwas kühle Luft.

Aber die „Bode“ hatte ihren „Charme“. In der Werft wurde zur Bauzeit des Schiffes noch sehr selten Kunststoff eingesetzt und in den Aufbauten stattdessen ziemlich viel Holz verarbeitet. Der separate Offizierssalon war plüschig-miefig, aber urgemütlich, und genauso auch die Brücke. Die notwendigen Gerätschaften standen oder hingen einzeln herum. Es gab noch ein „richtiges“ Steuerrad und das englische „Pathfinder-Radar“ stammte technisch wohl aus der Zeit, als die Tommies in der Nordsee deutsche U-Boote aufspüren mussten.

Als Kapitän Juszack erfuhr, dass sein neuer Dritter bisher keine einzige Reise als Assistenzoffizier gemacht und damit keinerlei Brückenerfahrung hatte, war er davon alles andere als begeistert. Für ihn bedeutete das ab sofort wieder Brückenwache – zwar in der „christlichen" Arbeitszeit der 8-12-Wache, aber für wie lange, das war völlig offen.

Auf See gehörte es zu den Pflichten des Dritten, zum Abendbrot den Ersten auf der Brücke abzulösen. Das tat ich nun ab sofort mit dem Kapitän gemeinsam.

Eines Abends, die „Bode" hatte eben die Meerenge von Gibraltar passiert, lösten wir wieder den Chief Mate ab. Es herrschte immer noch lebhafter Schiffsverkehr. Kurze Zeit später verließ der Kapitän unter irgendeinem Vorwand die Brücke und übergab mir das Kommando. Ich stand also plötzlich allein da und trug die volle Verantwortung.

Schon kurze Zeit später merkte ich, das Schiff konnte mit diesem Kurs nicht so weiterlaufen. Ich wurde sowohl von einem Querläufer als auch von einem immer näher kommenden Mitläufer bedrängt. Was ich aber zu diesem Zeitpunkt nicht wusste: Alle drei Nautiker standen ein Deck tiefer und warteten darauf, was ich jetzt tun würde. Den Kapitän rufen oder selbständig handeln? Nun, ich handelte selbständig und das von mir gefahrene Manöver konnte wohl nicht ganz falsch gewesen sein. Es war gewissermaßen Prüfung und Feuertaufe zugleich.

Ich hatte es geschafft! Von nun an durfte ich eigenverantwortlich Brückenwache gehen, allein mit dem Wachmatrosen auf der Brücke.

Vor mir lag ruhig und friedlich im Abendlicht die Alborán-See, benannt nach einer kleinen unbewohnten spanischen Mittelmeerinsel. Das Eiland ist so unbedeutend, dass es wohl nur langjährigen Levante-Fahrern bekannt ist. Für mich aber bleibt das erste Aufblitzen des Leuchtfeuers in der Abenddämmerung unvergesslich.

Wache für Wache und Reise für Reise lernte ich nun die Mittelmeerküsten, die nautischen Besonderheiten, die gefährlichen Küstenwinde (die alle einen eigenen Namen haben) und die Häfen dieser uralten Kulturregion kennen. Zu dieser Zeit wurden von der Deutschen Seereederei hauptsächlich die Häfen der Süd-Levante, also die Hafenplätze an der Südküste des Mittelmeeres, angefahren – fast immer dabei: Alexandria. Es gab ein paar Jahre in meinem Seefahrtleben, da habe ich mehr Zeit in dieser quirligen Stadt verbracht als zu Hause. Der morgendliche Ruf des Muezzins war mir vertrauter als das leise Schnarchen meiner Frau Christine.

Wie auf allen DSR-Schiffen und in allen Fahrtgebieten üblich, wurde auch hier jede Gelegenheit genutzt, Ausflüge zu bekannten Sehenswürdigkeiten zu unternehmen. Besonders beliebt war natürlich von „Alex" aus eine Fahrt nach Gizeh zu den Pyramiden. Schon die Hinfahrt durch das Nildelta und durch Kairo wurde stets zum Erlebnis.

Zu den Pyramiden selbst will ich hier nicht viel sagen. Kein Bauwerk auf der Welt ist wohl besser dokumentiert worden als die Cheops-Pyramide. Jeder hat schon unzählige Fotos und Filmberichte darüber gesehen. Und dennoch: Nur wenn man selbst davor steht, die schiere Größe mit eigenen Augen sieht, die Steine berührt und vielleicht ein Stück hochklettert, kann man es wirklich begreifen: Es ist ein Weltwunder!

Rundherum ging es leider weniger prosaisch zu. Die fliegenden Händler und ebenso die Kameltreiber nervten ohne Ende. Und auch die Rückfahrt durch die Wüste mit dem klapprigen Kleinbus ohne Klimaanlage war eher eine Tortur als ein Vergnügen.

Eine durchschnittliche Frachtreise auf einem DSR-Schiff in diesem Fahrtgebiet sah zu jener Zeit etwa so aus: Laden in Wismar, dazu kamen ein oder zwei weitere Ladehäfen auf dem

„Kontinent“ (Hamburg, Rotterdam, Antwerpen), danach ging's ab in Richtung Gibraltar und weiter bis in die östlichste Ecke des Mittelmeeres. Die Löschhäfen hießen meist Tripoli, Alexandria, Beirut, Latakia – alles Hafenstädte von Ländern, die in der jüngeren Vergangenheit durch blutige Bürgerkriegsunruhen Schlagzeilen gemacht haben. Zum Glück war das, mit Ausnahme von Beirut, zu meiner Zeit noch nicht so und wir konnten ungehindert an Land gehen. Für die Rückreise wurde meist in Zypern geladen, in der Regel Zitrusfrüchte oder Frühkartoffeln. Die Ladung ging dann größtenteils nach England.

Aus heutiger Sicht erscheint mir die Fahrtzeit als Dritter Offizier die schönste berufliche Zeit meines Lebens. Dafür gibt es mehrere Gründe: Zum einen war ich mit Ende Zwanzig, Anfang Dreißig körperlich topfit, zum anderen machte ich mir als junger Mensch auch nicht so viele Gedanken darüber, was auf See alles passieren könnte. Schließlich vertraut die Besatzung immer darauf, dass der Steuermann oben auf der Brücke keine Fehler macht, während man in der Koje von zu Hause träumt. Und da war auch ein gewisser Stolz, denn ich war in meiner Wache auch für die materiellen Werte von Schiff und Ladung verantwortlich, und die bewegten sich immerhin im mehrstelligen Millionenbereich.

Irgendwann hatte ich Brückensicherheit erreicht. Die täglichen Aufgaben konnte ich routiniert erledigen. Ortsbestimmungen, Kompasskontrollen, Wetterkarten zeichnen (von Hand!), Eintragungen in das Schiffstagebuch vornehmen, all das ging mir jetzt flott von der Hand. So blieb immer mal wieder etwas Zeit, einfach die Fahrt des Schiffes zu genießen. Den Kurs hielt der „eiserne Gustav“ und in der Nock stand ein Matrose als Ausguck.

Die Arbeit als Dritter hat mir auch deshalb viel Spaß gemacht, weil die dazugehörigen Aufgaben ganz genau meinen

Interessen entsprachen. Was für andere ein Graus war, zum Beispiel das ständige Berichtigen der Seekarten, Seehandbücher und Leuchtfeuerverzeichnisse, war für mich eine reine Freude. Meist habe ich dafür aber viel länger gebraucht als eigentlich notwendig. Alborán war für mich eben nicht nur eine unbedeutende Insel, sondern ein geheimnisvoller Ort. Welches Land erhebt Anspruch auf diesen Flecken? Gibt es den Militärposten noch? Kann man dort anlanden? Auf viele dieser Fragen gibt das Seehandbuch Antwort. Oder was hat es mit Ceuta, Melilla und den Chafarinas-Inseln auf sich? Und warum ist die relativ große Mittelmeerinsel Pantelleria fast völlig unbekannt? Ich könnte diese Liste der für mich interessanten Fragen noch sehr lange fortsetzen. Manchmal habe ich aus Spaß auch selbständig eine Eintragung in der Seekarte vorgenommen. So erhielt zum Beispiel das Capo Murro di Porco an der Südküste Siziliens von mir den deutschen Untertitel „Kap des murrenden Schweins", was sprachlich natürlich völliger Unsinn war.

Seeleute sind Menschen wie du und ich, aber ein paar Unterschiede gibt es vielleicht. Ich behaupte einfach mal, dass unter den Seeleuten (zumindest an Bord) die Drückeberger ziemlich rar waren. Und wenn es doch einen gegeben hat, konnte er seine Neigung nicht ausleben. In meinem Fahrtgebiet haben wir oft drei Monate hintereinander, ohne einen einzigen Tag frei zu haben, gearbeitet, sogenannte „Fernost-Fahrer" sogar sechs Monate und länger. Und wenn man Pech hatte, war man gerade mal zwei oder drei Tage zu Hause in Rostock oder Wismar – dann gab's die gleiche Zeit noch einmal als Nachschlag. Wenn es die Situation erforderte, und ich meine hier keinen Notfall, dann wurden vierundzwanzig Stunden durchgearbeitet.

Manchmal denke ich, ein wenig maritime Grundausbildung würde auch dem einen oder anderen Lehrling von heute ganz gut tun. Aber was soll's, über die „Jugend von heute" hat sich schon Sokrates mit seinem berühmten Spruch vor rund 2.000 Jahren ausgelassen[29]. Geändert hat sich über die Jahrtausende wenig, dennoch hat die Menschheit bis heute irgendwie überlebt.

Zurück zur Seefahrt. Bei den sogenannten Alttonnage-Schiffen der Deutschen Seereederei gab es noch keinen wachfreien Maschinenbetrieb. Das bedeutete, dass parallel zur Brückenwache immer auch eine Maschinenwache Dienst schob. Zu jedem Wachende hatten also immer ein Nautischer Offizier, ein Wachmatrose, ein Technischer Ingenieur und ein Maschinen-Assistent Feierabend – Grund genug, um noch in die Schiffsbar einzurücken und ein, zwei „Wachbiere" zu trinken. Gelegentlich traf man dort auch auf späte Tagestörner, angeheiterte mitreisende Ehefrauen oder den früh aufgestandenen Bäcker.

Besonders in Erinnerung ist mir eine Reise als Dritter auf der „MS Saale". Auf dieser Reise gab es nur einen Löschhafen, und der hieß Port de Tripoli, Libyen. Wir hatten in Wismar ausnahmsweise einmal militärische Güter in Paletten geladen, hauptsächlich wohl Kalaschnikows[30]. Zu dieser Zeit galt Tripoli als völlig überlaufen. Zwanzig bis dreißig Schiffe lagen ständig auf Reede und warteten auf einen Liegeplatz.

---

29 Gemeint ist dieses Zitat von Sokrates: „Die Jugend liebt heutzutage den Luxus. Sie hat schlechte Manieren, verachtet die Autorität, hat keinen Respekt vor den älteren Leuten und schwatzt, wo sie arbeiten sollte. Die jungen Leute stehen nicht mehr auf, wenn Ältere das Zimmer betreten. Sie widersprechen ihren Eltern, schwadronieren in der Gesellschaft, verschlingen bei Tisch die Süßspeisen, legen die Beine übereinander und tyrannisieren ihre Lehrer."

30 Sowjetische automatische Sturmgewehre „MPi K" aus DDR-Produktion.

Die Reedezeiten betrugen bis zu einem Monat. Allerdings glaubten wir, dass das für uns keine Gültigkeit hat, die Ladung würde uns eine schnelle Reise bescheren. Mit einer gewissen Arroganz gegenüber den anderen Ankerliegern meldeten wir daher per UKW bei „Tripoli Port“ unsere Ladung als „Special Cargo“ an.

Doch es kam anders, als wir es uns ausgemalt hatten. Ich weiß nicht, ob die Schiffe neben uns ebenfalls „Special Cargo“ an Bord hatten, aber es verging Tag für Tag, ohne dass die erhoffte Einlauforder kam. Auf entsprechende Anfragen auf Kanal 16 an jedem neuen Morgen kam eine kurze, aber eindeutige Aussage: „Negativ, Sir“. Die anderen Leidensgenossen auf Reede bekamen das natürlich mit, feixten sich eins und begannen uns zu foppen.

Ich weiß nicht mehr, wie viel Tage letztendlich zusammenkamen, aber weit von den besagten dreißig Tagen waren wir nicht mehr entfernt. Mittlerweile hatte sich bei uns so eine Art Hospitalismus eingestellt. Man gewöhnt sich derart an einen solchen Zustand, dass man ihn quasi als normal empfindet. Und wie immer in solchen Fällen geht es dann mit einmal sehr schnell. Fast hätte ich die Rufe „Salli, Salli!“ überhört, aber irgendwann schnallte ich dann doch, dass die „Saale“, also wir, gemeint waren.

Endlich am Liegeplatz fest, glaubten wir erneut, nun würde es schnell gehen. Ein paar hundert Paletten, eine einfach zu handhabende Ladung! Ein europäischer Top-Hafen braucht dafür vielleicht einen halben Tag. Allerdings waren wir nicht in Europa, sondern in Libyen.

Als Erstes teilte man uns mit, dass Muammar al-Gaddafi jeglichen Alkoholgenuss verboten hätte. Und das gelte selbstverständlich auch für Schiffe, die die Ehre haben, in Libyen festmachen zu dürfen. Also wurden alle Lasten verschlossen und versiegelt, wo das Teufelszeug der Ungläubigen lagerte. Nun ja, Oberst Gaddafi hatte 1977 sein Land „Jamahiriyya“

genannt. Klangbildlich steckte für uns das Wort „Jammer“ schon mit drin.

Noch härter traf uns jedoch die Nachricht, dass soeben der Ramadan[31] begonnen hätte. Und so kam, was wohl kommen musste. Die Hafenarbeiter schafften es gerade einmal, zwei Paletten am Tag zu löschen. Danach waren sie so erschöpft, dass sie den Rest des Tages bewegungslos im Schatten vor sich hin dösten. Gelegentliche Interventionsversuche des „Alten“ oder des Chief Mates bei den Hafenbehörden verpufften wirkungslos. Wer sich die geographische Lage von Tripoli vor Augen führt, weiß, dass es dort sehr, sehr heiß werden kann. Zumindest im Sommer, und wir hatten Hochsommer! Manche behaupten, Tripoli gehöre zu den heißesten Häfen der Welt, und damit ist mit Sicherheit nicht das Nachtleben gemeint. Ununterbrochen brannte Klärchen tagsüber auf die „Saale“ nieder und heizte den stählernen Schiffskörper einschließlich der Aufbauten gnadenlos auf.

Wer heute über „gesundheitsschädigende“ Klimaanlagen in diesen Ländern jammert, dem möchte ich nachträglich eine Nacht auf der „Saale“ auf jener Reise empfehlen. Nachts strahlte der Schiffskörper die tagsüber gespeicherte Hitze wieder ab. So wurde man dann in der Koje auf schonende Weise wie gutes Gemüse im eigenen Saft gegart. Alles, was man an Kleidung am Körper trug oder worauf man lag, war verschwitzt, feucht und klebrig!

Da der Ramadan nicht nur das Hafengeschehen, sondern auch das öffentliche Leben nahezu zum Erliegen brachte, stellte sich bald ein neues Problem heraus. Es gab keine Müllabfuhr mehr! Und so blieb uns nichts anderes übrig, als Verpackungsmaterialien, Küchenabfälle und sonstigen Müll auf der achteren Manöverstation zu lagern – bei über 40 °C im

[31] Fastenmonat der Muslime, in dem zwischen Sonnenauf- und -untergang Essen und Trinken verboten ist.

Schatten. Es brauchte nicht lange, bis dieser Haufen eine Art Eigenleben entwickelte. Wissenschaftler auf der Suche nach der Ursuppe des Lebens wären hier wohl fündig geworden!

Landgänge machten übrigens auch keinen Spaß. Gaddafi hatte das historische Basar-Viertel nach und nach dicht gemacht, um sein Land in „die neue Zeit“ zu führen. Außerdem zeigte sich die Bevölkerung, ob staatlich angeordnet oder nicht, mit der Zeit immer abweisender und feindseliger gegenüber Ausländern. Und so blieben wir lieber im Hafen.

Einzige Abwechslung in dieser Zeit der allgemeinen Enthaltsamkeit boten wieder die Fußballspiele gegen die Besatzung anderer Schiffe. Auch beim „Long Stay Cup“ auf dem „Sahara Ground“ (Wortschöpfungen der Lords)[32] holten wir viele Siege. Doch das nützte uns diesmal wenig, denn auch auf den anderen Schiffen waren die Bierlasten dicht.

Irgendwann kam dann der Tag, an dem die Dunstglocke von Tripoli in schneller Fahrt achteraus zurückblieb. !Al-hamdu-lilah – Allah sei Dank! Ich glaube, das erste kühle „Hafenbräu“ nach fast zwei Monaten kam gar nicht unten an, sondern verdunstete gleich in der Kehle.

Ein kleiner Nachtrag: Der Diktator Muammar al-Gaddafi wurde infolge der libyschen Revolution am 20. Oktober 2011 von Freischärlern vermutlich mit einer Kalaschnikow erschossen. Also, ich will ja nichts behaupten, aber …

Zwischen 1978 und 1984 war ich als Dritter und Zweiter auf insgesamt vier Alttonage-Schiffen gemustert: „MS Bode“, „MS Mulde“, „MS Saale“ und „MS Eichsfeld“. Über Erlebnisse auf „MS Bode“ und „MS Saale“ hatte ich schon berichtet. Zu den noch fehlenden Schiffen ist mir je eine kleine Anekdote in Erinnerung:

---

32 „Meisterschaft des langen Aufenthalts“ auf dem „Sahara-Boden“.

Auf der „Mulde“ erhielten wir eines Tages die Order, den kleinen griechischen Hafen Nafplio anzulaufen. Das Städtchen liegt am Ende einer äußerst malerischen Bucht auf der Peloponnes. Besonders pittoresk ist eine kleine vorgelagerte Insel mit einer Miniatur-Zitadelle. Über Nafplio selbst thront eine alte Burg, zweifellos ein toller Ort für jeden Griechenland-Fan.

Auch bei den Seeleuten, die schon einmal dort waren, genoss dieser Hafen einen guten Ruf. Das hing damit zusammen, dass damals Hafen, Pier und Marktplatz praktisch identisch waren. Und auf dem Markt, also direkt gegenüber der Pier, gab es schon die ersten „Kafenion“.

Natürlich wurde dort nicht nur Kaffee ausgeschenkt, sondern auch der berühmt-berüchtigte „Retsina“, ein einfacher, in Krügen ausgeschenkter geharzter Landwein, wahrlich nicht jedermanns Sache. Aber ich schwöre, nach ein paar Krügen schmeckt er! Allerdings sollte man nicht versuchen, etwas davon mit nach Hause zu nehmen. So etwas endet immer mit einer Enttäuschung.

Um an diese Köstlichkeit zu kommen, galt es zunächst jedoch, das Schiff an die Pier zu legen. Mein Platz als Dritter bei diesem Manöver war die Back, also die vordere Manöverstation. Während sich das Schiff der Pier näherte, nahm der böige, ablandige Wind zu. Das brachte Kapitän und Lotse in ziemliche Schwierigkeiten. Das Schiff musste im Hafenbecken noch gedreht werden, kam aber nicht durch den Wind.

Dazu muss man wissen, dass das Hafenbecken eng und Schlepper nicht vorhanden waren, und auch von solch einer segensreichen Erfindung wie dem Bugstrahlruder konnte man auf diesem Oldtimer nur träumen. Jedenfalls wurden auf der Brücke eine Reihe von Manövern gefahren, ohne dass es gelang, das mit Ballast fahrende Schiff durch den Wind zu drehen.

Während dieser Aktion versammelte sich eine immer größer werdende Urlauberschar auf der Pier. Viele westdeutsche

Urlauber wollten nicht glauben, dass dort ein DDR-Schiff kommt, mit echten Menschen drauf.

Noch größer wurden ihre Augen allerdings, als der mächtige Vorsteven unseres Schiffes urplötzlich direkt auf die kleinen Leute zukam! Mit einem gewaltigen Krachen brachen wir ein ordentliches Stück aus der Betonpier heraus. Selten hab ich Zuschauer so schnell wegrennen sehen.

Ein ordentliches Leck hatten wir uns dabei auch eingefangen. Zum Glück lief das Wasser aber nicht in das Schiff hinein, sondern heraus! Es hatte den vorderen Ballasttank, die Vorpiek erwischt. Ladung übernahmen wir übrigens auch noch: Ehemalige DDR-Bürger werden sich an quittegelbe, längliche Zitronenflaschen aus Kunststoff erinnern. Sie waren damals fast in jedem Haushalt vorhanden.

Das 1966 in Holland gebaute Frachtmotorschiff „Eichsfeld" hatte eine schiffbauliche Besonderheit, die auf Revierfahrten mit seinen vielen Manövern schnell lästig, zum Teil sogar gefährlich wurde. Bei einer bestimmten Drehzahl der Hauptmaschine (wenn ich mich recht erinnere, manchmal bei „Voraus Langsam" und manchmal bei „Voraus Halbe") geriet das Schiff in Resonanzschwingungen. Diese waren so heftig, dass sich das ganze 136 m lange Schiff innerhalb kürzester Zeit wie im Fieber zu schütteln begann. Herabstürzendes Geschirr oder herumwandernde Brückenstühle waren noch die harmlosesten Folgen. Weitaus gefährlicher konnten abgerissene Kraftstoffleitungen, unterbrochene elektrische Leitungen oder gar Schäden an der Struktur des Schiffes werden. Ich habe ein solch „störrisches" Verhalten noch bei keinem anderen Schiff erlebt. Natürlich war klar, dass dieser Drehzahlbereich schnell über- oder unterschritten werden musste. Was nicht immer auf Gegenliebe bei den Lotsen traf.

„MS Eichsfeld" ist mir aber vor allem wegen seines Kapitäns in Erinnerung geblieben. Aufgrund seines aristokratischen

Aussehens und seiner ganzen Art wurde er von den Lords nur „Don Jech" genannt.

Nie vergessen werde ich den Anblick, als ich eines Abends auf die Brücke kam, um irgendetwas zu besprechen. Kapitän Jech stand aufrecht am Brückenfenster, sehr korrekt gekleidet. Um den Hals trug er einen langen, weißen Seidenschal. Eine Erscheinung, gegen die sogar Johannes Heesters wie ein Penner ausgesehen hätte. Neben ihm hockte im Schlabber-Pullover der Erste Offizier Alfred Säloff, klein und dick (wer noch Dirk Bach[33] kannte, kann ihn sich gut vorstellen), um den Hals einen dicken gelben Strickschal. Unglaublich: Don Quichotte und Sancho Pansa!

Meine Kammer lag übrigens genau neben der vom Kapitän. Mit der Zeit entwickelte sich zwischen uns so etwas wie ein Ritual. Nach meinem Dienstschluss hörte ich ihn immer öfter rufen: „Second, komm mal rüber!"

Don Jech goss zur „Dienstauswertung" zwei Gläser „Weinblattsiegel" ein. Gleich zu Anfang gab er mir eine Lehre fürs Leben mit auf den Weg: „Second, merk dir eins: Du kannst während der Arbeitszeit mit wem auch immer durchaus mal einen Schnaps trinken, solange du dich an diese goldene Regel hältst: Niemals darf dazu die Flasche auf dem Tisch stehen! Sieht ein Außenstehender die zwei Gläser, antizipiert er: ‚Der Dienstrangniedere wird belobigt!' Steht jedoch die Flasche mit auf dem Tisch, heißt es sofort: ‚Die saufen!'"

Ein kluger Rat! Ich habe ihn bis heute befolgt.

Einige Jahre nach meiner Zeit auf der „Eichsfeld" sorgte Kapitän Jech in der Reederei für mächtig Wirbel. Ich kenne die Geschichte nur vom Hörensagen, bin aber sicher, dass sie im Wesentlichen stimmt. Es muss etwa 1987/1988, also rund

---

33 Ehemaliger deutscher Schauspieler, Synchronsprecher, Moderator und Komiker.

zwei Jahre vor der politischen Wende in der DDR, gewesen sein. Kapitän Jech war mit seinem Schiff auf dem Rückweg von einer Reise und der letzte Löschhafen hieß Hamburg. Danach sollte es via Nord-Ostsee-Kanal zurück in die Heimat gehen.

Nachdem das Schiff sicher und fest im Hafen lag und alle Formalitäten erledigt waren, gab er offiziell sein Seefahrtbuch zurück und verkündigte, einen Ausreiseantrag aus der DDR stellen zu wollen. Diese Nachricht schlug wie eine Bombe ein und verbreitete sich auf den DSR-Schiffen wie ein Lauffeuer. Allen Seeleuten, den Angestellten der Reederei, der Inspektion und nicht zuletzt „Don Jech“ war klar, was er damit auslösen würde. Natürlich hätte Kapitän Jech in Hamburg einfach an Land bleiben oder spätestens im Nord-Ostsee-Kanal von Bord gehen können, so wie es auch schon der eine oder andere Seemann in der Vergangenheit getan hatte. Doch genau das schien Kapitän Jech nicht gewollt zu haben. Und so konnte man ihm den in vergleichbaren Fällen stereotyp hervorgeholten Vorwurf nicht machen: Er hätte Schiff und Besatzung in unverantwortlicher Weise mitten auf einer Reise im Stich gelassen.

Dennoch, es gehört schon eine Menge Zivilcourage dazu, solch einen Weg zu gehen. Wie mir später zu Ohren kam, wurde Kapitän Jech dazu verdonnert, in einer Brigade mitzuarbeiten, deren Aufgabe es war, während der Hafenliegezeit Telefonanschlüsse auf die Schiffe zu verlegen. Zum Glück wird er diese Tätigkeit wohl nicht allzu lange ausgeübt haben. Wie gesagt, die Götterdämmerung des Jahres 1989 zog bereits herauf. Persönlich bin ich „Don Jech“ nie mehr begegnet.

DDR-Strafgesetzbuch, Paragraf 213

Nichts deutete im Frühjahr 1982 darauf hin, dass die folgende Reise bis heute einen Platz in meinem Gedächtnis behalten würde. Wie immer waren einige der Besatzungsmitglieder in Urlaub gegangen und wurden durch sogenannte „Springer“ ersetzt, darunter sowohl der Erste als auch der Zweite Nautische Offizier. Doch der größte Teil unserer Besatzung war noch da. An Bord blieb auch der Kapitän.

Der verhältnismäßig junge „Alte“ und ich als Dritter Mate kamen gut miteinander zurecht – wir hatten gemeinsam schon einige Reisen gemacht. Kapitän Dressler galt als ein guter Seemann, guter Leiter und war zudem bei der Besatzung wegen seiner umgänglichen Art sehr beliebt. Nur sein Wunsch, immer möglichst lange Reisen machen zu wollen, nervte etwas.

Kurz vor Auslaufen holte er mich in seine Kammer: „Wie Sie ja mitbekommen haben, hat der Zweite, unser Parteisekretär, seinen Urlaub angetreten. Da zurzeit kein weiterer Offizier dafür zur Verfügung steht, müssten Sie für diese Reise die Funktion übernehmen.“

Meinen lauen Einspruch, ich hätte das noch nie gemacht und sei außerdem noch viel zu jung dafür, wischte er schnell vom Tisch: „Genosse Vogt, die Reise wird kurz, Welt oder DDR – politische Großereignisse sind nicht zu erwarten. Und auf der nächsten Reise ist der Second ja wieder da. Wo also ist das Problem?“

Das Problem begann mit dem neuen Zweiten. In der DDR gab es Gegner, Mitläufer, ehrlich Überzeugte und die sogenannten Hundertprozentigen.

Der neue Zweite war das Doppelte vom Letzteren! Überall witterte er Angriffe des Klassenfeinds und nervte mich und die gesamte Besatzung unentwegt mit seinen Überzeugungen. Wenn es nach ihm gegangen wäre, hätten wir jeden Abend eine Parteiversammlung abgehalten. Als er am Ende der Reise abstieg, fanden wir in seiner Kammer einen roten Stern, eingeschnitzt in die Schreibtischplatte. Löffler gehörte zu der Sorte Menschen, von denen man sich tunlichst fernhalten sollte, wenn einem der eigene Seelenfrieden lieb ist. Auch seine fachlichen Leistungen gaben öfter Anlass zur Sorge. Einmal rief er mich auf die Brücke und verwickelte mich in ein Gespräch, ohne dass ich erfasste, was er wirklich wollte. Erst nach und nach wurde mir klar: Er konnte unser Decca-Gerät „Mark V" nicht auf eine neue Empfangskette umstellen und versuchte nun irgendwie beiläufig herauszubekommen, wie es geht. Das allerdings war nun sehr bedenklich! Ich hatte es schon erwähnt, das Decca-Gerät war zu jener Zeit in europäischen Gewässern das wichtigste Navigationsgerät.

Der neue Erste war dagegen ein ganz anderer Typ. Groß und gutaussehend hätte er heute die Brücke eines jeden Kreuzfahrtschiffes geschmückt. Außerdienstlich hatten wir aber nichts miteinander zu tun. Sich mit dem Dritten abzugeben, war wahrscheinlich unter seiner Würde.

Wie das Verhältnis zwischen dem Ersten und dem Zweiten Offizier war, weiß ich bis heute nicht genau, aber das war mir damals ziemlich egal. Ich hielt mich an den Stammkapitän. Und der behielt mit seiner Vorhersage Recht: Abgesehen von den beschriebenen charakterlichen Unverträglichkeiten zwischen den Nautikern und einigen Fauxpas des Zweiten ging die Reise problemlos und schnell voran. Ich hielt eine obligatorische Parteiversammlung ab, und das war's.

Auf der Heimreise, einen Tag vor Antwerpen, fragte ich den Kapitän, ob ich den Reisebericht fertig machen könne. Motto: Nichts passiert, Auftrag erfüllt!

„Nö, warten Sie mal lieber noch ein paar Tage“, so seine Antwort. Ein kluger Kapitän!

Trotz immer knapp bemessener Liegezeit in Antwerpen versuchte auf Ausreise jeder Seemann wenigstens einmal für einige wenige Stunden an Land zu kommen, um die schöne Stadt zu genießen und das eine oder andere „Jupiler“ zu trinken oder sogar ein Trappisten-Bier, ein sehr starkes dunkles Bier. Doch wir waren auf Heimreise und da standen andere Dinge im Vordergrund: Es galt, für die wenigen verdienten Devisen Geschenke für zu Hause zu besorgen. So etwas dauert natürlich seine Zeit.

Unter diesen Umständen war es nicht besorgniserregend, als sich die Rückkehr des Kapitäns und einer Stewardess ein wenig verzögerte. Als jedoch die Verspätung auf über zwei Stunden anwuchs, wurde es an Bord unruhig – der Auslauftermin begann zu drücken. Erster und Zweiter wurden langsam hektisch. Ein Anruf bei unserer Agentur „Sogemar“ brachte die Gewissheit: Kapitän und Stewardess kehrten nicht zurück. Sie hatten in der Bundesrepublik um politisches Asyl gebeten!

Merde! Mein „Beschützer“ war weg! Sowohl Chief Mate als auch Second ließen mich das sofort deutlich spüren. Und der Zweite fühlte sich ganz obenauf! Ich musste den Kapitän sofort aus der Partei ausschließen, sonst wäre es mir selbst an den Kragen gegangen.

Aber um ehrlich zu sein, auch persönlich war es für mich eine große Enttäuschung und nicht nur für mich, auch für den Rest der Besatzung ein Schock. Einige junge Matrosen „liefen herum wie Falschgeld“ und hatten Tränen in den Augen. „Ihr“ Kapitän hatte sie verlassen. Das mussten sie erst mal verdauen.

Nach einigem Hin und Her erhielt der Chief Mate von der Reederei die Order, das Schiff nach Hause zu bringen. Das war nicht einfach für ihn, denn in Antwerpen gab es dagegen einigen Widerstand. Natürlich wusste auch die Port-Authority

Bescheid und versuchte, das Auslaufen zu boykottieren: Kein Kapitän – keine Ausklarierung, kein Lotse und auch keine Schleuse!

Doch irgendwie konnte unsere Agentur „Sogemar“ das Problem auf legale Weise klären. Auf allen DSR-Schiffen hatte auch der Erste Offizier ein gültiges Kapitänspatent, das gab den Ausschlag. Und letztlich brachte der Chief Mate das Schiff ordentlich und ohne weitere Probleme nach Wismar.

Egal, was vorher war, das verdient Respekt!

In Wismar gerade angekommen und noch nicht einmal die letzte Leine an Land, rollten schon zwei dunkle Limousinen vor die Gangway, voll besetzt mit unauffällig gekleideten, aber bestimmt auftretenden Männern im besten Alter: die Staatssicherheit!

Jedes Besatzungsmitglied musste sich in seine Kammer begeben. Es dauerte nicht lange und auch ich erhielt Besuch. Nachdrücklich-freundlich wurde ich von einem sehr seriös auftretenden Mann zu Anfang der „Unterredung“ darauf hingewiesen, dass ich die Wahrheit zu sagen hätte und nichts als die Wahrheit. Hauptsächlich wollte er wissen, ob ich etwas vom Verhältnis des Kapitäns zu der Stewardess gewusst habe und besonders, ob ich etwaige Anzeichen einer geplanten Flucht bemerkt hätte.

Na ja, wenn man den Rat des Kapitäns, den Reisebericht noch nicht fertigzuschreiben, als Menetekel verstehen will?

Immerhin, nach so vielen Jahren Abstand kann ich heute mit etwas Sarkasmus auf das Geschehen zurückblicken. Damals allerdings war mir alles andere als wohl zumute. Durch meine 8-12-Wache auf der Brücke hatte ich aber Glück. Ich machte meinem Befrager klar, dass meine Aufgabe darin bestand, den Seeraum zu überwachen und das Schiff zu steuern und nicht darauf zu achten, was sich ein paar Decks tiefer in der Freizeit abspielte. Schon gar nicht ging es mich etwas an, was *der Kapitän* um diese Zeit trieb. Bei der ganzen Befragung blieb mein Gegenüber höflich, obwohl das Gespräch in seinem Sinne höchst unergiebig sein musste.

Auch seine letzte Frage kam unverbindlich-freundlich: „Ist das alles, was Sie mir dazu sagen können?“

Froh, das Verhör überstanden zu haben, gab ich ebenso kooperativ zurück: „Ja, mehr kann ich Ihnen nicht sagen, ich habe vorher wirklich nichts bemerkt.“

Von einer Sekunde zur anderen änderte sich plötzlich sein Gesichtsausdruck. Mit kalter Schärfe zischte er mich an: „Ich hatte Sie vor dem Gespräch ausdrücklich belehrt, dass Sie die Wahrheit zu sagen haben. Und *Sie* verschweigen mir in voller Absicht einen wichtigen Fakt!“

Während mir heiß und kalt wurde, konnte ich gerade noch stammeln: „Ja, aber ich weiß wirklich nicht mehr …“

Erneut änderte sich urplötzlich sein Gesichtsausdruck. Er war wieder der freundliche Mensch vom Anfang unseres Gesprächs: „Na, dann ist ja alles in Ordnung!“

Hervorragend geschult, merkte er sofort: Der weiß wirklich nichts. Später wurde mir klar, der ganze Hokuspokus war reine Verhörtaktik. Wahrscheinlich lernt man so etwas auf der Polizeischule schon in der ersten Klasse. Und noch wahrscheinlicher ist, dass man mit solchen Bauerntricks vermutlich nur Anfänger überführen kann.

Bis heute kenne ich nicht die ganze Geschichte. Fakt ist, der Kapitän und die erste Stewardess hatten ein Verhältnis, auf einem DDR-Schiff zu damaliger Zeit ein untragbarer Zustand. Der Kapitän war zudem verheiratet. Wäre das Techtelmechtel bekanntgeworden, hätten beide ihr Seefahrtbuch verloren.

Über den Rest kann ich nur spekulieren. Vermutlich hat unser klassenkämpferischer Zweiter auf seinen nächtlichen Wachen etwas bemerkt. Sicher ist dann den beiden irgendwann klargeworden, es gibt es nur einen Ausweg, um kommendes Unheil abzuwenden – die Flucht.

Einige Monate später wurde ein guter Bekannter beziehungsweise Freund des Abtrünnigen mit Spezialauftrag „in den Westen“ geschickt. Unser ehemaliger Kapitän und dieser Freund, unser Leitender Technischer Offizier, sind sehr lange Zeit gemeinsam gefahren. Die beiden verstanden sich auch außerdienstlich gut miteinander. Der Auftrag des Chiefs lautete daher: Versuche den Kapitän zum Zurückkommen zu überreden. Straffreiheit wird zugesichert!

Leider ging die Sache für unseren „Botschafter“ schlimm aus. Er wurde, durch wen auch immer, auf übelste Weise zusammengeschlagen. Auch das war eine deutsch-deutsche Realität jener Jahre.

Die Verbindung mit der Stewardess hatte übrigens nicht lange gehalten, wie ich später hörte. Doch auch nach der Wende kehrte Kapitän Dressler nicht zurück.

Auf einem der letzten Seemannstreffen habe ich erfahren, dass er inzwischen verstorben ist. Vielleicht würde ein Blick in meine Stasi-Akte auch hier noch etwas mehr Licht in einige offene Fragen bringen, zum Beispiel über die Rolle des zwielichtigen Zweiten Offiziers. Für die Geschichte insgesamt aber ist es bedeutungslos.

Angriff auf Ägypten

Im Jahr 1975 lief mit der „MS Rudolf Diesel“ in der Neptun-Werft Rostock das erste Schiff einer neuen Serie von Frachtschiffen vom Stapel. Diese Frachter waren speziell für den Einsatz im Mittelmeer konzipiert worden, wurden aber später auch in der Afrikafahrt eingesetzt.

Danach folgten insgesamt achtzehn Schwesternschiffe, deren Namen entweder mit „-walde“ oder „-see“ endeten, also „Mittenwalde“, „Schönwalde“, „Eichwalde“ bzw. „Arendsee“, „Blankensee“, „Inselsee“ und andere.

Beim ersten Schiff der Serie gab es zunächst viele technische Probleme, insbesondere mit der neu entwickelten Hauptmaschine. Auch dem zunehmenden Containerverkehr trugen die Schiffe nur ungenügend Rechnung. Durch eine Fehleinschätzung der zukünftigen Entwicklung der Containermaße konnten wesentlich weniger Standardcontainer geladen werden, als dies die Bauart des Schiffes vom Grundsatz her zugelassen hätte.

Insgesamt aber waren es gute, seetüchtige Schiffe mit großen Lukenöffnungen und leistungsfähigen Kränen. Hinzu kam ein für die damalige Zeit hoher Automatisierungsgrad auf der Brücke und im Maschinenraum. Die Schiffe verfügten über einen Verstellpropeller, Bugstrahlruder und Schnelltrimmtanks[34] sowie über einen wachfreien Maschinenbetrieb und eine Brandwarnzentrale. Zudem konnten bei einem Brand Maschinenraum und Laderäume mit CO_2 geflutet werden.

Die Unterkünfte für die Mannschaften waren großzügig ausgelegt. Auch hatte jeder Matrose eine eigene Kammer und musste nicht mehr die stinkenden Socken seiner Kameraden

---

34 Technische Neuerungen zur Verbesserung der Manövrierfähigkeit und der Fahreigenschaften.

erdulden. Für den Kapitän und die Offiziere wurden regelrechte kleine Apartments mit Wohnraum, Schlafraum und Bad zur Verfügung gestellt. Es gab nur noch eine Messe für alle, wenn auch dezent unterteilt in Offiziers- und Mannschaftsbereich. Fast überflüssig zu erwähnen, dass die gesamten Aufbauten klimatisiert waren.

Der größte Clou: der Sportraum und das kleine Schwimmbad auf dem Brückendeck! Ein solcher Standard ist bis heute nicht einmal auf den gewaltigen Containerschiffen flächendeckend üblich.

Als Nautiker war ich natürlich ganz besonders auf die Brücke gespannt. Mit den Steuerhäusern auf den Alttonage-Schiffen hatte das, was ich dabei zu sehen bekam, nur noch wenig gemein. Das hier war eine moderne Schaltzentrale. Alle für die Fahrt des Schiffes wesentlichen Parameter wurden auf einem Schaltpult angezeigt. Ruder, Propellersteigung und Bugstrahlruder konnten ebenfalls von diesem Pult aus bedient werden. Zudem konnten auch die Anker (wenn alles funktionierte) von der Brücke aus fallengelassen werden. Die elektronischen Navigationsgeräte entsprachen dem damaligen Stand der Zeit.

Beeindruckend schon der erste Blick aus dem Brückenfenster: Wow, ganz schön hoch hier und vor einem breitete sich jede Menge Schiff aus.

Um es klar zu sagen: Wir waren stolz auf diese Schiffe, mit der Serie „Poseidon 271“ konnte man sich auf den Weltmeeren sehen lassen! Leider konnten wir diesen Stolz kaum mit anderen Seeleuten teilen. In den achtziger Jahren wurde uns der Umgang mit „westlichen“ Seeleuten quasi untersagt. Doch das ist ein anderes Kapitel.

Wenn ich heute im Rückblick an die Annehmlichkeiten dieser Schiffe denke, mischt sich aber doch ein Wermutstropfen hinein. Die Zeit der „Gemütlichkeit“ auf der Brücke war mit diesen Schiffen endgültig passé – keine dunklen Edelhölzer mehr, keine miefigen Vorhänge, keine plüschigen Backskisten und eben keine Individualität mehr.

Und dennoch, die „Poseidons“ waren gute, seetüchtige Schiffe. Bis zum Ende meiner Seefahrtzeit 1993 blieben sie von nun an mein zeitweiliges Zuhause.

Ich erinnere mich hier noch immer mit Schrecken an ein ganz besonderes Erlebnis auf einem dieser Schiffe, auf der „MS Mittenwalde“:

Kapitän Heinz Kruse, genannt „Hein“, war ein erfahrener Seemann in den besten Jahren. Bis zur Rente sollte es für ihn nicht mehr lange dauern, aber ein paar Reisen wollte er noch machen. Man munkelte, dass er wohl aufgrund seiner Verdienste demnächst eine hohe Auszeichnung bekäme.

Starke Persönlichkeiten neigen im Alter jedoch dazu, etwas schrullig und eigensinnig zu werden. So hatte er die Angewohnheit, stets in schwarz-gelb karierten Filzpantoffeln auf der Brücke zu erscheinen. Am gewöhnungsbedürftigsten aber war wohl seine Marotte, vom Nachbarteller gelegentlich das beste Stück Fleisch zu stehlen. Um ehrlich zu sein, kenne ich das aber nur vom Hörensagen. Als Dritter Nautiker saß ich damals ziemlich am Ende der Kapitänstafel und lief damit zum Glück nicht in Gefahr, Opfer derartigen Mundraubs zu werden. Unabhängig davon war Kapitän Kruse aber ein exzellenter Seemann und Nautiker, dem es auch kurz vor dem Rentenalter nicht an der nötigen Entschlusskraft fehlte.

Nach einer schnellen Reise der „MS Mittenwalde“ tauchte am Morgen des 12. Dezember 1982 an der Kimm die Küste Ägyptens auf. Wind und Strömung hatten mitgespielt und so wurde Alexandria rund vier Stunden früher erreicht als ursprünglich geplant. Um ein wenig Zeit zu verbummeln, entschloss sich Kapitän Kruse zu einem Bootsmanöver.

Übungen mit den Rettungsbooten sind durch den internationalen Vertrag über die Sicherheit des Lebens auf See zwingend vorgeschrieben. Also ließ Hein Kruse kurzerhand Alarm auslösen. Für mich als Dritten Offizier sah die Bootsrolle die Führung des Rettungsbootes Nr. 2 vor.

Nachdem mich der Erste Offizier auf der Brücke abgelöst hatte, holte ich meine Schwimmweste und eilte auf die Backbordseite des Schiffes. Ich zählte meine Schäfchen durch, ließ das Boot besetzen und wegfieren. Alles, was danach geschah, wurde Gegenstand eines Berichtes, den die Reederei zur Aufklärung des Vorfalls von mir forderte. Einen Schreibmaschinendurchschlag habe ich bis heute.

Hier also der Bericht:

Alexandria, den 14.12.82 – Bericht über das Aufbringen des Rettungsbootes Nr. 2 von „MS Mittenwalde" durch die ägyptische Küstenwache

Durch Kapitän Heinz Kruse wurde per Telegramm ein ETA Alexandria für den 12.12.82 mittags gegeben. Da das Schiff die Reede von Alexandria früher erreichen würde, entschloss sich der Kapitän, das für Dezember geplante Bootsmanöver durchzuführen und gleichzeitig den genauen Tiefgang zu ermitteln. Vor dem Manöver wurden die beiden Bootsführer vom Kapitän eingewiesen. Gegen 09.00 Uhr gingen beide Boote zu Wasser. Bootsführer von Boot 2 war der III. NO Reinhard Vogt. Weiterhin waren in Boot 2: Eva-Maria Puschmann, Bärbel Treichel, Ralf Hänsel, Dieter Neumann, Karl-Heinz Kloweit, Bernd Schwing, Ralf Stemmler, Dirk Richter.

Das Aussetzen der Boote erfolgte in einem Landabstand von zirka 8 sm. Nach dem Freikommen vom Schiff ermittelten wir den Tiefgang. Danach fuhren wir gemeinsam mit Boot 1 hinter dem Schiff, welches geringe Vorausfahrt machte. Dabei sollte der Bootsmotor erprobt werden. Gegen 09.30 Uhr waren wir wieder auf Höhe des Schiffes. Wir erhielten die Order, uns unmittelbar in der Nähe des Schiffes aufzuhalten, da zuerst Boot 1 wieder an Bord genommen werden sollte. Kurz darauf wurden wir auf ein sich näherndes Schnellboot aufmerksam gemacht. Während dieser Zeit wurde Boot 1 eingeholt. Vom Kapitän erhielten wir auf Zuruf die Anweisung, ebenfalls längsseits zu gehen, gleichzeitig wurden wir von der Küstenwache aufgefordert, am Küstenschutzboot festzumachen.

Ich entschloss mich jedoch, die Anweisung des Kapitäns auszuführen und an der „Mittenwalde" an der Backbordseite anzulegen. Wir gaben eine Leine an Bord unseres Schiffes. Der Kapitän gab den Befehl, das Boot einzuholen.

Als wir versuchten, dem Befehl des Kapitäns nachzukommen, wurde vom Küstenschutzboot ein schweres Maschinengewehr auf uns gerichtet und die gleichzeitig auf uns gerichteten automatischen Handfeuerwaffen entsichert und durchgeladen. Es wurde uns unmissverständlich mit deren Anwendung gedroht. Gleichzeitig wurde der Gen. Hoffmann, welcher an Bord der „MS Mittenwalde" die Fangleine des Rettungsbootes hielt, bedroht und aufgefordert, die Fangleine zu übergeben.

Um das Leben der Bootsbesatzung nicht zu gefährden, wurde Gen. Hoffmann von mir aufgefordert, die Leine an das Küstenwachboot zu übergeben. Der Kapitän befand sich zu diesem Zeitpunkt auf der Brücke und gab weiterhin den Befehl, das Boot einzuholen, dem wir jedoch aus den oben genannten Gründen nicht nachkommen konnten.

Wir wurden vom Küstenwachboot zirka 0,5 sm vom Schiff geschleppt. Dort wurde ich vom Kapitän des Wachbootes über den Grund des Aussetzens der Boote befragt. Da die Kompetenz des Kapitäns des Küstenwachbootes nicht ausreichte, mussten wir zirka eine halbe Stunde auf eine Entscheidung warten. Während dieser Zeit wurde mir erlaubt, mit dem Kapitän unseres Schiffes per Funk Verbindung aufzunehmen. Ich stellte den Sachverhalt dar und teilte mit, dass wir mit dem Einbringen in den Hafen rechnen müssen. Vom Kapitän wurde mir mitgeteilt, dass er sich bemühen würde, Kontakt mit der Agentur und unserer Botschaft aufzunehmen.

Nach zirka einer halben Stunde kam von Land die Anweisung, uns in den Hafen zu bringen. Unter Bewachung wurden wir vom Küstenschutzboot in den Hafen geschleppt. Im Hafen wurden wir durch eine Anzahl von Immigrationsoffizieren verhört. Ich stellte den Sachverhalt dar: Schiffsname, Name der im Boot befindlichen Personen, Grund des Aussetzens der Boote.

Die Behandlung war korrekt. Nach zirka einer halben Stunde wurden wir zu einer weiteren Vernehmung zum Hafenpolizeiamt gebracht. Gegen 15.00 Uhr kam ein Agent von Abu Simbel Agency. In dessen Anwesenheit wurde ich von einem Polizeioffizier vernommen. Die Fragen wurden vom Agenten übersetzt. Das Protokoll wurde in Arabisch abgefasst.

Ich weigerte mich zunächst, dieses zu unterschreiben. Vom Agenten wurde mir jedoch klar gemacht, dass es ohne meine Unterschrift auf dem Vernehmungsprotokoll keine weitere Bearbeitung des Falles geben würde und wir ohne weiteres eingesperrt werden würden.

Also ließ ich mir noch einmal den Text übersetzen und unterzeichnete, nachdem auch der Agent unterschrieben hatte. In der Übersetzung wurde der Sachverhalt richtig dargestellt. Die anderen Mitglieder der Bootsbesatzung mussten Name, Alter und Funktion angeben und dahinter signieren. Der Agent versprach, dass wir innerhalb kurzer Zeit freigelassen werden. Er versicherte, in ein bis zwei Stunden wiederzukommen und bis dahin alle notwendigen Formalitäten zu erledigen. Wir wurden vom Agenten noch mit je einem Sandwich und Kaffee versorgt.

Daraufhin warteten wir mehrere Stunden ohne weitere Ereignisse oder Informationen. Gegen 21.00 Uhr kam der Chef der Polizeistation. Er wies an, dass ich und zwei weitere Personen mit Englischkenntnissen zum Harbourmaster gebracht werden. Dort wurde ich erneut über den Sachverhalt befragt. Er teilte uns mit, dass wir die Nacht auf der Polizeistation verbringen müssen. Zu weiteren Fragen war keine Möglichkeit, da wir sofort abgeführt wurden. Auf der Polizeistation versuchte ich vom Chef der Station die Erlaubnis zu erhalten, mit der Agentur oder mit „MS Rosenort" Kontakt aufzunehmen. Diese wurde abgelehnt.

Die Bedingungen, unter denen wir die Nacht verbringen mussten, waren sehr unangenehm. Es war sehr kalt und zugig. Schlafmöglichkeiten hatten wir auf dem Fußboden und auf Bänken. Für den Fußboden erhielten wir zwei dünne Bastmatten und drei Decken. Die hygienischen Bedingungen waren katastrophal. Die Behandlung seitens der Behörden war jedoch korrekt.

Gegen 01.00 Uhr erhielten wir etwas zu essen. Ab 07.00 Uhr versuchten wir, weitere Informationen zu erhalten.

Gegen 10.30 Uhr kam ein Vertreter der Agentur und sagte uns, dass unser Fall vor Gericht verhandelt werden soll. Unter Bewachung wurden wir mit vier weiteren arabischen Gefangenen zum Gericht gefahren. Nach einiger Wartezeit wurde ich im Beisein des Agenten vor den Richter gebracht. Der Richter stellte mir einige Fragen über den Sachverhalt, welche vom Agenten übersetzt wurden. Vom Richter wurden wir freigesprochen. Man erklärte mir, dass alle Fragen geklärt wären. Er teilte mir nichts mit über irgendwelche finanziellen Forderungen. Eine Unterschrift brauchte ich nicht zu leisten.

Nach der Erledigung einiger Formalitäten auf der Polizeistation und beim Harbourmaster erhielten wir von diesem die

Erlaubnis, einige Wertgegenstände aus dem Rettungsboot zu holen und auf „MS Rosenort" zu gehen. Am 13.12.82 gegen 15.00 Uhr trafen wir auf der „MS Rosenort" ein.

Reinhard Vogt, III. NO „MS Mittenwalde"

Es gibt wohl nicht allzu viele Vorfalls- und Schadensberichte auf der Welt, die die ganze Wahrheit enthalten. Was meinen Bericht betrifft, so war daran absolut nichts falsch. Die Kunst bestand eher darin, bestimmte Dinge wegzulassen. Und mindestens zwei kritische Details habe ich bestenfalls angerissen. Der Laie wird sich fragen, was wollten die Ägypter? Die Jungs haben nur ein Rettungsbootsmanöver gemacht, na und?

Doch stelle man sich die gleiche Situation zum Beispiel in den USA vor. Da erscheint auf dem Radarschirm der Coast Guard ein unangemeldetes Fahrzeug und zwar in unmittelbarer Nähe eines militärischen Sperrgebiets. Kurze Zeit später erscheinen zwei weitere Punkte auf dem Radarschirm. Alle drei Punkte dringen in amerikanische Hoheitsgewässer ein. Das kann man durchaus als feindlichen Akt oder gar als Angriff bewerten! Ich glaube jedenfalls nicht, dass wir dort glimpflicher davongekommen wären, zumal wenn sich später herausgestellt hätte, dass am Heck dieses Schiffes die Flagge eines kommunistischen Staates weht. Hein Kruse hätte unter diesen Umständen also nie ein Bootsmanöver à la „Angriff auf Ägypten" durchführen dürfen. Diesen Fehler kann und muss man ihm persönlich ankreiden.

Der zweite Aspekt ist beinahe noch brisanter, und zwar nicht nur für Kapitän Kruse, sondern auch für mich. Bei dem Vorfall gab es eine besonders kritische Situation. Als die Besatzung des Küstenwachbootes die Maschinenkanone auf uns richtete und die MPi durchgeladen wurden, rief Kapitän Kruse immer wieder stereotyp, beinahe wie von Sinnen, aus der Brückennock: „Boot 2 einholen! Boot 2 einholen!"

Das brachte mich natürlich in schwere Gewissensnöte. Auf der einen Seite der Befehl des Kapitäns, andererseits die unmissverständlichen Zeichen der Küstenwache.

Letztlich entschied ich mich gegen den starrsinnigen Befehl des Kapitäns und rettete damit vielleicht mein Leben und das der Bootsbesatzung. Im Grunde aber war es Befehlsverweigerung! In früheren Jahrhunderten hätte man dazu auch „Meuterei" sagen können. Kapitän Kruse hätte später damit argumentieren können, dass die Küstenwache auf keinen Fall geschossen hätte. Dass er es nicht getan hat, ehrt ihn.

Wie der Vorfall schließlich am Ende der Reise in Wismar mit dem Kapitän ausgewertet wurde, ist mir nicht bekannt, aber es scheint in der Inspektion ein paar kluge Köpfe gegeben zu haben. Nach dem Motto „Ende gut – alles gut" wurde diese heikle Angelegenheit nicht weiter thematisiert. Allerdings, auf die hohe staatliche Auszeichnung – ich glaube, es war der Karl-Marx-Orden – musste Hein Kruse wohl eine Weile länger warten.

Vielleicht noch ein paar Bemerkungen zu unserer „Gefangenschaft". Ich war zu diesem Zeitpunkt neunundzwanzig Jahre alt. Sicher nicht mehr ganz jung, aber auch kein alter Haudegen, der ich übrigens auch später nicht geworden bin. Jedenfalls lastete die Verantwortung ziemlich schwer auf mir. Im Grunde fühlte ich mich damit ziemlich allein. Meine Mitgefangenen konnten mir nur wenig helfen. Sie sprachen kaum englisch. Und schließlich war ich ja ihr Bootsführer! Vor allem die Unterschrift unter das in Arabisch abgefasste Protokoll fiel mir schwer. Mündliche Übersetzung hin oder her, letztlich hätte da auch drin stehen können, wir wären mit den Booten im militärischen Sperrgebiet gewesen. Militärspionage sorgte damals für gute Chancen, eine ganze Weile irgendwo im Steinbruch zu verschwinden. Und Steine klopfen ist nun wirklich nichts für einen Seemann!

Auch unsere beiden Frauen machten mir damals Sorgen. Eine bekam aus Angst vor der Ungewissheit, wie es weitergehen würde, ihre Periode. Das Blut lief ihr sogar die Beine herunter. Einziger Hygieneartikel waren ein paar übriggebliebene Taschentücher. Eine „richtige“ Toilette gab es nicht, nur ein schwarzes, stinkendes Loch im Boden ohne fließend Wasser. Natürlich fehlte auch eine Tür. Wer von uns dorthin musste, wurde mit einem Maschinengewehr im Rücken zur Notdurft geführt.

Unsere Zelle gehörte übrigens direkt zum Wachraum der Hafenpolizei und war daher aus diesem komplett einsehbar. Sie bestand aus einem großen Käfig aus Eisengitterstäben, so wie man es aus einem vorsintflutlichen Raubtierhaus kennt. Später habe ich solche Käfige immer mal wieder in Fernsehberichten gesehen, wenn es um inhaftierte Islamisten ging. Diese Dinger scheinen in Ägypten also bis heute Standard zu sein.

Unterschätzt wird oft auch, wie kalt es nachts Mitte Dezember in Ägypten werden kann. Wir trugen ja nur das auf dem Leibe, was wir am Vormittag bei Wärme und Sonnenschein angezogen hatten. Jedenfalls klapperten wir mächtig auf dem Steinfußboden und den Holzbänken. Bei all dem Katzenjammer versuchte ich meine Mithäftlinge damit zu trösten, dass wir, wenn wir erst mal wieder draußen wären, auf jeden Fall was Spannendes zu erzählen hätten. Wie man sieht, habe ich Recht behalten. Und es gab ja auch den einen oder anderen skurrilen Aspekt. So dauerte es nicht lange, bis wir uns mit den übrigen Gefangenen im Käfig angefreundet hatten. Es waren vier Ägypter, allesamt Taschendiebe und Halsabschneider. Dazu kam noch ein stockbetrunkener griechischer Seemann. Doch sie alle teilten mit uns ihre letzten Zigaretten!

Insgesamt wurden wir jedoch sehr korrekt behandelt. Wenn man uns wirklich etwas Böses gewollt hätte, wäre das ein Kinderspiel gewesen – ein „gefundenes“ kleines Päckchen

Rauschgift im Rettungsboot hätte genügt. Ein gewisses Grundvertrauen in das Rechtssystem anderer Länder kann also manchmal hilfreich sein.

Eine Sache hat mich zum Schluss aber doch noch geärgert: Die erste Frage, die mir der Politoffizier beim Eintreffen auf der „MS Rosenort" stellte, zielte nicht etwa auf unser Wohlbefinden, sondern lautete: „Hast du etwas unterschrieben?"

Alltagsleben

Zum Glück besteht die Seefahrt nicht nur aus Stress, Arbeit und Ärger mit den Behörden. Die meisten Wachen verliefen eher ruhig und entspannt. Ist erst mal die Gibraltar-Passage geschafft, kräuselt sich im Mittelmeer bei schönstem Hochsommerwetter oft nicht die kleinste Welle. Die Sonne brennt, es ist heiß, der Schiffsverkehr hat deutlich nachgelassen. Und so macht sich nach den anstrengenden Tagen in den Ladehäfen Westeuropas an Bord so etwas wie Sonntags- oder Urlaubsstimmung breit.

Das Schiff zieht ruhig seine Bahn und jeder an Bord geht entspannt seiner Aufgabe nach. Die Matrosen kämpfen gegen den Rost oder überholen die Technik auf dem Deck. In der Maschine wird vorbeugende Instandhaltung betrieben. Den besten Job an Bord haben aber jetzt die Nautiker. Auf der Brücke gehen sie in legerer Kleidung Wache, können die Beine hochlegen, zwischendurch mal ein „Käffchen“ trinken, ab und zu ein Pfeifchen rauchen und mit jedem, der vorbeikommt, ein Schwätzchen halten.

An der nordafrikanischen Küste setzt der Strom ostwärts, im nördlichen Teil des Mittelmeeres westwärts. Dadurch machten die Schiffe sowohl auf Ausreise als auch heimgehend meist gute Fahrt über Grund. Nach vier Stunden, zum Dienstschluss, rechneten wir die zurückgelegten Meilen zusammen und trugen das Ergebnis ins Schiffstagebuch ein.

Dabei kam es nicht selten vor, dass gestandene Nautiker wieder zu Kindern wurden. Jede Wache versuchte, mehr Meilen zu „machen“ als die vorhergehende. Da das ohne Schummeln kaum ging, wurden gegenseitig Meilen „geklaut“. Das funktionierte, indem man ein klein wenig den Wert einer Peilung veränderte oder einfach die Ortsbestimmung zur Wachübergabe mit einer kleinen Verzögerung vornahm. So gelang es mir auf diese Weise mehrfach, den selbsterfundenen Titel „Wache der optimalen Winde und Ströme“ zu erringen. Eine hohe staatliche Auszeichnung ist mir ob dieser Tatsache allerdings verwehrt geblieben.

Wie das Steuerrad und der Kompass gehört zu einem richtigen Schiff auch ein Typhon. Jeder Kapitän und Steuermann, der heute im Schaukelstuhl sitzt, denkt dabei unwillkürlich an tagelange Nebelfahrten zurück. Auch ich habe sofort wieder Bilder im Kopf, wie sich unser Schiff ganz langsam und vorsichtig durch eine graue, nahezu undurchdringliche Wand schiebt. Das eigene Vorschiff ist kaum noch zu sehen und jede zweite Minute ertönt das tiefe, kraftvolle Dröhnen des Typhons. In der absoluten Stille danach lauscht dann jeder auf der Brücke auf die Warnsignale anderer Fahrzeuge, die sich bedrohlich angenähert haben könnten.

Auch wenn der Einsatz von Radargeräten die Kollisionsgefahr deutlich vermindert hat, das Geben von Nebelsignalen ist auch heute noch Pflicht. Der „Schallsignalgeber“, wie das Typhon offiziell heißt, wird aber auch zu anderen Zwecken eingesetzt. So dient es dazu, andere Schiffe an ihre Ausweichpflicht zu erinnern, unvorsichtige Segler aus der Fahrrinne zu vertreiben und natürlich auch, um Boots- oder Feueralarm auszulösen. Nicht zuletzt wird es aber auch einfach dazu genutzt, um Schiffe der eigenen Reederei zu grüßen.

Ähnlich wie jeder Mensch eine eigene, unverwechselbare Stimme hat, so haben auch fast alle Schiffstyphone ihren eigenen, unverwechselbaren Klang. In der Regel sorgt schon die Werft dafür, dass die großen Brocken einen Bass haben und die „Schlickrutscher“ sich mit einem Sopran begnügen müssen. Die Typhone der Schiffe unserer „Poseidon“-Serie klangen wie „echte Machos“, also tief und kraftvoll genug, um im Nahbereich normalerweise Eindruck zu schinden. Mit einer Ausnahme …

Eines schönen Morgens liefen wir in den tunesischen Hafen von Bizerta ein. Um zu unserem Liegeplatz im Hafen zu kommen, passierten wir relativ dicht ein kleines Stück Uferpromenade, gesäumt von hunderten Touristen und Einheimischen, die uns zuwinkten. Der Kapitän wollte nicht unhöflich sein und gab mir die Anweisung, kurz mit dem Typhon zu danken. Ich drückte also auf den Signalgeber und der typische, kraftvolle Ton röhrte über die Köpfe der Spaziergänger hinweg. Und die zeigten sich durchaus beeindruckt. Als ich irgendwann der Meinung war, es sei nun genug, ließ ich den Signalgeberhebel los, selbstverständlich in der Erwartung, dass die Showtime damit vorüber ist.

Doch leider kam es wieder mal anders. Seewasser und Korrosion hatten dafür gesorgt, dass sich irgendetwas verklemmt hatte. Mit anderen Worten: Wir fuhren mit Dauerton an den nun etwas irritierten Urlaubern vorbei. Um die peinliche Situation zu beenden, gab mir der Kapitän nun den Auftrag, am Schornstein hochzuklettern und den Hebel mit der Hand zu lösen. Leider fanden sich unter den gesamten Brücken-Utensilien nirgendwo Lärmschutzkopfhörer. Eigentlich auch kein Wunder, denn meines Wissens nach wurden die in der Geschichte der Seefahrt auch noch nie dort gebraucht.

Nun, zumindest habe ich versucht, auch ohne Gehörschutz an der Schornsteinleiter emporzusteigen, doch weit bin ich nicht gekommen. Etwa zwei Meter vor dem Signalhorn war Schluss. Um mein Trommelfell nicht zu verlieren, musste ich notgedrungen wieder den Rückweg antreten.

In seiner Verzweiflung rief der Kapitän nun im Maschinenraum an, damit die Pressluftzufuhr abgestellt wird. Doch auch wenn der Leitende Ingenieur die Luftflaschen zudrehen ließ, hieß das noch lange nicht, dass damit sofort Ruhe war. Die Luftleitung von ganz unten bis ganz oben ist lang und der Druck erheblich. Letztlich verschlimmerte sich die peinliche Situation dadurch noch mehr. Aus dem zuvor tiefen, männlichen Ton wurde allmählich ein asthmatisches Pfeifen, dann ein klägliches Jaulen und zum Schluss ein elendiges Röcheln. Seit diesem Erlebnis weiß ich, was der Begriff „fremdschämen" bedeutet.

Seit wann es auf Schiffen eine „Äquatortaufe" gibt, ist unklar, vermutlich schon, seit sich die Spanier und Portugiesen zum ersten Mal mit ihren Karacken und Karavellen[35] auf die Südhalbkugel wagten. Dieser Brauch hat sich bis heute erhalten. Jeder, der zum ersten Mal mit Handelsschiffen „die Linie" überquert, wird mehr oder minder freiwillig getauft. Zu Zeiten der DSR wurde Neptun und sein Gefolge dafür mit einem ziemlich „rustikalen Mandat" ausgestattet.

Auch wenn ich mich, vermutlich aus Verdrängung unangenehmer Erfahrungen, an meine eigene Äquatortaufe nur noch undeutlich erinnern kann, meinen Taufschein habe ich noch. Der Text lautet folgendermaßen:

Taufschein

Wir Neptun, Beherrscher aller Meere, Seen und Flüsse, Teiche und Tümpel beurkunden hiermit, dass der Staubgeborene **Vogt, Reinhard** *an Bord des Uns wohlbekannten* **Motor-** *Schiffes* ***„Wismar"*** *am heutigen Tage vom Schmutz der Nördlichen Halbkugel gereinigt und nach Unserem äquatorialen Ritus auf den Namen* **„Sprotte"** *getauft worden ist, also dass derselbige gehörig gesalbet und wohl vorbereitet sei, Unsere Gewässer südlich des Äquators zu befahren.*

Zeugen:

An Bord, Äquator, anno ***04.08.1971***

Unterschrift Zimmer

MS „Wismar"

Kapitän

Unterschrift Neptun

35 Weit verbreitete Segelschifftypen des ausgehenden Mittelalters.

Gut im Gedächtnis geblieben sind mir allerdings spätere Taufen, an denen ich selbst zum Gefolge Neptuns gehörte. Der Hofstaat des Meeresgottes bestand in der Regel aus einem Barbier, einem Pastor, einem Doktor und einem Folterknecht, wobei man die beiden Letzteren im Laufe der Zeremonie nicht immer genau auseinanderhalten konnte. Keinesfalls fehlen durfte auch eine Meerjungfrau, die naturgemäß auf einem Frachtschiff besonders schwer zu rekrutieren war. Gelegentlich schimmerten daher unter der Pfirsichhaut der liebreizenden Schönheit ein paar blauschwarze Bartstoppeln durch. Ja, und als Letztes gab es noch die gemeinen Treiber, die etwas nachhalfen, wenn sich die armen Würstchen unwillig zeigten.

Am Tag der Überquerung wurden die Täuflinge am Morgen zusammengetrieben und eingesperrt, während der Rest der Besatzung mit dem Aufbauen der einzelnen Stationen des „Folterparcours" beschäftigt war.

Unbedingt dazu gehörten „Wasserschlauch", „Streckbank", das sogenannte „Kreuz des Südens", ein „Doktorstuhl" und natürlich auch ein „Taufbecken". Alles also durchaus eines gut geführten „SM-Studios" würdig.

Nach der offiziellen „Schlüsselübergabe" des Kapitäns an den Meeresgott bekamen die „Unwürdigen" zunächst ihre Taufnamen vorgelesen. Beliebt waren Namen, die irgendwie zu ihrem Träger passten, also so etwas wie „Quastenflosser", „Kugelfisch" oder „Hecht". Allerdings wurden die Namen so undeutlich verlesen, dass kaum einer dieser „Blindgänger" ihn verstehen konnte. Damit diese „Versager" „vom Schmutz der nördlichen Halbkugel gereinigt" werden konnten, mussten sie zunächst erst mal richtig schmutzig gemacht werden. Dazu diente das „Tauffass". Der Koch hatte darin die Küchenabfälle von mindestens einer ganzen Woche gesammelt. Unter der südlichen Sonne war daraus inzwischen eine bunte, gut fermentierte Masse mit allen üblen Gerüchen des Orients und Okzidents geworden – und zwar mit allen auf einmal. Also nichts wie rein mit dem Täufling! Nicht jeder dieser „Nieten“ war davon begeistert, doch gegen die Übermacht der Treiber half kein Sträuben.

Danach musste der arme Kerl durch einen engen Persenningschlauch kriechen, während ihm von vorn mit einem Feuerwehrschlauch unter erheblichen Druck Seewasser entgegen gejagt wurde.

Der sogenannte „Doktorstuhl“ diente gleich zweierlei Zwecken: Zunächst gelang es dem „Doktor“ damit, dem wehrlosen Opfer allerlei „gesundheitsfördernde“ Getränke und Speisen einzuverleiben. Dass diese nicht gut schmeckten, ahnt wohl jeder. Verständlich also, wenn manches davon wieder im hohen Bogen ausgespien wurde.

Nach dem Ende der „medizinischen Behandlung“ begann der „Barbier“ mit seinem Werk. Allerdings gab es nur einen einzigen Haarschnitt zur Wahl, der sich „Kreuz des Südens“ nannte, was nichts anderes bedeutete, als eine Glatze mit nur einem dünnen Haarstreifen längs und einem Streifen quer auf dem nun etwas bleichen Schädel. Lediglich Frauen wurden davon verschont.

Am eigentlichen „Kreuz des Südens“, einem schlichtem Holzkreuz, den Abbildungen der Kreuze in Golgota[36] nicht unähnlich, wurde der nun schon etwas genervte „Südhalbkugelanwärter“ weiter malträtiert.

Mit Schweröl eingestrichen und Farbpulver besprüht gab der Täufling nun schon ein recht klägliches Bild ab. Um seine Leiden abzukürzen, befragten ihn die Treiber auf jeder Station aufs Neue, wie viel er bereit sei, an Getränken für die anschließende Feier zu spenden. Wenn man alle Freikaufangebote ernst genommen hätte, wäre vermutlich manch junger Mann von seiner ersten Äquatorreise ohne einen einzigen Pfennig nach Hause gekommen.

---

36 Auch Golgatha oder Golgotha. Anspielung auf die Kreuzigung Jesus.

Bei einer Taufe hatte der „Folterknecht", in diesem Fall der Storekeeper, eine ganz besonders hinterlistige Idee: Vor den Augen des Opfers wurde ein Brenneisen glühend gemacht, um damit dessen Spendenwilligkeit deutlich zu erhöhen. Zeigte sich der junge Mann jedoch weiterhin störrisch, weil er es sich einfach nicht vorstellen konnte, dass damit wirklich Ernst gemacht werden würde, dann verband man dem Kandidaten die Augen und drohte ihm noch einmal mit der Anwendung des Brenneisens.

Wenn nun der Standhafte abermals eine Erhöhung der Spende ablehnte, drückte der „Stori", wie wir den Storekeeper nannten, das glühende Brenneisen in unmittelbarer Nähe des Oberschenkels vom Opfer auf ein Stück Speck. Gleichzeitig stieß ein Helfer einen Eisklumpen dicht daneben auf dessen Oberschenkel. Die Gleichzeitigkeit des Zischgeräusches, des Geruches von verbranntem Speck und des Kältereizes sorgten dafür, dass die innere Erwartungshaltung eintrat: Sie haben es tatsächlich getan! Ein langes qualvolles „Aaaaah …" war die unmittelbare Antwort.

Zum Schluss ging's ab ins Taufbecken. Die stärksten Kerle des „Dampfers" warteten dort darauf, dem Täufling den Rest zu geben. Sie hörten erst auf, als die Luft echt knapp wurde. Spätestens jetzt hatte der Südhalbkugelneuling die Schnauze voll. Doch zumindest hatte er die Marter ja nun Gott sei Dank überstanden – glaubte er …

Vor Neptun und sein Gefolge geführt, wurde er nun nach seinem Taufnamen gefragt. „Waaas? Taufname vergessen? Nicht verstanden? Ab, die gleiche Runde nochmal!"

Wer bisher relativ wenig zur abendlichen Feier beitragen wollte, war nun sogar willens, die Kosten komplett zu übernehmen! Eine zweite Runde wurde, falls notwendig, dann aber doch relativ human durchgeführt. Zum Abschluss des Ganzen erhielt der Täufling einen Schnaps und den so begehrten „Taufschein".

Und die Kosten für die abendliche Feier wurden entgegen der Befürchtungen der Getauften, ebenfalls geteilt.

Wie schon einmal angedeutet, gibt es auf hoher See auch Abschnitte, wo verkehrstechnisch „tote Hose“ ist. Was aber nicht heißt, dass in der Hose alles tot ist! Und so kommt man auch auf „dumme Gedanken“. Natürlich schaut man sich als junger Seemann beim Landgang die hübschen Mädchen in den Hafenstädten an und auf einer langweiligen Seewache reifte nun in mir der Entschluss, die regionalen Unterschiede „wissenschaftlich“ zu erfassen. Da es zu meinen Pflichten als Dritter gehörte, täglich eine Wetterkarte zu zeichnen, kam ich auf die Idee, diese als Grundlage zu benutzen.

Wie jeder weiß, sind auf jeder meteorologischen Karte Isobaren vorhanden. Isobaren sind Punkte gleichen Luftdrucks, die mit einer Linie verbunden werden. Wie wäre es also, die Schönheit der Mädchen in den Hafenstädten mit einer Zahl von 1 bis 5 zu bewerten, und gleiche Noten mit einer Linie zu verbinden? Gesagt, getan. Zwischen den einzelnen Punkten habe ich interpoliert[37].

Schon waren die „Iso-Beauty-Linien“ geboren, ein absolutes Neuland in der „Welt der Wissenschaft“! Bewertet habe ich ausschließlich nach dem Prinzip „prima facie“, also dem ersten Anschein nach – und das auch nur ganz subjektiv, nach meinem persönlichen Empfinden. Letztlich muss ich aber zugeben, dass mein System ziemliche Mängel aufwies: Neben der sehr subjektiven Bewertung gab es vor allem das Problem der Datenlücken, zudem überkreuzten sich meine „Schönheitslinien“, was es bei echten Isobaren natürlich nicht gibt.

Aufgrund von Beförderung und damit wachsenden Aufgaben konnte ich meine „Feldstudie“ später leider nicht mehr weiterführen.

---

[37] Unbekannte Werte zwischen bekannten Werten werden errechnet.

Bei großer Hitze und spiegelglatter See liegt über dem Mittelmeer oft ein sogenannter Sonnenglast, eine Art Dunstglocke. Die Sicht ist dann nicht mehr ganz so gut, so dass man die vorbeiziehenden Küstenlandschaften leider nur noch undeutlich erkennen kann. Was also tun, wenn es an Land nichts zu sehen gibt? Na ja, dann ist ja immer noch das Meer da! Es ist kaum zu glauben, was so alles auf und im Wasser schwimmt.

Zunächst natürlich schwimmt erst einmal jede Menge Müll im Meer. Einige Mittelmeeranrainer nahmen es damals wie heute mit dem Umweltschutz nicht so genau. Als Spitzenreiter unter den Umweltverschmutzern der achtziger Jahre präsentierte sich der Libanon. Aufgrund des Bürgerkrieges waren viele Häuser zerstört. Wegen der Kriegswirren spielte Umweltschutz überhaupt keine Rolle und so schob man die durch den Krieg hervorgerufenen Schuttmassen einfach mit Hilfe eines Bulldozers ins Meer – und zwar mit allem, was sonst noch im Bauschutt so mit drin war.

„Ich glaube, sie bauen eine Landbrücke nach Zypern“ – lautete meine Antwort auf die Frage eines Wachmatrosen nach dem Sinn dieses Frevels. Wie sich das auf den Zustand des östlichen Mittelmeeres auswirkte, kann sich jeder vorstellen.

An allen Küsten der Gegend wurde Plastikmüll und anderer Dreck angespült. Natürlich ist es nicht das, was man auf dem Meer sehen will. Gleiches gilt natürlich für alles Gerümpel, was Seeleute aller Herren Länder so außenbords werfen.

Interessanter sind da schon weit auf die See hinausgetriebene Wasserbälle oder Luftmatratzen. Leider lagen keine leicht bekleideten Nixen darauf, die man hätte retten und in das „Schönheitsregister“ aufnehmen können. Manch ein bunter Ball allerdings musste schon sehr lange unterwegs sein, wie unschwer am Bewuchs erkennbar war. Vermutlich steht noch immer irgendwo ein kleines Kind am Urlauberstrand von Tunesien und heult Rotz und Wasser wegen seines verlorengegangenen Wasserballs.

Allerlei Getier auf, über und unter dem Wasser bietet natürlich ebenfalls Abwechslung. Fangen wir mal oben an. In früheren Jahrhunderten war das Erscheinen von Vögeln bei Fahrten in unbekannte Gewässer das erste untrügliche Zeichen von Landnähe. Dementsprechend freudig wurden die gefiederten Gesellen damals von den Seeleuten begrüßt. Diese Funktion haben sie heute natürlich nicht mehr, gern gesehene Gäste sind sie trotzdem.

Bei meinen vielen Fahrten quer durchs Mittelmeer und entlang der westafrikanischen Küste streift oder quert man auch die Routen vieler Zugvögel. Erschöpfte Tiere nutzen dann das Schiff gern als Notlandeplatz oder Mitfahrgelegenheit. Manchmal befand sich auch mal eine Brieftaube unter den Passagieren, wie sich unschwer an der Beringung erkennen ließ.

Da Solidarität mit „Schiffbrüchigen“ selbstverständlich ist, versuchten die Lords, mit ein paar Schalen Süßwasser und ein paar Krümeln aller Art, die Tiere wieder aufzupäppeln. Ob und inwieweit ihnen das gelungen ist, haben sie allerdings nie erfahren. Irgendwann waren die Vögel wieder weg.

Mit einer tragischen Ausnahme, die mir gut in Erinnerung geblieben ist: Wir kamen wieder einmal mit einer großen Decksladung von Baumstämmen aus Westafrika, als sich ein großer Schwarm von Singvögeln auf dem Schiff niederließ. So viele Vögel auf einmal hatte ich noch nie gesehen, es müssen mehrere Hunderte gewesen sein. Und sie machten auch keine Anstalten, das Schiff wieder zu verlassen.

Da wir in wenigen Tagen in Bordeaux den ersten Löschhäfen erreichen würden, standen ihre Überlebenschancen dennoch ganz gut – wenn da nicht die Franzosen gewesen wären. Kaum betraten die ersten Hafenarbeiter das Deck, begann die Hatz. Ohne jeden Skrupel drehten sie den armen kleinen Tierchen den Hals um. Seit dieser Zeit habe ich ein leicht gestörtes Verhältnis zu französischen Delikatessen.

An der Wasseroberfläche des Ozeans ist tierisch ebenfalls allerhand los. Zunächst wären da die fliegenden Fische zu nennen. In Zeiten ohne Fernsehen, Internet und Massentourismus auf See galten sie als Inbegriff des Seemannsgarns.

Sie wirklich fliegen zu sehen ist dann aber doch noch einmal etwas Besonderes. Die Fische von der Größe einer gut genährten Brackwasserforelle fliegen jedoch nicht im eigentlichen Sinne. Meist durch Fressfeinde oder das Schiff erschreckt, schnellen sie aus dem Wasser und segeln dicht über der Oberfläche ungefähr hundert Meter weit. Oft sind es sogar kleine Schwärme, die gemeinsam lossegeln, und falls sie nicht das Pech haben, ausgerechnet vor einem hungrigen Maul zu landen, ist das keine schlechte Idee, um den Unterwasserjägern zu entkommen. Bei hoher Dünung und tief abgeladenem Schiff landete hin und wieder auch mal ein ausgesprochener „Pechvogel“ an Deck. Laut Auskunft des Kochs sind sie angeblich genießbar. Leider verpasste ich damals die seltene Chance, das selbst zu überprüfen.

Eines der faszinierendsten Schauspiele auf See ist die Begleitung des Schiffes durch eine Delfin-Schule. Man kann noch so lange zur See gefahren sein – sobald das Spiel dieser eleganten Tiere am Bug beginnt, zieht es jeden, der es sich arbeitsmäßig leisten kann, auf die Back. Scheinbar ohne jede Mühe kreuzen sie vor der Bugwelle hin und her. Man spürt förmlich, wie viel Freude es ihnen bereitet, sich mit dem Schiff zu messen. Schade nur, dass die heute auf See gefahrenen Geschwindigkeiten eine längere Begleitung nicht mehr zulassen.

Weitaus seltener bekommt man auf den normalen Handelsschiffsrouten die anderen großen Säuger der Meere zu sehen. Was die Schwertwale – auch Orcas oder Killerwale genannt – betrifft, ist mir in den ganzen Jahren nur ein einziges Mal eine Beobachtung geglückt. Die ganz „normalen“ Wale (tut mir leid, aber ich habe keine Ahnung, um welche Arten es sich dabei handelte) bekam man hingegen öfter zu Gesicht.

Wobei zu „Gesicht bekommen“ etwas übertrieben ist. Meist sieht man nur die Ausblasfontäne und ein Stück Rücken. Da die Reiseziele der Wale höchst selten mit den Reisezielen des Schiffes übereinstimmten, blieb meist nur eine kurze Zeit für die Beobachtung.

Einmal jedoch kam es zu einer schicksalhaften Begegnung zwischen mir und einem Wal. Ich hatte die 8-12-Brückenwache, die Sonne schien, das Meer war beinahe spiegelglatt und das Schiff machte gute Fahrt.

Plötzlich meldete mein Wachmatrose, der als Ausguck eingesetzt war: „Steuermann, da schwimmt was, recht voraus!“ Ich griff so schnell ich konnte zum Fernglas, um das „USO“, das „unbekannte schwimmende Objekt“ zu identifizieren, was mir aber nicht gelang, weil es schon an Backbord unter dem Vorsteven verschwand.

Die Kollision mit einem Objekt zu verhindern, welches direkt und unmittelbar vor einem in voller Fahrt befindlichen Schiff auftaucht, gestaltet sich als recht schwierig. Weicht man kurz davor nach Backbord oder Steuerbord aus, bestände eine große Gefahr, dass man das Objekt beim Wegdrehen noch mit dem Heck und schlimmstenfalls sogar mit der Schraube erwischt. Am vielversprechendsten ist es, direkt auf das Hindernis zuzuhalten. Ist man dann auf Höhe des Objektes, kann man gegensteuern und so versuchen, das Heck freizudrehen. Allerdings besteht dabei die große Gefahr, dass das, was dort schwimmt, an der Bordwand entlangschrammt.

So war es auch in diesem Fall. Als ich aus der Brückennock nach unten schaute, bekam ich einen Schreck: Das war ja ein Wal – und zwar ein ziemlich großer! Mein Gott, ich hatte einen Wal überfahren! Erst wenige Minuten später wurde mir klar, was die dunkle Wolke neben dem Tier bedeutete. Rotes Blut gibt im „blauen“ Meerwasser eine dunkle Farbe. Dieser Unfall tut mir noch heute leid und ich kann nur hoffen, dass das Tier überlebt hat.

Warum hatte der Wal unser Schiff nicht bemerkt? Unter Wasser breitet sich der Schall extrem gut aus und die näherkommenden Maschinengeräusche hätte er unbedingt hören müssen, es sei denn, er war tief und fest eingeschlafen.

Was unter der Wasseroberfläche geschieht, bleibt dem Seemann auf Handelsschiffen meist verborgen – und ehrlich gesagt, er interessiert sich in der Regel auch nicht sonderlich dafür. Hin und wieder bekommt er aber doch mal einen Einblick in die Tiefe.

Auf einer längeren Reise, irgendwo draußen auf dem Atlantik, streikte plötzlich eine Ölpumpe. Das ist eine ziemlich üble Sache und so gibt es zunächst nur eines: Maschine Stopp! Während die Ingenieure und die Maschinenassistenten sich auf Fehlersuche begaben, beschlossen der Bootsmann und die Lords, wieder einmal ihr Anglerglück zu versuchen. Und tatsächlich – nach einiger Zeit gelang es ihnen, zwei große Fische an Deck zu ziehen.

Durch das kristallklare Wasser konnte man den Vorgang gut beobachten. Als dann ein dritter ausgewachsener Thunfisch am Haken hing, schien der Grillabend gesichert. Doch das Tier wehrte sich heftig. Vielleicht hatte es ja am Heck das Wort „Rostock“ gelesen und wollte nicht an Bord eines DDR-Schiffes. Jedenfalls zog sich das Kräftemessen eine ganze Weile hin.

Als sich das Schicksal langsam zugunsten des Anglers zu entwickeln schien, kam es zur überraschenden Wende der Ereignisse. Wie aus dem Nichts tauchten plötzlich drei oder vier Hammerhaie auf. Da wir von der achteren Manöverstation aus angelten, also aus einer relativ geringen Höhe, waren die merkwürdigen Tiere gut zu sehen. Auch sie schienen sich für unsere Leckerbissen zu interessieren. Und zwar besonders für einen, der notgedrungen im Wasser mehr oder weniger „stillstand“. Plötzlich verspürte unser Angler kaum noch

Widerstand und es gelang ihm relativ mühelos, den Fisch an Bord zu holen, allerdings leider nur zur Hälfte. Die andere Hälfte gehörte einem der Haie.

Was mich bei diesem Geschehen letztlich am meisten faszinierte, war: Der Köder-Thunfisch hatte immerhin den Umfang eines menschlichen Oberschenkels! Wie gesagt: hatte! Der arme Kerl war ungefähr in der Mitte mit einem einzigen Biss geteilt worden, und zwar mit chirurgischer Präzision – eine absolut perfekter Schnitt, da war nichts ausgefranst oder abgerissen. Keine Guillotine hätte es besser machen können. Ich glaube, das arme Tier hat erst an Deck gemerkt, dass ihm hinten dran etwas fehlte.

Mit einer „Begegnung der dritten Art" will ich die „Tiergeschichten" beenden. Im Prinzip ähnelte das Szenario der unheilvollen Begegnung mit dem Wal. Wieder die Meldung vom Wachmatrosen: „Schwimmendes Objekt recht voraus!", wieder keine Möglichkeit des Ausweichens. Als das „Objekt" querab war, glaubte ich meinen Augen kaum: Das war ja eine Kuh! Allerdings nicht mehr in ganz taufrischem Zustand. Ich hatte also wahrhaftig mit dem Schiff eine Kuh überfahren – und ich glaube, es gibt nur ganz wenige Menschen, die so etwas in ihrer Biographie vorweisen können!

Um die Geschichte kurz aufzuklären: Einige Mittelmeeranrainer wie Libyen, Ägypten und der Libanon sind große Importeure von lebenden Tieren, namentlich von Schafen und Ziegen, aber auch von Rindern. Auf den Transporten ging es zu damaliger Zeit wenig tierfreundlich zu. Das Geschäft lag daher auch meist in den Händen kleiner dubioser Reedereien, die zu diesem Zweck einige Seelenverkäufer am Laufen hielten. Und wenn ein Tier an Bord verendete, wurden nicht viele Umstände gemacht – ab über Bord und fertig.

Beaufort 12

Im Grunde ist mir klar, dass der Versuch nicht gelingen kann, einem „Landei“ zu erklären, was ein ausgewachsener Sturm auf hoher See bedeutet. Ich will es dennoch probieren, um zumindest einen kleinen Eindruck davon zu vermitteln.

Es fängt schon damit an, dass es d e n Sturm nicht gibt. Jeder Sturm ist anders! Die Hauptrolle spielt dabei die Windstärke. Als grobe Einteilung dieser wird auch heute noch von den Nautikern die altbekannte Beaufort-Skala von 0 bis 12 benutzt. Sie geht nicht auf Messwerte zurück, sondern sie beschreibt die Windstärke indirekt über die Auswirkung auf die See. Jeder erfahrene Nautiker sieht daher am vorherrschenden Wellenbild, was wirklich los ist. Deshalb kann ich nur schmunzeln, wenn man mir in irgendwelchen Filmen Windstärke 5 bis 6 als „Sturm“ verkaufen will.

Natürlich hat jeder Seemann im Laufe seines Berufslebens unzählige „Schlecht-Wetter-Reisen“ erlebt. Reisen, bei denen es um Leib und Seele geht, sind zum Glück Ausnahmen. Aber es sind die kleinen Dinge, die der Besatzung alles abverlangen: Schlagende Türen, herausrutschende Schubladen, herumfliegende Stühle, knarrende Wandverkleidungen, nasse Tischdecken[38], kaltes Essen, permanenter Toilettengestank durch überforderte Geruchsverschlüsse und vieles mehr nerven ohne Ende.

An Schlaf ist unter diesen Umständen kaum zu denken. Und falls man trotz der ganzen Hin-und-her-Rollerei in der Koje doch irgendwann einschläft, spätestens dann – ping – ping – ping – beginnt irgendein loses Teil im nervtötenden Rhythmus gegen den Schiffskörper zu schlagen. Da sich solch stürmisches Wetter über mehrere Tage hinziehen kann, hat

38 Man verwendet nasse Tischdecken, damit die Teller nicht rutschen.

man irgendwann einfach die Schnauze voll. Das Ganze ist eben mehr als die Summe aller Wellen. Soweit zur physischen und psychischen Belastung der Besatzung.

Was jedoch bei jedem Sturm am meisten Sorge bereitet, ist das Transportgut. Ein Stückgutschiff befördert in den seltensten Fällen eine homogene Ladung. Kisten stehen auf Fässern, die Fässer neben Papierrollen, diese sind wiederum mit Säcken überstaut. Bei starken Schiffsbewegungen besteht so immer die Gefahr, dass sich irgendetwas in der Luke selbstständig macht. Wenn erst einmal etwas lose ist, kann es ganz schnell zu einer verhängnisvollen Kettenreaktion kommen. Nicht selten müssen Bootsmann und Matrosen daher an Deck und in die Luken, um nachzulaschen.

Auch ich hatte später als Erster Offizier mehr als einmal große Sorgen um „meine" Ladung. So zum Beispiel auf einer Reise von Durrës (Albanien) nach Wismar. In diesem Falle hatte die Sache sogar eine skurrile Komponente, der ich aber erst etwas abgewinnen konnte, als am Ende alles gutgegangen war. Ich sollte im vorderen Teil des Unterraums von Luke I eine Anzahl von kleinen und großen Marmorblöcken verstauen, mit Gewichten zwischen ein und fünf Tonnen pro Stück. Luke I ist aber der ungünstigste Ort, wenn es darum geht, Seegangeinwirkungen auf die Ladung zu vermeiden, denn ganz vorn sind die Schwingungsamplituden am größten. Doch dies für sich allein genommen wäre noch nicht bedenklich gewesen, da solche Marmorblöcke recht robust sind, aber es gab noch eine zweite Partie Ladung für den achteren Teil der Luke: 18.000 Kartons, gefüllt mit albanischem Weinbrand der Marke „Skanderbeg". Also in derselben Luke vorn tonnenschwere Marmorblöcke, achtern abertausende Glasflaschen mit dem besten Stoff, den die Erben Skanderbegs[39] zu bieten hatten. Der Bootsmann und die Lords verzurrten und

---

39 Albanischer Fürst und Nationalheld.

verpallten die Marmorblöcke so gut, wie es eben möglich war. Danach blieb nur noch die Hoffnung auf eine ruhige Heimreise. Doch es kam wie immer in solchen Fällen: Schon vor Gibraltar mussten wir gegen einen kräftigen Vendaval[40] ankämpfen. Das Schiff arbeitete hart in der See und der Gedanke an die Ladungskonstellation in Luke I raubte mir den Schlaf. So oft es ging, ließ ich die Bilge peilen, um festzustellen, ob sich etwa das Bilgenwasser durch den Weinbrand in „Grog" verwandelt hatte. Einmal glaubte ich, sogar schon auf der Brücke Schnapsgeruch wahrzunehmen. Zum Glück stellte sich heraus, dass der Wachmatrose am Abend davor etwas zu tief ins Glas geschaut hatte.

Da auch „draußen", also auf dem Atlantik, das Wetter nicht viel besser wurde, blieb die Anspannung auf der ganzen Rückreise erhalten. Doch letztlich ging fast alles gut.

Warum nur fast? Weil ich am Ende der Reise doch noch einen kleinen Teil der Ladung verlor! Und zwar an die Wismarer Hafenarbeiter. Es gab nur wenige, die dem Ruf Skanderbegs widerstehen konnten. Aus heutiger Sicht war es übrigens ein ziemliches Gesöff. Und so gesehen wäre es eigentlich ein Dienst an der Volksgesundheit gewesen, wenn die Marmorblöcke in der Luke tabula rasa gemacht hätten.

Aber warum ist nun jeder Sturm anders? Ganz einfach, weil es eben sehr viel mehr Einflussfaktoren auf das Geschehen gibt als nur den Wind. Ein weiterer entscheidender Einflussfaktor ist zum Beispiel das Seegebiet. Erwischt einen der Sturm auf dem offenen Meer, musst man mit ganz anderen Wellenbildern rechnen als auf dem Kontinentalschelf[41] oder gar in Gebieten mit relativ flachem Wasser. Wobei es im Flachwasser oftmals gefährlicher wird als weit draußen auf See!

---

40 Weststurm im westlichen Mittelmeer.

41 Von Meer bedeckter Randbereich eines Kontinents.

Bekanntestes Beispiel sind die Grundseen. Das Wasser wird dabei so stark aufgewühlt, dass sogar Steine vom Meeresboden hochgeschleudert werden. Die DSR hatte einmal in solch einem Seegebiet das Küstenmotorschiff „Capella“ verloren. Die „Capella“ sank am 3. Januar 1976 beim Versuch, in der Emsmündung Schutz vor den Naturgewalten zu finden. Wind und Seegang waren so extrem, dass weder der große DSR-Frachter „Nienburg“ noch ein westdeutscher und ein holländischer Seenotkreuzer Hilfe leisten bzw. Überlebende bergen konnten. Alle elf Besatzungsmitglieder fanden den Tod, jeder von ihnen ein erfahrener Seemann.

Der ehemalige Havariekommissar der DDR, Friedrich Elchlepp, beschreibt gemeinsam mit Manfred Kretzschmar im Buch „Katastrophen auf See – Die Seeunfälle der zivilen DDR-Schiffahrt“[42] die dramatischen Ereignisse von damals minutiös. In seinem Fazit heißt es dann:

> *„Die Seekammer konnte kein Verschulden des Kapitäns am Untergang der „Capella“ feststellen. Wenn der Kampf der Rettungskräfte um das Leben der Besatzung der „MS Capella“ ohne Erfolg blieb, so doch nur, weil die Naturgewalten stärker waren als das, was ihnen der Mensch mit den ihm zur Verfügung stehenden Mitteln entgegensetzen konnte.“*

Ein Orkan auf hoher See bringt andere Gefahren mit sich. Der Wirkweg des Windes ist länger und es gibt keinerlei Landschutz. Ein Sturm kann also über eine große Distanz seine Energie an das Wasser weitergeben. Dabei entstehen mitunter große Wellen von gewaltiger Wucht. Und da ein Tiefdruckgebiet in der Regel nicht stationär ist, sondern weiterwandert, ändert sich auch mit der Zeit die Richtung des Windes und der See. Das führt oft zu einer gefährlichen Überlagerung von Dünung und Seegang. Unter diesen Umständen entstehen so

42 Neuer Hochsch.-Schr.-Verl., Rostock 1998 – ISBN 978-3-929544-41-1.

unberechenbare Kreuzseen, die auch heute noch jedem Schiff auf dieser Welt gefährlich werden können, egal, wie groß es ist. Als Beispiel sei hier nur die „München“ genannt, ein für die damalige Zeit hochmodernes, 261 m langes Leichterschiff der Reederei Hapag Lloyd, welches im Dezember 1972 bei einem schweren Sturm nördlich der Azoren sank. Als Ursache der Katastrophe wird schwerer Seeschlag vermutet. Alle siebenundzwanzig Besatzungsmitglieder und eine mitreisende Ehefrau kamen dabei ums Leben.

Besonders gefährlich wird es auch, wenn ein Schiff mit einer Schüttgutladung in einen Orkan gerät. Als Beispiel dafür ist der Untergang der „Pamir“ geworden. Das Segelschulschiff der deutschen Traditionsreederei „F. Laeisz“ hatte 1957 in Argentinien Gerste geladen. Rund sechshundert Seemeilen westsüdwestlich der Azoren geriet das Schiff in den Hurrikan „Carrie“.

Normalerweise lässt sich die Zugrichtung eines Wirbelsturms einigermaßen vorhersagen. Doch „Carrie“ änderte mehrmals seine Bahn und so gab es letztlich für die „Pamir“ kein Entkommen. Durch die extremen Rollbewegungen verrutschte die Getreideladung. Das Schiff bekam immer mehr Schlagseite, bis es letztlich sank. Fast alle jungen Kadetten und die gesamte Schiffsführung fielen dem Unglück zum Opfer. Nur fünf von fünfundneunzig Besatzungsmitgliedern der Viermastbark überlebten das Unglück.

Dieses Unglück läutete das endgültige Ende der Segelschulschiff-Frachtreisen ein.

„Na ja, es war nur ein Segelschulschiff“, wird vielleicht mancher mit der Überheblichkeit eines Technik-Gläubigen von heute denken. Doch das hatte damit nichts zu tun.

Auch die Deutsche Seereederei Rostock musste durch übergehende Ladung einen schweren Verlust hinnehmen. Die „MS Fiete Schulze“ hatte im September 1967 im Rotterdamer

Waalhaven rund 8.000 Tonnen Eisenmasseln[43] übernommen. Die Beladung wurde entsprechend den „Kapitänsinformationen der Bauwerft und guter Seemannschaft" durchgeführt.

Obwohl alle Vorschriften korrekt eingehalten wurden, lag der Schwerpunkt der Ladung sehr tief. Im Grunde ist das gar nicht schlecht, damit kann das Schiff im Prinzip nicht kentern, auch wenn es stark hin und her rollt. Doch hier liegt auch das Problem: Durch die große Stabilität können sehr kurze Rollzeiten bei starker Krängung auftreten. Und genau das trat am 20. September 1967 ein. Die „Fiete Schulze" geriet kurz nach dem Verlassen des Englischen Kanals in den Bereich des Wirbelsturmes „Chloe". Aufgrund einer hohen, durcheinanderlaufenden See gelang es nicht, das Schiff in eine halbwegs ruhige Lage zu bringen.

Nach und nach begannen die Eisenmasseln in den Laderäumen zu verrutschen. Innerhalb weniger Stunden nahm die Krängung dramatisch zu, ohne dass die Besatzung irgendetwas dagegen tun konnte. Als das Schiff bei ungefähr sechzig Grad Steuerbord liegen blieb, gab der Kapitän Bootsalarm.

Zu einem geordneten Verlassen des Schiffes reichte es nicht mehr. Vierzehn Mann der Besatzung starben beim Untergang, achtundzwanzig konnten nur durch eine große internationale Hilfsaktion, an der sich rund zwanzig Schiffe und ein französisches Suchflugzeug beteiligten, gerettet werden.

Doch zurück zur eigenen Erfahrung. Eine meiner härtesten Sturmreisen erlebte ich – wie könnte es auch anders sein – mit Kapitän Kruse. An das Jahr kann ich mich nicht mehr erinnern, wohl aber an die Jahreszeit. Es war eine Winterreise. Januar und Februar sind Monate, in denen es auf dem Nordatlantik wirklich sehr heftig werden kann. Bis durch die Straße von Dover ging es noch einigermaßen voran, obwohl

---

43 Kleine Barren.

die See langsam immer rauer wurde. Je weiter wir jedoch nach Westen kamen, umso ungemütlicher zeigte sich das Meer. Angetrieben durch einen Weststurm lief eine gewaltige See in den Kanal, dazu kam eine hohe Dünung ebenfalls direkt aus West. Alle diese Faktoren sorgten für ein heftiges Arbeiten unseres Schiffes. Und damit noch immer nicht genug, in bestimmten Abständen steigerte der westwärts gegenlaufende Gezeitenstrom nochmals die Wellenhöhe.

Stunde um Stunde kämpften wir gegen die anstürmende See an, um nach rund vierundzwanzig Stunden festzustellen, dass wir gerade drei Seemeilen über Grund zurückgelegt hatten. Jedes weitere Gegenankämpfen war sinnlos geworden, zumal alle Seewetterberichte der englischen Küstenfunkstellen für alle uns betreffenden Vorhersagegebiete weiterhin „sever gale, force ten to eleven“[44] meldeten.

Hein Kruse entschied sich zu der einzig sinnvollen Alternative: Schutz suchen, hinter der weit in den Kanal hineinragenden Halbinsel Cotentin, dessen Ende das Cap de la Hague bildet. Welch eine Erleichterung, als das Schiff vor der Küste, südlich der Saint-Marcouf-Inseln, sicheren Ankergrund gefunden hatte. Endlich wieder ruhig laufen, essen und schlafen!

Erst sehr viel später wurde mir bewusst, dass die damals vor uns liegenden Strände geschichtsträchtige Orte waren. Es war am 6. Juni 1944, dem sogenannten D-Day, als an dieser Stelle das 8. Infanterieregiment der 4. US-Infanteriedivision mit Landungsbooten und Schwimmpanzern landete. Dieser Küstenabschnitt trug damals den Tarnnamen „Utah-Beach“. Die Amerikaner trafen hier auf relativ wenig deutsche Gegenwehr. Härter umkämpft war dagegen der Abschnitt „Omaha Beach“ wenige Meilen weiter südöstlich.

Nach etwa zwei Tagen ließen der Sturm und die Wellen soweit nach, dass sich Hein Kruse entschied, die Reise weiter

---

44 Starker Sturm der Stärke 10 bis 11.

fortzusetzen. Zunächst ging auch alles gut. Wir kamen trotz der nervigen Schaukelei einigermaßen voran. Ouessant wurde passiert und mit Kurs 208 Grad ging es in die Biskaya. Doch schon am darauffolgenden Tag verschlechterte sich die Wetterlage erneut. Wind und Seegang nahmen wieder zu.

Ab Windstärke 9 beginnt die See zu „rollen“, das heißt, die Wellen führen scheinbar eine Art in sich geschlossener Drehbewegung aus, ein Phänomen, dass ich physikalisch schwer erklären kann.

Im Tagesverlauf entwickelte sich aus dem Sturm ein schwerer Sturm, das heißt Windstärke 10. Sehr hohe Wellenberge mit langen, überbrechenden Kämmen prallten seitlich gegen das Schiff. Das „normale“ Rollen der See hatte sich nun in ein schweres, stoßartiges Rollen verwandelt.

Da die Rollbewegungen unseres Schiffes so heftig wurden, dass das Schiff nicht mehr so weiterlaufen konnte, entschied sich Hein Kruse, das Schiff gegen die See zu steuern. So wie jeder Kapitän in dieser Lage suchte Hein Kruse nun den Kurs und die Fahrstufe, mit der das Schiff am ruhigsten lag. Das ist meist dann der Fall, wenn die anrollende See schräg von vorn angeschnitten und die Fahrt auf „Voraus Halbe“ reduziert wird. Von „ruhiger“ Lage allerdings konnte keine Rede sein.

Mit heraufziehender Dunkelheit entwickelte sich aus Stärke 10 die 11. Trotz gut abgeladenem Schiff tauchten jetzt immer öfter Schraube und Ruder aus dem Wasser. Das Schiff ließ sich daher nur noch schwer auf Kurs halten und wurde immer luvgieriger, das heißt, es versuchte ständig in den Wind zu drehen und damit die See direkt von vorn zu nehmen. Durch die Dunkelheit waren die heranrollenden Wasserberge erst sehr spät zu erkennen. Immer wieder fiel das Vorschiff in tiefe Wellentäler, um gleich darauf wieder emporgerissen zu werden. An normales Arbeiten auf der Brücke war jetzt nicht mehr zu denken. Wir hielten uns so gut es ging irgendwo fest, um nicht durch den Raum geschleudert zu werden.

So gegen 22.00 Uhr oder 23.00 Uhr hatten wir das Gefühl, dass der Sturm weiter zugenommen hatte. Das war jetzt, zumindest in den Windspitzen, ein echter Orkan, Windstärke 12! Das Schiff arbeitete nun sehr hart. Back und Vorschiff standen zeitweise unter Wasser. „Grünes Wasser an Deck" – so hieß das früher auf Segelschiffen.

Und dann kamen die ersten Slammings – hydrodynamische Stöße, die dadurch entstehen, dass das Schiff bis zum Schiffsboden aus dem Wasser gerissen wird und anschließend mit dem Gewicht von zigtausend Tonnen wieder aufschlägt. Welche ungeheuren Kräfte dabei auf die Verbände des Schiffes wirken, vermag man sich nicht vorzustellen. Wir spürten es! Nach jedem neuen Aufschlag federte und schüttelte sich das 121 m lange Schiff über die gesamte Länge wie im Fieber. In diesen Momenten dachte ich, wenn das hier noch eine Weile so weitergeht, dann nimmt diese Reise kein gutes Ende. Gegen die See waren wir machtlos, ich fühlte zwar keine Angst, dafür eine gewisse Schicksalsergebenheit.

Urplötzlich, gegen Mitternacht, ließ die Gewalt des Sturmes nach. Jeder auf der Brücke spürte es, auch wenn sich am Arbeiten des Schiffes zunächst kaum etwas änderte.

Doch ganz allmählich wurden die harten Stöße weniger, wir hatten wohl das Schlimmste hinter uns. Am nächsten Vormittag stand ich mit Kapitän Kruse am Brückenfenster und wir starrten etwas stumpfsinnig auf die Wellen. In größeren Abständen krängte das Schiff noch immer heftig, so dass wir uns festhalten mussten.

Als das Schiff wieder einmal überholte, sagte Hein Kruse plötzlich und ohne jede Vorwarnung einen Satz für die Geschichtsbücher der Seefahrt: „Nur dumme Menschen fahren zur See – und die ganz dummen im Winter!"

Dem ist nun wirklich nichts mehr hinzuzufügen.

Safety first – Arzt und Sicherheitsoffizier

Über das eher beschwerliche Leben eines Zweiten Nautischen Offiziers habe ich ja schon kurz berichtet. Neben seiner täglichen „Hundewache“ wurden ihm durch die Reederei dazu die Ressorts „Sicherheit“ und „Gesundheitspflege“ aufgehalst. Letzteres bedeutete nichts anderes, als dass der Zweite auch die Funktion des Schiffsdoktors auszuüben hatte. Dabei war es ziemlich egal, ob derjenige gut oder weniger gut für diesen Job geeignet war. Ich jedenfalls kam mir weniger gut geeignet dafür vor. Bezüglich meiner Aufgaben des Gesundheitsressorts traf daher das berühmte „Peter-Prinzip“ hundertprozentig zu, was in etwa Folgendes aussagt: Jedermann wird so lange befördert, bis er auf einem Posten landet, dessen Aufgaben er nicht mehr gewachsen ist. Wegen Unfähigkeit wäre dann also kein weiterer Aufstieg möglich – was nichts anderes heißt: In allen Hierarchien der Welt sitzt auf jedem Posten ein Unfähiger! In diesem Fall also der Zweite Offizier Vogt.

Solange es um Diagnostik, das Verschreiben von Pillen und Salben oder die Herausgabe eines Kondoms ging, war die Ausübung des Amtes für mich natürlich kein Problem. Im Notfall hätte ich meinen Kollegen aber auch eine Spritze (subkutan, intramuskulär[45]) verpassen müssen. Auch das Nähen von kleinen Wunden wurde mehr oder weniger vorausgesetzt. Jeder, der mich ein wenig kennt, weiß, wenn es um Blut oder andere Körperflüssigkeiten geht, halte ich mich lieber vornehm zurück.

Meine größte Sorge war, dass sich eines Tages ein schwerer Unfall an Bord ereignen könnte. Zwar hätten wir in diesem Fall eine „Ärztekommission“ (also alle Nautiker) zusammengerufen – aber nicht immer macht’s bekanntlich die Masse.

---

45 Unter die Haut, in einen Muskel.

Um hier aber keinen falschen Eindruck entstehen zu lassen: Es gab natürlich auch damals schon viele Möglichkeiten externer Hilfeleistungen. Ziemlich bekannt ist sicher noch das sogenannte „Medico-Gespräch“: Über Funk konnte man jederzeit ärztliche Beratung in Anspruch nehmen. In der Rostocker Universitätsklinik gab es viele Fachärzte, die diese Aufgabe zusätzlich übernahmen. Solange man in Küstennähe unterwegs war, bestand zudem fast immer die Chance, einen Nothafen anzulaufen. Dies ist in meiner ganzen Seefahrtzeit allerdings nur zweimal vorgekommen.

Einmal entwickelte sich eine Sache ziemlich dramatisch: Noch um 08.00 Uhr, bei der morgendlichen Arbeitsbesprechung der Decksgang, zeigte ein junger Matrose keine sichtbaren Krankheitssymptome. Zwei Stunden später schüttelte er sich unter hohem Fieber und war kaum noch ansprechbar. Verdacht auf Malaria Tropica!

Zum Glück liefen wir dicht unter der spanischen Küste und konnten so schnell den Nothafen Vigo erreichen. Allerdings mussten wir den jungen Mann im dortigen Krankenhaus zurücklassen. Dank seiner Jugend und einer robusten Konstitution überlebte der Matrose den Malariaschub.

Malaria Tropica ist die gefährlichste Form der Malaria. Sie hat aber gegenüber den anderen Erscheinungsformen den „Vorteil“, dass sie, wenn sie überstanden ist, praktisch nie mehr wiederkommt. Leider gehen solche Geschichten nicht immer gut aus. Auf einer anderen Afrika-Heimreise erhielten wir die Order, Las Palmas anzulaufen. Wir sollten den Chief-Ingenieur eines anderen DSR-Schiffes, Joachim Brumshagen, nach Hause überführen. Mit Joachim verbanden mich viele gemeinsame Fahrten auf anderen Schiffen. Erst eine Woche zuvor war er dort ins Krankenhaus gekommen, ebenfalls mit Malaria-Symptomen. Wie mir später erzählt wurde, ging er noch einigermaßen frisch und munter von Bord und schwang sich im Krankenwagen auf den Beifahrersitz.

Sieben Tage später mussten wir ihn mit einem Kran übernehmen, für dessen einwandfreie Funktion er einst mit die Verantwortung trug.

Was schwere Unfälle betrifft, hatte ich, wie gesagt, Glück. Von kleineren Zwischenfällen wurde ich im Laufe meiner mehrjährigen Fahrtzeit als Zweiter natürlich nicht verschont.

Eines Morgens, ich befand mich gerade in der ersten Tiefschlafphase, wurde wie wild am meine Kammertür gehämmert: „Komm hoch Second, du musst was machen!"

Vor dem Schott stand der Bootsmann. Sein schon von Natur aus roter Kopf war durch eine ganze Menge Blut noch etwas roter geworden. Noch etwas dusslig und schlaftrunken versuchte ich die Situation zu erfassen. Der Bootsmann war gerade dabei gewesen, einen an Deck stehenden PKW seefest zu laschen. Das geschieht, indem man an allen vier Ecken des Autos ein Seil in Form einer Schlaufe anbringt. Diese Schlaufen werden durch Deckaugen gezogen und anschließend mit Hilfe eines Kantholzes miteinander verwirbelt, ungefähr so, als wenn man einen Gummiring verdrehen würde. Je mehr man dreht, umso straffer wird die Lasching und umso mehr Spannung kommt darauf. Das Üble daran ist, dass das Holz das Bestreben hat, zurückzuschlagen. Und genau das war passiert. Der Bootsmann hatte das Holz mit voller Wucht gegen das Ohr bekommen. Mit der Folge, dass jetzt im Ohr ein etwa drei bis vier Zentimeter langer Riss klaffte.

Ja, Herr Schiffs-Doktor – was nun? Ich hatte keine Ahnung, was ich jetzt machen sollte. Nähen? Kann man das überhaupt an einem Ohr? Selbst wenn – vor zehn Jahren hatte ich Nähen auf der Seefahrtschule ein einziges Mal geübt. Ich glaube, es war damals eine Übung mit Schweine- oder Kunsthaut.

Aber so oder so – Fakt ist: Niemals in meinem Leben wollte ich Chirurg werden! Und daher habe ich letztlich gekniffen und das Bootsmannsohr irgendwie zusammengepflastert.

Das Wort „tapen“ hatte damals noch keinen Eingang in die deutsche Sprache gefunden. Zum Glück war der Bootsmann nicht wehleidig. Desinfiziert, Blutung gestillt, Pflaster drauf, fertig! Nach ein paar Tagen sah ich mir das Ohr an. Im oberen Teil bestand es eigentlich nur aus Schorf.

Einige Zeit später liefen wir in Wismar ein und der Bootsmann stieg ab. Wir sind uns danach nie mehr begegnet. Was vielleicht auch besser war, möglicherweise hätte ich für meine „OP“ im Nachhinein noch Prügel bezogen. Trotzdem würde ich gerne wissen, wie das Ohr heute aussieht. Oder sind vielleicht doch zwei Ohren draus geworden?

Not macht erfinderisch, auch in der Medizin. In einem anderen Fall erschien bei mir ein Matrose, der sich mit der „Hexe“ großflächig die Haut am rechten Unterarm weggebürstet hatte. Die „Hexe“ ist ein Gerät mit einer schnell rotierenden Drahtbürste. Sie dient dazu, Rost an Deck zu entfernen. In diesem Fall wurde sie also versehentlich zweckentfremdet eingesetzt.

Die Wunde erschien mir nicht tief, aber am Unterarm war nur noch rohes Fleisch zu sehen. Zunächst habe ich es mit der klassischen Methode versucht. Also mit Wundsalbe und einem sterilen Verband. Das Ergebnis war niederschmetternd. Nach zwei Tagen hatte sich die Wunde zu einer riesigen suppenden Fläche entwickelt. Jeder Verbandswechsel machte die Sache im Grunde nur noch schlimmer.

Intuitiv sagte ich mir, das musst du ganz anders machen. Also weg mit dem ganzen Verbandszeug und raus an die frische Luft. Der Matrose erhielt von mir die Order, sich acht Stunden in die Brückennock zu stellen und den Arm außenbords zu halten.

Welch ein Wunder: Die Sonne, ein sanfter Fahrtwind und die salzhaltige Luft sorgten schon am Abend für eine deutliche Verbesserung. Etwa drei Tage später war das Schlimmste überstanden. Der Schorf fühlte sich trocken an, die Wunde heilte. Heureka! Ich hatte in der Medizin erfolgreich eine ganz neue Behandlungsmethode eingeführt: die „dermatologisch-kinetische Solar-Saline-Therapie"!

Zahnschmerzen kennt jeder. Zahnschmerzen ohne Hoffnung auf Erlösung sicher nur noch wenige, es ist auch niemandem zu gönnen. Die einzige Behandlungsmethode an Bord besteht im Zudröhnen mit Schmerztabletten. Solange der nächste planmäßige Hafen nur zwei oder drei Tage entfernt ist, muss das Opfer leider durchhalten.

Zwei Zahnarztbesuche sind mir im Gedächtnis geblieben. Als bei einem meiner Patienten gar nichts mehr half, ging ich zum „Alten", um zu fragen, ob wir einen Nothafen anlaufen könnten. Der war von meinem Ansinnen natürlich wenig begeistert. Jede Abweichung von der Reiseroute kostete richtig Geld und musste vor der Reederei stichhaltig begründet werden. Auf die Frage „War das wirklich notwendig, Genosse Kapitän?" brauchte man eine gute Antwort. Doch das leidende Gesicht des Matrosen überzeugte wohl auch den Master. Zum Glück lag Malta genau auf dem Weg, am nächsten Vormittag würden wir die Inselgruppe passieren.

Ich will es kurz machen. Dieser Ausflug zum Zahnarzt bescherte mir eine meiner schönsten Rettungsbootsfahrten. Bei strahlendem Sonnenschein, einem lauen Lüftchen und sanfter Dünung tuckerte ich in die Hafenbucht von Valletta. Hinter mir, weit draußen auf See, dümpelte unser Dampfer, vor mir lag die grandiose Kulisse der ehrwürdigen Altstadt mit ihren Mauern, Kirchen und Palästen. Welch eine Einfahrt! Irgendwie kam ich mir vor wie ein Konquistador, der, aufrechtstehend und allein, eine fremde Küste ansteuert. Mein zahnschmerzgeplagter Matrose hatte für diese Art von romantischen Gefühlen allerdings nur wenig Verständnis. Doch immerhin bedeutete dieser für mich schöne Ausflug für ihn die Erlösung von seinen Leiden.

Den zweiten Zahnarztbesuch mit Erinnerungswert gab es irgendwo in Afrika, keine Ahnung, wann und in welchem Hafen. Was ich aber noch genau weiß, waren die Umstände. Der Bohrer wurde nicht elektrisch, sondern per Fußpedal angetrieben. Ein elektrischer Bohrer hätte auch nichts genützt, es gab an diesem Tag leider keinen Strom. Dummerweise gab es damit auch keine Wasserversorgung. Es ist schon unangenehm, wenn man sich nach der Behandlung nicht den Mund ausspülen kann. Doch einen Trost hatte ich für meinen Patienten, unseren Storekeeper: Wie ein halbvoller Eimer mit gezogenen Zähnen neben dem Zahnarztstuhl bewies, hätte es auch noch schlimmer kommen können!

Zum Abschluss der Erzählungen meiner wenig ruhmreichen Arztkarriere noch ein diagnostisches Highlight: Auf einer meiner Reisen nach Alexandria, einige Tage nach Auslaufen aus Wismar, erschien im Hospital ein Matrose mit den typischen Zeichen einer Gonorrhoe, unter Seeleuten auch schlicht und einfach als „Tripper" bekannt. An dieser Stelle muss ich zunächst einfügen, dass dieser Matrose fest mit einer Stewardess liiert war – zwar nicht verheiratet, aber schon mehrere Reisen zusammenwohnend. Nur für die Hafenliegezeit in Wismar hatten sie sich kurz getrennt, um ein paar Tage jeweils zu sich nach Hause zu fahren.

Wie ich es gelernt hatte, begann ich also mit der Anamnese, oder mit anderen Worten: Ich unterzog den Matrosen einer hochnotpeinlichen Befragung. Doch der junge Mann schwor Stein und Bein, keinerlei Fehltritt begangen zu haben. Blieb also nur noch seine Partnerin. Entrüstet verneinte auch sie jeden „auswärtigen" Intimkontakt.

Tja, nun sah es also so aus, als hätte ich tatsächlich den geheimnisvollen „Windtripper" vor mir. Der Sage nach kann man sich den einfangen, wenn man bei starkem Wind gen Luv pinkelt. Abgesehen davon, dass danach keine Hose wirklich gut aussieht, galt dieser Mythos eher als Ausrede für misstrauische Ehefrauen zu Hause.

Doch in diesem Falle blieb mir erst einmal nichts anderes übrig, als den Fakt zu akzeptieren: Kein Fremd-GV[46] – kein Tripper! Im Grunde war ich sogar ganz froh darüber. Ich hätte sonst Penicillin spritzen und einen Abstrich machen müssen. Das war also zum Glück nicht nötig.

Inzwischen hatten wir es bis Alexandria nicht mehr weit und da die Symptome des harmlosen Windtrippers einfach nicht verschwinden wollten, beschloss ich, mit dem Matrosen in Alex zum Arzt zu fahren.

„Your ABMen fuck to much!“ – Saad, unser Agenturvertreter in Alex ließ am Untersuchungsergebnis des Arztes keinen Zweifel: „The Doctor is absolutly sure: Gonorrhoe!“

Also doch! Nun war es allerdings an mir, sauer zu sein, denn verarschen lasse ich mich nur ungern!

Wieder an Bord nahm ich die beiden ins Verhör. Und siehe da, nicht der Matrose war der Schuldige. Unsere Stewardess, Typ „Mauerblümchen“, gab nun unter dem „Druck der Inquisition“ zu, doch auf Abwegen gewesen zu sein. Wie allgemein bekannt, wohnen rund um die Gestade des Mittelmeeres viele attraktive, schwarzhaarige Männer. Zudem sind besonders an der Nordküste Afrikas Frauen begehrt, die ein paar Pfund mehr auf den Hüften haben. Auch wenn es nur ein Mythos ist: ‚Tausche dicke Frau gegen drei Rennkamele‘ – die begehrlichen Blicke der Hafenarbeiter werden ihr mit großer Wahrscheinlichkeit nicht entgangen sein. Irgendwie muss unsere Stewardess auf diesen Typ Mann abgefahren sein. Da ihr Partner ja immer dabei war, konnte sie ihre Gelüste mit einem Adonis aus Algier oder Alexandria auf unseren Fahrten nicht ausleben. So nutzte sie die zwei, drei Tage in Rostock, um dort eine entsprechende „Verkehrs-Bekanntschaft“ zu machen.

---

46 Bei Ärzten und Polizei übliche Abkürzung für Geschlechtsverkehr.

Unser Matrose hingegen fand die Sache nicht so toll und beendete den weiteren Verkehr. Dumm gelaufen.

Eine andere Arbeit als Zweiter bereitete mir mehr Spaß, und zwar die des Sicherheitsoffiziers. Natürlich waren auch da viele Routinearbeiten zu erledigen, wie das Erstellen der Sicherheitsrollen (Bootsrolle, Feuerrolle, Mann über Bord, etc.) oder das ständige Kontrollieren der Feuerlösch- und Rettungsmittel. Aber wir übten auch viel praktisch, vom Auffischen eines Schiffbrüchigen bis zum Abfeuern eines Leinenwurfgerätes, zum Beispiel zur Herstellung einer Leinenverbindung mit einem Havaristen.

Genau in jener Zeit wurde seitens der Deutschen Reederei Rostock besonders viel in die persönliche Schutzbekleidung der Besatzung investiert. Was die Schutzanzüge für den Feuerlöschtrupp anbelangte, war das auch dringend notwendig. Das weiche Gewebe bestand zu hundert Prozent aus Asbestfasern! Das Mineral Asbest galt einst als „Wunderfaser". Es besitzt eine hohe Festigkeit und ist bis zu 1.000 °C hitzebeständig. Im Grunde also genau der richtige Stoff, um einen Feuerlösch-Angriffstrupp wirksam zu schützen. Daher wurden diese Fasern bereits um 1820 zu feuerfester Kleidung verarbeitet.

Doch Anfang der siebziger Jahre wurden die Schattenseiten des Materials immer deutlicher. Die feinen Fasern des Asbests können tief in die Lunge eindringen, sich dort festsetzen und Lungenkrebs auslösen. Schon beim Auseinanderfalten des Schutzanzuges staubte es immer gewaltig. Ich mag mir daher gar nicht vorstellen, wie viel Fasern wir beim Aufsetzen der Kopfschutzhaube eingeatmet haben. Unser Glück war vielleicht, dass die Dinger nur äußerst selten eingesetzt wurden. Jedenfalls kamen eines Tages in Wismar neue Anzüge an Bord. Aufgrund hoher Arbeitsbelastung und des damit verbundenen Schlafdefizits als Zweiter verschob ich die Begutachtung der Anzüge auf später.

Eigentlich sahen es die meisten Kapitäne gar nicht gerne, wenn der Second des Nachts auf der Brücke, anstatt nach vorne zu glotzen, sich mit Ressortarbeit beschäftigte. Doch irgendwann im Ionischen Meer war verkehrsmäßig absolute Ruhe und so beschloss ich, mir diese Schutzanzüge genauer anzusehen.

Also, die machten schon rein optisch mehr her – sie besaßen außen eine glänzende, silberfarbene Oberfläche und waren zudem sehr leicht. Ergänzt wurde das Ganze durch eine eimerförmige Kopfbedeckung. Herausschauen konnte man durch einen schmalen kupferfarbigen, gläsernen Sehschlitz, ähnlich einer Schießscharte.

Ich gab meinem Wachmatrosen die Order, das Ding einmal probehalber anzuziehen. Mein Gott: Ein Außerirdischer! Die ohnehin schon kräftige Figur des Matrosen wirkte durch den Anzug äußerst fremdartig und bedrohlich. Inzwischen rückte durch die ganze Probiererei der Wachwechsel heran. In Kürze musste der Erste Offizier auf der Brücke erscheinen.

Begeistert von unserer neuen Errungenschaft beschloss ich, ihm den Anzug gleich vorzuführen. Ich stellte den Matrosen also in das Schummerlicht des Kartenraumes, direkt vor die Tür, durch die der Erste kommen musste.

Für die meisten Menschen gibt es bessere Zeiten zum Aufzustehen als 03.30 Uhr. Verständlich also, dass der Chief Mate sich noch etwas schlaftrunken den Niedergang zur Brücke hochquälte, in der Hand sein obligatorisches Marmeladenbrot. Wie kann man nur um diese Zeit eine Marmeladenstulle essen wollen?

Nachdem er die Tür zum Kartenraum geöffnet hatte, gab er plötzlich einen Urschrei von sich, warf das Marmeladenbrot an die Wand und wurde kreidebleich.

Mir war schon klar, dass sich mein Vorgesetzter über den neuen silberfarbenen Anzug freuen würde – aber eine solch große Begeisterung traf mich völlig unerwartet! Seine spätere

Anschuldigung, ich hätte den Alien-Matrosen ganz bewusst dort platziert, nur um den Ersten zu erschrecken, empfand ich allerdings als eine ziemliche Unterstellung.

Ich weiß auch nicht warum, aber zu jener Zeit, als ich Second war, hatte ich es irgendwie mit neuen Schutzanzügen. Wieder einmal waren wir auf einer Mittelmeerreise.

Diesmal ging es jedoch nicht nur um einige wenige Anzüge für einen Feuerlöschtrupp, sondern um Rettungsanzüge für die gesamte Besatzung. Sie sollten im Ernstfall dazu dienen, das Überleben im Meer zu garantieren. Eine der größten Gefahren, wenn man ins Wasser muss, ist die Unterkühlung. Sie wird von Laien oft unterschätzt. Bei Wassertemperaturen um die 3 °C[47] dauert es nur wenige Minuten und man ist handlungsunfähig. Oft kann man dann nicht einmal mehr nach einer Rettungsleine greifen, die einem direkt vor der Nase schwimmt. Bei höheren Temperaturen dauert es natürlich etwas länger, bis dieser Zustand eintritt.

Die gelieferten Anzüge galten als das Nonplusultra der Rettungstechnik. Es war keine zusätzliche Schwimmweste nötig. Außerdem war so ein Anzug mit einem Nachtrettungslicht ausgerüstet. Keine Ahnung, was die Dinger gekostet hatten, doch es müssen enorme Summen im Spiel gewesen sein. Und anders als die heutigen Neoprenanzüge waren sie auch noch komplett wasserdicht. Man konnte sie im Notfall also gleich über die Kleidung ziehen.

Doch wo Licht ist, ist auch Schatten. Die Anzüge waren schwer und unhandlich, es erforderte einige Mühe und Übung, sie ohne fremde Hilfe anzuziehen. Mit der Zeit stellte sich ein weiteres Problem heraus: Bei Rettungsübungen auf dem Schiff unter Normaltemperaturen gab es im Inneren des Anzuges

---

47 Die Wassertemperaturen der Ozeane schwanken zwischen -2° C an den Polen und 30° C in der Nähe des Äquators.

schnell einen gefährlichen Hitzestau, wie ich später selbst einmal leidvoll erfahren musste. Doch das führt hier zu weit.

Der Zufall wollte es, dass uns just auf jener Reise gleich drei mitreisende Ehefrauen begleiteten, einschließlich meiner eigenen, allesamt im besten Alter und sehr gut beieinander. Nachdem ich die Besatzung in die neuen Anzüge eingewiesen hatte, kam als Letztes dieses Terzett an der Reihe. Durch einen Matrosen ließ ich drei Anzüge in den Sportraum bringen und begann mit meinen Belehrungen.

Doch irgendwann während meiner Ausführungen ritt mich der Teufel. Ich erklärte den drei Grazien, es sei nicht erlaubt, unter diesen Anzügen Klamotten zu tragen – also runter damit!

Aufkommendes Misstrauen wurde von Marlies, der Frau vom Ersten, unterbunden: „Wat mut, dat mut! Den Anweisungen eines Offiziers ist Folge zu leisten!“

Um mir keine Disziplinarstrafe einzuhandeln, beendete ich die Sache, als alle drei in Slip und BH vor mir standen und die erste der drei Damen begann, die Anweisung bis zu Ende umzusetzen. Natürlich sprach sich die Sache auf unserem Dampfer in Windeseile herum. Aber letztlich konnten auch Marlies und Werner darüber lachen, sie sind heute unsere ältesten und besten Freunde.

Ab in den Norden

Unvergesslich für jeden Seemann und besonders für jeden Nautiker sind natürlich die Reisen, die von der üblichen Linie abweichen. Über den Afrika-Südamerika-Trip und die Dreiviertel-Afrika-Umrundung der „Wismar“ hatte ich ja schon berichtet.

Aber auch die „Poseidons“ durften hin und wieder „fremdgehen“. Endlich führte auch mich einmal eine Reise weit in den Norden. Nicht von ungefähr gilt eine Fahrt durch die Fjorde Norwegens als eines der beeindruckendsten Naturerlebnisse überhaupt. Mit den ersten Sonnenstrahlen des neuen Morgens erreichten wir die Einfahrt zum Hardangerfjord.

Zuerst galt es, den Lotsen zu übernehmen, doch dann begann sie, meine erste Reise in das Land der Trolle und Feen. In langsamer Fahrt zogen schroffe Felsen, dunkle Wälder und kleine zuckersüße Inselchen vorbei, viele geschmückt mit einem Häuschen in den landestypischen Farben, rotbraun und weiß. Im Übrigen machte uns jeder zweite Grundstücksbesitzer mittels Mast und Flagge klar: Hier ist Norwegen!

Nun gut, zumindest wurde damit offensichtlich, bis hierher hatten wir uns also noch nicht verfahren.

Nach jeder Biegung öffnete sich ein neues Bilderbuch-Postkartenmotiv. Doch diese Kurven hatten es in sich. Manche Ecken und Inselchen schienen beim Drehen des Schiffes direkt unter dem Heck zu verschwinden. Zudem waren einige kräftige Maschinenmanöver zu fahren, um überhaupt um die Ecken zu kommen.

Ganz wohl war dabei weder dem „Alten“ noch mir. Keiner von uns hatte Erfahrung in diesem Revier. Und so blieb für den Genuss der Bilder dieser Landschaft zu wenig Zeit. Zum Glück aber sind die Lotsen in diesen Revieren echte Profis, man konnte ihnen wirklich vertrauen.

Bergen, die alte Hansestadt, begrüßte uns mit freundlichem Sonnenschein. Wir legten sehr nahe am Zentrum der Stadt an und auch das Löschen der Frühkartoffeln aus Zypern ging seinen skandinavisch-unaufgeregten Gang. So blieb genug Zeit, den alten Stadtteil Bryggen ausgiebig zu durchwandern, den großen Fischmarkt zu besuchen und sich an den vielen bunten Häuschen der Hafenfront zu erfreuen.

Wer sich einmal auf eine ähnliche Reise begeben will, dem sei wärmstens eine Fahrt auf einem der Paketschiffe der legendären Hurtigruten empfohlen. Dort gibt es das volle Programm: zwölf Tage lang atemberaubende Küstenlandschaften und spektakuläre Naturschauplätze!

Alles in allem war es auch für mich eine sehr schöne Reise in den Norden. Man kann es aber drehen und wenden, wie man will, für jeden Seemann beginnt eine echte Nordmeerfahrt erst jenseits des Polarkreises. Nachdem ich als junger Spund die Äquatortaufe erhalten hatte, wurde mir fast zwanzig Jahre später nun auch „erlaubt", die Gewässer jenseits des 64. Breitengrades zu befahren. Die Taufe selbst war eine „Soft-Variante" der Äquatortaufe. Und als Second wurde ich ohnehin mit mehr Respekt behandelt als wir Lehrlinge damals. Immerhin hatte ich mich vom Taufnamen her nun stark verbessert. Wurde ich bei der Äquatortaufe noch als „Sprotte" betitelt, hieß ich jetzt immerhin schon „Doktorfisch". Unterschrieben hatte aber wieder derselbe Typ, ein gewisser Herr Neptun.

Ein weiteres Fernweh-Wort aus meiner Kindheit war Archangelsk! Damals verband ich diesen Namen mit wagemutigen Polarforschern, dem legendären Eisbrecher „Krassin" und überhaupt mit einem der entlegensten Orte auf dem Globus.

Um mit dem Schiff dorthin zu kommen, muss man das Nordkap umrunden, den sowjetischen Atom-U-Boot-Hafen Murmansk passieren und in das Weiße Meer hineinfahren.

Insbesondere wegen des Atom-U-Boot-Hafens galt die ganze Gegend als Hochsicherheitsbereich. Kaum hatten wir die russische Seegrenze überschritten, wurde ich in der nächtlichen Hundewache ständig auf Kanal 16 angerufen. Und zwar auf Russisch: „Kakoje Sudno? Kakoje Sudno?"[48] Ich versuchte diese Anrufe bis zu meiner Wachablösung zu ignorieren, um das Problem weiter zu delegieren, aber die Küstenfunkstelle gab keine Ruhe. Um zu verhindern, dass sie vielleicht eines ihrer Atom-U-Boote scharf machen, suchte ich in meinem Kopf verzweifelt nach längs verschüttgegangenen Russisch-Vokabeln. Schließlich brüllte ich zurück: „Eto GDR-Korabel ‚Kölpinsee', sledujuschtije na sewer!"[49]

Plötzlich war Ruhe. Unglaublich, er hatte mich verstanden! Obwohl es gar nicht stimmte, wir fuhren nach Osten bzw. nach Südosten, aber nicht nach Norden! Doch das russische Wort für „Osten" fiel mir einfach nicht ein. Eigentlich hätte ich es wissen müssen wie übrigens jeder andere DDR-Bürger auch: Juri Gagarins Raumschiff hieß „Wostok", also „Osten", und das dürfte nun tatsächlich niemandem zwischen Ostseeküste und Fichtelberg verborgen geblieben sein.

Dennoch, in diesem Fall will ich mein Licht nicht unter den Scheffel stellen, wer weiß, vielleicht habe ich mit meiner Antwort sogar den Weltfrieden gerettet – schließlich hätte ich ja auch ein „böser Amerikaner" sein können!

Alles andere war eher unspektakulär, denn das „Weiße Meer" machte um diese Jahreszeit seinem Namen keine Ehre. Weit und breit war kein Eis zu sehen. Auch hier hatte ein alter Bekannter wieder seine Finger im Spiel: der Golfstrom.

Archangelsk selbst war eine schmucklose Großstadt sowjetischer Architektur-Prägung.

---

48 „Welches Schiff?, Welches Schiff?"

49 „Dies ist das DDR-Schiff ‚Kölpinsee' in Richtung Norden!"

Eine Sache jedoch werde ich aber nicht vergessen. Als ich bei einem Landgang am örtlichen Telegrafenamt vorbeikam, dachte ich, ich könne ja eigentlich mal zu Hause anrufen und ging hinein. In einem großen quadratischen Raum saßen rundherum so um die zwanzig Leute. Alexander Puschkin hätte hier mit einer Charakter-Studie seine Freude gehabt! Es gab an der Stirnseite ein kleines Fenster, in dessen Mitte wiederum ein winziges ovales Schiebefensterchen eingelassen war. Dahinter thronte eine „Matka“[50] mit gewaltigen Oberarmen in unerschütterlichem Selbstbewusstsein.

Doch um überhaupt zu diesem Zerberus zu gelangen, galt es, mit sprichwörtlich russischer Geduld zu warten. Es dauerte geschlagene zwei Stunden, bis ich an der Reihe war. Doch dann entwickelte sich ein interessantes, wenn auch sehr kurzes Gespräch:

Zerberus[51]: „Kuda?“

Bittsteller: „GDR, Cottbus!“

Zerberus: „GDR, Berlin?“

Bittsteller: „GDR da! Berlin njet! Cottbus da!“

Zerberus: „Berlin da! Cottbus njet!!!“[52]

Das war’s dann mit meinem Telefongespräch und auch mit meinem Landgang. Ich musste wieder an Bord. In heutiger Zeit hätte man einfach ein Handy genommen!

---

50 Scherzhaft für korpulenten mutterhaft-strengen Frauentyp.

51 Bewacher der Unterwelt in der griechischen Mythologie.

52 „Wohin?“, „DDR, Cottbus!“, „DDR, Berlin?“, „DDR ja! Berlin nein!, Cottbus ja!“, „Berlin ja! Cottbus Nein!!!“

Durch Wiesen, Wüste und Wälder

Man kann noch so lange zur See gefahren sein, überall kommt man doch nicht hin. Doch die großen Seekanäle sollten am Ende einer Nautiker-Karriere schon dabei gewesen sein.

Als erstes wäre da natürlich der Nord-Ostsee-Kanal zu nennen, gebaut von 1887 bis 1895 als sogenannter „Kaiser-Wilhelm-Kanal". Heute würde allein die Zählung der dort wohnenden Rotbauchunken mindestens genauso lange dauern. Dem Kaiser war damals ziemlich egal, was dort kreucht und fleucht. Von einer schnellen Verlegung der kaiserlichen Flotte von der Ostsee in die Nordsee und umgekehrt versprach man sich einen Vorteil gegenüber den anderen Seemächten. Die künstliche Wasserstraße beginnt bzw. endet im Westen in Brunsbüttel und im Osten in Kiel. Der Kanal ist etwa achtundneunzig Kilometer lang. Bei der zugelassenen Geschwindigkeit dauert eine Passage rund acht Stunden. Der NOK, wie er kurz genannt wird, weist eine Besonderheit auf, die es meines Wissens sonst nirgends auf der Welt gibt: Das Überqueren der Wasserstraße in jeder Form ist kostenlos. Egal, ob Brücke, Fähre oder Schwebefähre – seit über hundert Jahren braucht man dafür keinen Pfennig oder Cent zu bezahlen. Das Ganze ist ein Überbleibsel aus der Bauzeit. Als damals die ersten Bagger loslegten, wurden ganze Landschaften zerschnitten, Städte und Dörfer geteilt und Ackerflächen zerstückelt. Um die Akzeptanz der Bevölkerung für das nationale Prestigeobjekt zu erhöhen, versprach der Kaiser für alle Zeiten einen freien Übergang. Ein cleverer Schachzug und mancher wünscht sich noch heute: „Wir wollen unsern alten Kaiser Wilhelm wiederhaben!"[53]

---

53 Nach der Melodie „Fehrbelliner Reitermarsch, seit 1918 als Gassenhauer nach Kaiser Wilhelm I. auch „Kaiser-Wilhelm-Marsch" genannt.

Erstaunlicherweise hat es bis heute keine Regierung gewagt, dieses alte Privileg zu kippen.

Ach ja, ein weiteres Alleinstellungsmerkmal gibt es doch noch: Neben dem Lotsen kommen auch zwei Kanalsteuerer an Bord. Der Kapitän gibt also das Schiff faktisch in fremde Hände. Dennoch bleibt er rein rechtlich komplett in der Verantwortung.

Das ist schon ein sehr seltsames juristisches Konstrukt, mit der Konsequenz, dass es schon einige Kapitäne in schwere Entscheidungsnöte gebracht hat: Greife ich ein oder nicht? Wird der Lotse bockig, wenn ich eingreife? Und wann ist der letzte Zeitpunkt zum Eingreifen, um einen Unfall zu vermeiden? Nun, schlimmstenfalls wird die Seeamtsuntersuchungskommission schon beweisen, dass dieser Zeitpunkt zu spät gewählt wurde.

Aber ich gleite schon wieder zu sehr in das Fachliche ab. Für die meisten DSR-Schiffe war die NOK-Passage Alltag. Und dennoch, jeder, der es sich dienstlich leisten konnte, genoss zumindest heimkehrend diese Fahrt. Keinen Seemann lässt es unberührt, wenn nach langem Seetörn die ersten sattgrünen Wiesen auftauchen – und wenn noch ein paar Kühe oder Pferde drauf stehen, ist für Hein Seemann die Idylle perfekt! Natürlich bewunderten wir auch die vielen wunderbar gepflegten Grundstücke und das bunte Leben in den Restaurants rund um die Schwebefähre Rendsburg.

Vor allem beneidete ich aber von der Brücke aus die Radfahrer. Manche versuchten, eine Weile mit uns um die Wette zu fahren. Auf Dauer gewinnt jedoch immer das Schiff, spätestens dann, wenn der Radfahrer durch einen Bier- oder Bratwurststand ausgebremst wird.

Nie hätte ich geglaubt, dass ich eines Tages selbst mit dem Rad am Kanal entlangfahren und nun die Jungs auf der Brücke beneiden würde. Doch als es eines Tages dazu kam, fiel mir noch rechtzeitig ein, dass die meisten NOK-Passagen mit nächtelangem „Beine-in-den-Bauch-stehen“ verbunden gewesen waren. Und so habe ich den Kanal eben einfach mal in voller Länge von der Uferseite aus genossen. Übrigens mit meiner Frau Christine zusammen. Sie hatte bei ihren NOK-Passagen die Radfahrer stets noch mehr beneidet als ich.

Letztlich mussten wir aber zwei Dinge feststellen: Das Radrennen gegen die Dampfer ist tatsächlich nicht zu gewinnen und Rendsburg ist nicht ganz so schön, sauber und makellos, wie es uns noch zu DDR-Zeiten vom Schiff aus erschien.

In verbundenen Gefäßen steht das Wasser immer gleich hoch! Dieses Wissen aus dem Physikunterricht der fünften Klasse trifft auch auf ganz große Gefäße zu. Als Beweis dazu mögen das Mittelmeer und das Rote Meer dienen. Beide hat man mittels einer „Gefäßerweiterung“ miteinander verbunden. Das Ganze nennt sich Sueskanal, und der bedarf wegen der oben genannten Gesetzmäßigkeit keinerlei Schleusen. Man könnte rein theoretisch also einfach so durchfahren.

Doch im Lande der Ägypter hat Allah eine Behörde davor gesetzt, die in erster Linie Geld und in zweiter Linie jede Menge Papiere benötigt. Nun, das ist dem Allmächtigen nicht vorzuwerfen – Geld einnehmen will und muss jede künstliche Wasserstraße, Unterhalt und Erweiterung verschlingen eine Menge Money! Dennoch, zieht man die Kosten ab, bleibt den Ägyptern immer noch ein erkleckliches Sümmchen übrig. Schön, wenn man solch einen Kanal im eigenen Lande hat.

Natürlich wollen viele Schiffe den Umweg über das Kap der guten Hoffnung sparen, und das bedeutet öfter einmal Stau vor Sues. Doch so ruhig und gesittet wie am NOK geht es dort leider nicht zu. Von einer Sekunde zur anderen ist der Orient an Bord. Echte Schiffshändler, auch falsche Schiffshändler, Wäscherei, Müllentsorgung, Kanalverwaltung, Agenten, Quacksalber und Taschendiebe. Im Nu glich unser noch vor Stunden blitzsauberes Schiff einem Basar. Nachdem die

Reihenfolge der Schiffe nach dem Prinzip „zuerst die großen Brocken“ festgelegt worden war und der Lotse an Bord kam, ging es im Konvoi ab in Richtung Großer Bittersee.

Auch im Lande der Pharaonen verstehen die Lotsen ihren Job und man hätte von der Brücke aus ein wenig die Landschaft genießen können. Doch von der erhabenen Schönheit, die auch eine Wüste ausstrahlen kann, war wenig zu spüren. Was ich von der Brücke aus sah, erschien mir zumeist nur als wüste Ödnis. Ärmliche Behausungen, halbverfallene militärische Unterstände, Panzerwracks. Aber ich will nicht ungerecht sein, mein Blick von der zirka dreizehn Meter hohen Schiffsbrücke war sehr begrenzt.

Nachdem die Kolonne den Großen Bittersee erreicht hatte, wurde geankert, bis der Gegenverkehr vorbei war. Dieser See ist unter älteren Seeleuten berühmt-berüchtigt. Als Nachwirkung des Sechstagekriegs zwischen Israel und Ägypten[54] saßen hier von 1967 bis 1974 vierzehn Schiffe fest, ganze acht Jahre lang! Zwar wurden die Besatzungen nach einiger Zeit ausgetauscht, aber die meisten dieser Schiffe hatten danach nur noch Schrottwert.

Nach Abgabe des Lotsen in Port Taufiq (Sues) empfing uns das Rote Meer in der Nacht mit einer schier unglaublichen Schwüle. Niemals zuvor, weder in den Creeks von Nigeria noch auf dem Urwaldfluss in Gabun, hatte ich bisher so eine feucht-heiße Hitze erlebt. Sobald ich die Brücke verließ, bekam ich förmlich einen Schlag ins Gesicht, vier Stunden lang gefühlte 80 °C Sauna mit permanentem Aufguss.

Im Übrigen wurden damals alle DDR-Schiffe gewarnt, im Roten Meer auf treibende Minen zu achten. Am 2. August 1984 gegen 16.00 Uhr war hier das DSR-Schiff „Georg Schumann“ vermutlich auf eine solche gelaufen. Es kam zu erheblichen Beschädigungen, aber der Rumpf hielt stand, das Schiff

---

[54] 05. bis 10. Juni 1967.

blieb schwimmfähig. Der Vorfall ist ein schönes Beispiel für die unterschiedliche Denkweise zwischen Landbewohner und Seemann oder auch zwischen Theorie und Praxis. Natürlich muss die Reederei vor solch einer Gefahr warnen. Doch was soll der arme Nautiker auf der Brücke machen? Er hat überhaupt keine Chance, während der Fahrt eine nur wenige Zentimeter aus dem Wasser ragende Treibmine zu erkennen, falls sie überhaupt herausragt und es nicht gerade Nacht ist – da kann man so viele Matrosen in den Ausguck stellen, wie man will. Derlei sinnlose Warnungen der Reederei vor allen möglichen Risiken gab es viele, jedenfalls ausreichend, um die Kapitäne zu verunsichern.

Im Übrigen ist nie aufgeklärt worden, ob es damals wirklich eine Mine war oder vielleicht doch ein Torpedo.

Mit dem Umfahren des Kaps Guardafui und dem Queren von Mogadischu hatte sich mein „Afrikakreis" geschlossen. Ich hatte den Kontinent quasi einmal komplett umrundet.

Er ist unzweifelhaft der ungekrönte König aller künstlichen Wasserstraßen: Der Panamakanal! Die erste Idee dazu reicht weit zurück. Schon im Jahre 1534 ordnete Kaiser Karl I von Spanien eine Untersuchung zum Bau eines Kanals durch den Isthmus von Panama an. Es stellte sich jedoch bald heraus, dass die Sache mit den damaligen technischen Möglichkeiten undurchführbar war.

Auch der erste Versuch der Franzosen 1880 schlug noch fehl. Nach zwanzig Jahren Bauzeit mussten sie das Projekt wegen fehlenden finanziellen Mittel und gefährlichen Tropenkrankheiten der Arbeiter aufgeben.

1903 kam die USA ins Spiel. Sie kaufte den Franzosen die Konzessionsrechte und das Land ab. Auch deren Ingenieure mussten gewaltige technische Probleme lösen. Die Herausforderung bestand in der Überwindung der kontinentalen Wasserscheide, den mittelamerikanischen Kordilleren, die sich als schroffer Gebirgszug, zum Teil aus massivem Felsen bestehend und im geplanten Kanalbereich mit einer Höhe von mehr als hundert Metern über Meeresspiegel in den Weg stellten. Dieser Abschnitt hieß zunächst Culebra-Graben, wurde dann aber zu Ehren des für den Durchstich verantwortlichen Ingenieurs in Gaillard-Cut umbenannt.

Um das Projekt in die Tat umzusetzen, waren technische Rekordleistungen erforderlich. Zur Aufstauung eines künstlichen Sees wurde der bis dahin größte Erddamm der Welt errichtet. Der Gatúnsee erstreckt sich über eine Fläche von 423 km^2 und ist Teil des Kanalsystems. Jedes Schiff legt während seiner Passage rund achtunddreißig Kilometer auf dem See zurück. Noch heute sieht man an einigen Stellen die Stämme abgestorbener Urwaldbäume aus dem Wasser ragen.

Gewaltig sind auch die drei Schleusensysteme: die Gatún-, die Pedro-Miguel- und die Miraflores-Schleusen. In der Gatún-Schleuse wird das Schiff über eine dreistufige Schleusentreppe fünfundzwanzig Meter gehoben bzw. hinabgelassen. Die Länge der Schleuse einschließlich der beiden Einfahrtmauern beträgt fast zwei Kilometer.

Aus nautischer Sicht gibt es zwei Besonderheiten: Die Schiffe fahren nicht selbst durch die Schleusen, sondern werden von kleinen Elektrolokomotiven gezogen. Da diese von Stufe zu Stufe bergauf fahren müssen, wird die Kraft mittels Zahnrädern übertragen. Irgendwie sah diese Technologie sehr antiquiert aus, doch Fakt ist, sie hat sich seit hundert Jahren bewährt.

Absolut einzigartig im internationalen Seerecht ist jedoch, dass während der Panama-Kanal-Passage der Lotse komplett die Verantwortung über die Schiffsführung übernimmt – mit allen sich daraus ergebenden Konsequenzen, einschließlich der finanziellen Forderungen, die sich zum Beispiel durch eine Kollision mit einem anderen Schiff oder einer Grundberührung ergeben würden.

Kapitän und Navigationsoffizier könnten sich theoretisch zurücklehnen und die Fahrt genießen. Doch das ist gar nicht so leicht. Das Pflichtbewusstsein, die ständige Wachsamkeit in engen Gewässern, lässt sich nicht einfach ausschalten.

Übrigens war ich in Panama auch einmal an Land. Aber hol mich der Teufel, ich weiß nicht mehr, ob auf der Atlantikseite in Cristóbal, oder auf der Pazifikseite in Balboa, einem Stadtteil von Panama City – ich tendiere zu Letzterem.

Was ich aber noch genau weiß, ist, dass ich das erste und einzige Mal in meiner Seefahrtlaufbahn auf offener Straße überfallen wurde. Meine Hose sah danach ziemlich lädiert aus, doch mein Portemonnaie hatte der Typ nicht bekommen! Allerdings war mir damit der Spaß am Landgang in Panama vergangen.

Vor jedem besseren Ladengeschäft stand zwar ein schwerbewaffneter Uniformierter mit Maschinenpistole samt aufgepflanztem Bajonett, doch wirklich beruhigt hat mich das nicht.

Als ich auch noch feststellen musste, dass es nirgendwo Panamahüte zu kaufen gab, war die Sache erledigt. Panama ohne Panamahut – unglaublich!

Insgesamt hatte ich zweimal das Glück (also hin und zurück natürlich viermal), diesen Kanal zu durchfahren. Einmal ging es danach auf der Pazifikseite rechts herum, nach Corinto in Nicaragua und Acajutla in El Savador bzw. einmal links herum nach Buenaventura in Kolumbien. Alles Länder bzw. Hafenstädte, in denen man sich damals als Fremder nicht unbedingt nachts allein auf den Straßen aufhalten sollte.

Immerhin, in Kolumbien traute ich mich einmal. Ein Vormann, mit dem ich gut zusammengearbeitet hatte, lud mich zum Abendessen zu ihm nach Hause ein.

Nur mit einer Flasche „Weinblattsiegel“ als Gegengeschenk „bewaffnet“, machte ich mich am Abend mit einem etwas mulmigen Gefühl auf den Weg. Zu dieser Zeit wurden in Kolumbien viele Menschen entführt und zum Teil sehr lange festgehalten. Fast immer ging es dabei um Lösegeld. Manche Familien der Entführten hatten leider nicht genug davon.

Das Zuhause des Vormanns war ein finsteres Viertel von Buenaventura. Nur wenige Funzeln erhellten die biblische Finsternis – Schmutz, Verfall und Armut überall. Dennoch empfing mich die bestimmt nicht reiche Familie gastfreundlich und teilte das gebratene Hühnchen mit mir. Es gibt eben überall auf der Welt gastfreundliche Menschen!

Aus heutiger Sicht ist dieser Besuch nur eine kleine, unbedeutende Episode, die mir aus Kolumbien in Erinnerung geblieben ist. Dennoch ist sie gleichermaßen irgendwie typisch für ein „Seemannsgedächtnis": Was war in Corinto? Da hab ich mir einen Schaukelstuhl gekauft. Was war in Acajutla? Da hab ich mir mit Riesengarnelen den Magen verdorben usw. usw … Andererseits können Seeleute auch echte Plaudertaschen sein – leider habe ich mich damit schon wieder meilenweit vom Panamakanal entfernt.

Wegen der relativen Enge, der tropischen Vegetation und des geschichtlichen Hintergrundes ist der Gaillard-Cut sicher der schönste und interessanteste Teil der Passage. Insgesamt werde ich den Panamakanal jedoch als großartige und bewunderungswürdige menschliche Leistung in Erinnerung behalten.

Der vorletzte DDR-Bürger

Die gewaltigen politischen Umbrüche des Jahres 1989 nahmen wir an Bord zwar mit großem Interesse, aber aufgrund der räumlichen Entfernung letztlich doch nur in gedämpfter Form wahr. Dennoch rissen wir dem Funker die Schiffspresse jeden Tag förmlich aus der Hand. Beinahe täglich gab es irgendwelche Enthüllungen, Skandale oder Wechsel an der Partei- und Staatsspitze. Dubiose Gestalten wie der Anwalt Wolfgang Schnur oder der „Wirtschaftsexperte“ Alexander Schalck-Golodkowski tauchten auf und kurz danach wieder unter. Bundeskanzler Kohl versprach „blühende Landschaften“ und die besten DDR-Fußballspieler spielten plötzlich in der Bundesliga.

Auch erste Nachrichten von zunehmender Arbeitslosigkeit deuteten an, was noch kommen würde. So viel spannende Neuigkeiten, wie die Redakteure der Funkpresse in wenigen Tagen lieferten, hatten sie zuvor in zwanzig Jahren nicht zusammengebracht! Doch die Heimat war weit und die tägliche Arbeit musste getan werden. Der Seemann ist eben zu jeder Zeit ein Opfer seiner Pflichten.

Ganz allmählich begannen sich die politischen Umwälzungen auch auf unser Bordleben auszuwirken. Mit der Einführung der D-Mark am 1. Juli 1990 brachen plötzlich viele alte Handelsverbindungen zusammen. Doch noch war die DSR eine der größten deutschen Reedereien mit sehr gut ausgebildetem Personal. Wir wussten, dass es hart werden würde, aber noch glaubten wir an eine Zukunft des Unternehmens. Schließlich hatten wir uns in Jahrzehnten einen guten Ruf auf den Weltmeeren erworben.

Die Reederei, insbesondere die Abteilung „Befrachtung“, versuchte fieberhaft, neue Märkte zu erschließen. Dass das nicht von einem zum anderen Tag ging, merkten wir schon bald. Über Jahrzehnte hinweg war für uns Antwerpen einer der schnellsten Häfen der Welt. Plötzlich bescherte uns die neue Zeit mangels Ladeorder neun Tage Liegezeit an einem Schelde-Kai in unmittelbarer Nähe der Altstadt! Davon kann ein Seemann normalerweise nur träumen. Dennoch, wir hatten kein gutes Gefühl dabei. Jeder Tag, an dem das Schiff nutzlos herumlag, kostete die Reederei rund 10.000 Mark. Und das nun sogar „in West"!

Im Spätsommer des Jahres 1990 ging es wieder einmal in Richtung Mittelamerika. Es ergab sich, dass wir am 3. Oktober 1990 im kolumbianischen Hafen Cartagena lagen. Für die jüngere deutsche Geschichte ein historischer Tag: Der Tag der „Wiedervereinigung". Das stimmt zwar so nicht ganz, denn die DDR ist der BRD „beigetreten" – mit sehr vielen guten, aber auch einigen negativen Konsequenzen.

Der 3. Oktober ist in Deutschland heute ein gesetzlicher Feiertag. Vor nunmehr rund dreißig Jahren wurden an diesem Tag spätestens um 8.00 Uhr alle Flaggen, Fahnen und Wimpel mit dem Hammer-Sichel-Ährenkranz-Symbol offiziell durch das Schwarz-Rot-Gold in Reinform ersetzt. Damit war die Deutsche Demokratische Republik nur noch ein kleiner Teil einer langen deutschen Geschichte. Doch ein winziger Teil DDR und gut zwei Dutzend DDR-Bürger hatten überlebt! Cartagena liegt auf einer Länge von 75° 30' West. Und das bedeutet nichts anderes als eine Zeitdifferenz von sechs Stunden. Unsere Uhren liefen also ganze sechs Stunden hinter der deutschen Zeit hinterher.

Während zu Hause in Deutschland schon längst überall gefeiert wurde, nahmen wir erst um 8.00 Uhr Ortszeit (also um 14.00 Uhr deutscher Zeit) die vorgeschriebene Zeremonie vor. Dabei machten wir nicht viel Gewese: Kapitän Heinz Wagner ordnete die Sache an, als Erster Offizier gab ich dem

Dritten die Anweisung zum Flaggenwechsel und der Dritte Andreas Krüger holte letztlich vor versammelter Mannschaft die letzte DDR-Flagge ein und setzte die BRD-Flagge. Danach gab's für alle ein Glas Sekt und jeder ging wieder an seine Arbeit. Der Schiffsbetrieb musste schließlich weitergehen.

Erst einige Jahre später wurde mir die persönliche Konsequenz dieser „Verspätung" richtig bewusst. Auf jedem Schiff gibt es eine Besatzungsliste. Sie beginnt logischerweise mit dem Kapitän und endet in der Regel bei einem Azubi. Diese Liste spiegelt indirekt auch die Rangliste an Bord wider. Beim Verlassen des Schiffes ist die Reihenfolge genau umgekehrt: Der Kapitän verlässt als Letzter das Schiff.

Als Erster Offizier und Vertreter des Kapitäns stand ich auf Nummer zwei dieser Rangliste. Rechnet man das Ganze weltpolitisch um, bedeutet diese Position an Bord, in diesem Hafen, auf diesem Längengrad, an diesem Tag, zu dieser Stunde nichts anderes, als:

Ich war der vorletzte DDR-Bürger!

Um allen Diskussionen vorzubeugen, muss ich noch etwas hinzufügen. Ja, ich kann Karten lesen! Und um festzustellen, dass Havanna auf Kuba weiter westlich liegt als Cartagena in Kolumbien, braucht man nicht einmal eine Seekarte, dazu genügt schon ein Schulatlas. Das hängt ganz einfach damit zusammen, dass Südamerika gegenüber Nordamerika ein wenig nach Osten verschoben ist. Alfred Wegener, der Entdecker der Kontinentaldrift, hatte übrigens irgendwann herausgefunden, dass dieser Teil früher einst zu Afrika gehörte.

Kritiker meiner These „Ich war der vorletzte DDR-Bürger" könnten nun sagen: Was ist mit der DDR-Botschaft in Havanna? Oder vielleicht der in Mexiko? Nun, diese Fragen sind durchaus berechtigt.

Mit allen dem Internet zur Verfügung stehenden Mitteln habe ich daher recherchiert. Danach hatten zum Tag der deutschen Einheit am 3. Oktober 1990 a l l e DDR-Botschaften auf nord-, mittel- und südamerikanischem Boden ihre Botschaften schon längst geschlossen, sofern es dort überhaupt welche gab!

Auch noch weiter westwärts liegende Schiffe gab es keine. Allerdings muss ich zugeben, dass ich nicht in die Staatsarchive hinuntergestiegen bin, um den ultimativen Beweis dafür zu erbringen. Zweifler und Besserwisser mögen sich daher jetzt melden oder für immer schweigen! Gleiches gilt im Übrigen für die einen oder anderen Ex-DDRler, die vielleicht als Globetrotter am besagten Tage durch die Wildnis Kanadas getrampelt sind. Doch hatten die vielleicht einen Flaggenstock, zwei Flaggen und eine Flasche Sekt dabei?

Vor allem gegen ein Argument kommt niemand an: Unsere Schiffsbesatzung war an diesem historischen Datum auf dem letzten völkerrechtlich verbliebenen Stück DDR!

Und auch dir, lieber Ex-Kollege Andreas Krüger, muss ich leider abschlägigen Bescheid geben, obgleich du den Aufstand geprobt hast. Du hattest zwar als Dritter Offizier tatsächlich den Flaggenwechsel vorgenommen, aber eben leider nur auf Anweisung von „Oben". Doch immerhin, du kannst dich rühmen, persönlich den letzten mechanischen Akt der DDR vollzogen zu haben!

Hier sind sie also, „die letzten vier Mohikaner"[55]:

Heinz Wagner, Kapitän
Reinhard Vogt, Erster Offizier
...........[56] Fulda, Zweiter Offizier
Andreas Krüger, Dritter Offizier

---

[55] Anspielung auf den 1826 erschienenen historischer Roman des amerikanischen Schriftstellers James F. Cooper „Der letzte Mohikaner".

[56] Den Vornamen habe ich im Laufe der vielen Jahre leider vergessen.

Erster Offizier

Liebe Kinder, Enkel und fernere Nachfahren, die ihr wahrscheinlich alle im Binnenland leben werdet und mit der Seefahrt wohl nichts mehr am Hut habt, ich muss euch enttäuschen – ihr könnt euch leider nicht damit rühmen, unter euren Vorfahren einen waschechten Kapitän zu wissen. Und nur das scheint zu zählen, wenn es um Ruhm und Ehre geht.

Doch so ist nun mal die Welt beschaffen. Wer spricht heute noch vom Zweiten, von Michael Collins, wo doch jedes Kind weiß, dass Neil Armstrong als erster Mensch den Mond betreten hat. Und auch nach Robert Falcon Scott würde heute kein Hahn mehr krähen, wäre er nicht beim Versuch, noch vor Roald Amundsen am Südpol zu sein, tragisch ums Leben gekommen.

Nun liegt mir nichts ferner, als mich mit diesen berühmten Männern vergleichen zu wollen, aber es zeigt, der „Zweite" zählt wenig in einer Leistungsgesellschaft. Vielleicht ist deshalb das Wort „Kapitän" sooo begehrt. Es gibt Mannschaftskapitäne, Freizeitkapitäne, Kapitäne der Landstraße und Erntekapitäne – selbst mancher Spreewaldgondoliere trägt eine Mütze, die sogar einem Kreuzfahrtschiffs-Kapitän zur Ehre gereichen würde.

Diesen allen sei ohne Umschweife gesagt: Das sind tolle und ehrenwerte Berufe – aber die Bezeichnung „Kapitän" ist nicht gerechtfertigt. Kapitän wurde man, zumindest zu meiner Zeit, nur dann, wenn man den Seemannsberuf von Grund auf gelernt, eine mehrjährige Hoch- oder Fachschulausbildung absolviert und anschließend viele Jahre als verantwortlicher Offizier auf den Schiffsbrücken seinen Mann gestanden hatte.

Ich selbst habe diesen Weg vielleicht zu rund neunzig Prozent zurückgelegt. Nach siebzehn Jahren im Dienste der Deutschen Seereederei Rostock erhielt ich Ende 1987 das

Patent A6 „Kapitän auf großer Fahrt". Und es wurde mir am 3. Januar 1994 von der Wasser- und Schifffahrtsdirektion in Kiel problemlos in das bundesdeutsche Kapitäns-Patent AG (es hieß ebenfalls „Kapitän auf großer Fahrt") umgewandelt und ist bis heute gültig[57]. Es berechtigt mich zum „Führen von Fracht- und Fahrgastschiffen aller Größen in allen Fahrtgebieten", bzw. die Aufgaben eines Ersten Offiziers unter gleichen Umständen wahrzunehmen.

Das Papier selbst sah nur ganz unscheinbar aus, jede Meisterurkunde eines Bäckers (nichts gegen Bäcker!) ist zehnmal größer und macht von der Optik wesentlich mehr her. Natürlich war ich stolz darauf, dieses Dokument zu besitzen – es war die Krönung meiner bisherigen Karriere, zumal mit der Beförderung zum Ersten Offizier verbunden. Oder umgekehrt betrachtet: Niemand wurde Chief Mate, wenn er nicht das A6 in der Tasche hatte!

Nun galt es erneut, sich zu bewähren und zu warten, bis das Kommando auf einem Schiff frei würde, denn Kapitän konnte man nicht selbst werden, zum Kapitän wurde man von der Reederei berufen. Mit wachsender Erfahrung und etwas Glück stiegen die Chancen, den letzten, den vierten, goldenen Balken auf die Schulterklappen zu bekommen – oder wie der Seemann sagt, den vierten „Kolbenring" an den Ärmel.

Übrigens, das mit dem „Glück" meine ich wörtlich: Jeder noch so tüchtige Nautiker kann irgendwann in eine Situation kommen, wo er einfach auch etwas Fortune braucht. Wer jeden Tag mit dem Auto unterwegs ist, kennt das Gefühl, einfach mal Schwein gehabt zu haben. Gleiches trifft auch für den Schiffsverkehr zu: Wenn du also zum falschen Zeitpunkt am falschen Ort bist …

---

57 1997 wurden die Befähigungszeugnisse nochmals angepasst und die Anzahl der verschiedenen Patente reduziert. Damals A6 (zwischenzeitlich AG) entspricht heute Kapitän NK „Management Level".

Jeder Kapitän war und ist Einzelleiter mit einer hohen Verantwortung für das Leben seiner Besatzung. Er muss den Kopf hinhalten für unvorstellbar hohe materielle Werte bezüglich Schiff und Ladung. Es genügt ein rustikales Anlegemanöver, eine kleine „Beule“ im Schiff, nur ein paar verzogenen Spanten – und schon kann das Ganze eine halbe Million kosten.

Und der Kapitän muss seine Entscheidungen allein treffen, was aber nicht heißt, dass er für gelegentliche Unterstützung nicht dankbar wäre. Ich will ein Beispiel nennen: Eines unserer DSR-Schiffe wurde in Rostock für jahrelanges unfallfreies Fahren ausgezeichnet und als Vorbild hingestellt. Jeder Seemann hasst solche Prozeduren, denn so etwas zieht angeblich das Unglück magisch an. Und tatsächlich: Kurze Zeit später krachte es auf der Schelde bei Vlissingen.

Aufgrund einer komplizierten Verkehrssituation war unser „Vorbild“ mit einem anderen Schiff kollidiert – vorbei mit dem „Vorbild“!

Der Unfall wurde an Land ausgewertet und die Quintessenz daraus schriftlich allen Kapitänen mitgeteilt. Wenn bei Vlissingen diese oder jene Situation eintritt, dann muss der Kapitän dies und jenes machen und vor allem darf er nicht mehr dem Lotsen vertrauen – mit allen Konsequenzen, die ich schon einmal beschrieben habe.

Einige Zeit später war ich wieder mit irgendeinem Poseidon auf der Schelde nach Antwerpen unterwegs. Die Schiffsführung hatte der Kapitän, wir fuhren unter Lotsenberatung und ich fungierte als Navigationsoffizier. Natürlich kannten alle Nautiker an Bord die Umstände der Kollision und vor allem die Instruktionen, die daraus folgten. Ich weiß nicht, ob der Teufel die Hand im Spiel hatte, jedenfalls entwickelte sich vor Vlissingen haargenau die gleiche vertrackte Situation, die damals zum Unfall geführt hatte. Der Kapitän sagte nichts, aber ich spürte, wie er immer unruhiger wurde. Man sah ihm förmlich an, wie er innerlich mit sich rang. Verdammt, was soll ich machen? Soll ich dem Lotsen wirklich die „Beratung" entziehen? Der belgische Pilot hatte natürlich keine Ahnung, welche Order der Kapitän von zu Hause mitbekommen hatte und in welcher Zwangslage sich dieser nun befand.

Schließlich nahm ich den „Alten" kurz zur Seite und sagte ganz ruhig zu ihm: „Kapitän, glauben Sie mir, die Bombe schlägt nicht zweimal hintereinander in den gleichen Trichter ein!"

Natürlich konnte ich klugscheißen, denn ich hatte ja nicht die Verantwortung. Dennoch sah ich, dass sich der Kapitän plötzlich entspannte. Und kurz darauf entspannte sich tatsächlich auch die Verkehrssituation – auf der Schelde ging alles wieder seinen geregelten Gang.

Rein seemännisch war meine Bemerkung kaum zu verantworten. Ich kann auch nicht sagen, woher ich die Sicherheit nahm, dass sich diesmal alles regeln würde. Doch eines weiß ich genau, hätte der Kapitän eingegriffen, dann wäre das Tohuwabohu vor Vlissingen auf alle Fälle noch viel größer geworden!

Doch ich bin schon wieder zu weit vom Kurs abgekommen. Zurück zu mir. Ich war nie besonders ehrgeizig und dachte, wenn du lange genug dabei bleibst, wirst du schon irgendwann ein eigenes Schiff kriegen. Außerdem dachte ich, einige Jahre mehr als Erster bringen auch ein paar Jahre mehr an Erfahrung. Also was soll's? Dass es die DDR plötzlich nicht mehr geben würde, damit hatte ich allerdings nicht gerechnet. Und je länger meine Fahrenszeit als Erster Offizier dauerte, umso geringer wurden nun meine Chancen, ein „eigenes" Schiff zu bekommen.

Ganz allmählich bekamen auch wir Seeleute die gesellschaftlichen Umwälzungen von Währungsunion und Beitritt der DDR zur Bundesrepublik zu spüren. Die DSR musste jetzt auf Druck der Treuhand[58] ein Schiff nach dem anderen verkaufen und so wurden auch die ersten Matrosen und Offiziere arbeitslos.

Seeleute hatten sowieso noch nie eine Lobby. Erstens findet man von dieser Spezies nie viele in großer Anzahl an einem Ort vor, da sie meist unterwegs sind. Und zweitens, wenn sie unterwegs sind, können sie nicht streiken. Eine zwielichtige Rolle spielte übrigens damals auch die Gewerkschaft, die mit dem deutsch-deutschen Flaggenwechsel am Heck sofort die Einführung bundesdeutscher Heuertarife forderte – und das in einer sehr prekären Umbruchphase der DSR.

Es gibt bestimmt viele schlaue Historiker, die mir heute genau erklären könnten, warum die Deutsche Seereederei Rostock damals nicht als eigenständige Reederei überleben durfte oder konnte. Zu den Historikern habe ich sowieso ein ambivalentes Verhältnis. Ich glaube, folgender Witz bringt es auf den Punkt:

Was ist der Unterschied zwischen Gott und Historikern?
Ganz einfach: Gott kann die Geschichte nachträglich nicht ändern!

Ich bin jedenfalls kein solcher „Experte", aber für mich steht fest: Wir waren zum Anfang vielleicht nicht sofort konkurrenzfähig – aber wir hätten es werden können. Es gab hervorragendes Fachpersonal sowohl an Bord als auch an Land, wir hatten ein paar sehr gute Schiffe und es waren auch noch ein paar alte Handelsverbindungen da.

Doch die Politik kümmerte sich damals kein bisschen um die Probleme der DDR-Seeleute. Zudem hatten die großen westdeutschen Reedereien kein Interesse, neben sich einen neuen Konkurrenten heranwachsen zu sehen. Aber das alles ist Schnee von gestern.

---

58 Anstalt des öffentlichen Rechts in Deutschland mit der Aufgabe, die Volkseigenen Betriebe der DDR zu privatisieren.

Im DDR-Seerecht gab es übrigens eine Besonderheit, die es im bundesdeutschen Recht leider nicht gibt: Nach BRD-Seerecht bleibt der Kapitän immer und zu allen Zeiten für sein Schiff verantwortlich. Das klingt erst einmal richtig und scheint sinnvoll. Es gibt aber Situationen, da ist das eben nicht mehr vernünftig, zum Beispiel nach tagelanger Sturm- und Nebelfahrt in schwierigen Gewässern. Der Kapitän ist nach BRD-Seerecht in solchen Fällen verpflichtet, die Schiffsführung vom wachhabenden Offizier zu übernehmen, mit der Folge, dass der „Alte" gar nicht mehr aus seinen Klamotten herauskommt und total übernächtigt ist. Man braucht kein Arzt zu sein, um zu wissen, was das für prekäre Folgen haben kann.

Um möglichen Fehlentscheidungen durch Übermüdung und Konzentrationsmangel vorzubeugen, hatte man im Gegensatz dazu im DDR-Seerecht und vielleicht auch in anderen sozialistischen Ländern das System der Doppelwache eingeführt. Sie wurde vom Kapitän angeordnet und bedeutete, dass immer zwei Offiziere gleichzeitig Wache gingen, der Kapitän mit dem Dritten und der Zweite mit dem Ersten. Somit waren immer fünf „Kolbenringe" gleichzeitig auf der Brücke. Gewechselt wurde alle sechs Stunden. Das hatte den Vorteil, dass der Kapitän in diesen sechs Stunden die Verantwortung komplett an den Ersten abgab, mit allen juristischen Konsequenzen. Für den „Alten" bedeutete das wenigstens sechs Stunden Erholung am Stück. Er musste nicht mehr bei jedem ungewöhnlichen Maschinenmanöver oder Kurswechsel in seiner Koje zusammenzucken, denn jeder richtige Seemann spürt im Schlaf, wenn etwas auf dem Schiff nicht so ist, wie es sein sollte.

Auch für mich als Erster bedeutete das gelegentlich etwas mehr Anspannung auf der Brücke als auf einer normalen Seewache. Ich erinnere mich zum Beispiel an eine nächtliche

Korsør-Passage im Großen Belt. In diesem Seegebiet muss man schon sehr konzentriert arbeiten, nicht umsonst nehmen einige Schiffe für diesen Ostseeabschnitt extra einen Lotsen.

Es gibt dort viele Fischerboote, die ausgerechnet mitten in der Fahrrinne der großen Schiffe ihre Netze durchs Wasser ziehen. Dazu kreuzt ein lebhafter Fährverkehr, es ist eng und es sind einige Kurswechsel in kurzer Zeit erforderlich.

In jenen Jahren wurde genau an besagter Stelle auch noch an der riesigen Storebælt Brücke zwischen den Inseln Fünen und Seeland gebaut. Dies bedeutete nichts anderes, als dass auch noch jede Menge Spezialfahrzeuge in dieser Gegend unterwegs waren. Kurzum: Es war schwierig, zwischen den zahlreichen Positionslichtern, Warnlichtern und Arbeitsscheinwerfern die eher unscheinbaren, aber wichtigen Seezeichen aus dem „Großstadtgefunkel" herauszufiltern. Und tatsächlich hätte ich beinahe eine wichtige Tonne übersehen, wenn mich der Zweite nicht rechtzeitig gewarnt hätte. Man sollte also durchaus auch seinen Mitarbeitern vertrauen. In der Luftfahrt nennt man das übrigens CRM[59], es soll die Kommunikation zwischen rangniederem und ranghöherem Offizier in kritischen Situationen verbessern. Leider gab es auch bei der Deutschen Seereederei Rostock einige Kapitäne, die aufgrund ihrer Autorität meinten, a l l e s besser zu wissen. Die Folgen kann man in dem bereits erwähnten Buch „Katastrophen auf See – Die Seeunfälle der zivilen DDR-Schiffahrt" von Friedrich Elchlepp und Manfred Kretzschmar nachlesen.

---

[59] Cockpit Resource Management

Daddeldu

Eigentlich wollte ich diesen Abschnitt zunächst „Meine letzte Reise“ nennen. Doch bei genauerem Nachdenken hat mir die Überschrift nicht gefallen. Bevor ich wirklich die l e t z t e Reise antrete, ist hoffentlich noch etwas Zeit. Toi, toi, toi und dreimal schwarzer Kater!

Also nenne ich dieses Kapitel lieber „Daddeldu“, in Anlehnung an die Balladen von Joachim Ringelnatz über die Moritaten des Seemanns Kuttel Daddeldu.

Bei deutschen Seeleuten ist „Daddeldu“ mit der Zeit zum Synonym für „Feierabend“, „Schluss“ und „Ende“ geworden.

Als es im Herbst 1992 mit der „MS Luckenwalde“ erneut über den großen Teich in die Karibik ging, schwante uns schon, dass es tatsächlich unsere letzte Reise als Angehörige der DSR werden könnte. Jeden von uns trieb die Sorge um, wie es dann weitergehen würde. Doch die Hoffnung stirbt bekanntlich zuletzt und so tat jeder wie gewohnt seine Pflicht.

Zumindest die Hafenfolge half ein wenig über die vielen Gedanken zur unsicheren beruflichen Zukunft hinweg. Wir kurvten zwischen Haiti, Venezuela, Trinidad und der Dominikanischen Republik herum. Einmal mehr wurde mir deutlich, wie groß die sozialen Unterschiede in einer Region sein können. Von einem Hafen zum anderen erlebten wir relativen Wohlstand (Trinidad) bis zu bitterer Armut (Haiti). In der Hauptstadt Port-au-Prince musste ich zusehen, wie sich jeden Morgen auf der Pier die Tagelöhner um die wenigen Jobs an Bord prügelten – und das für einen Hungerlohn von ein, zwei Dollar pro Tag.

„Port-au-Prince“ – was für ein schöner Name, doch welch Schmutz und Verfall überall. Dazu kam ein unklares Gefühl von Gefahr, wenn man sich als Weißer durch die Straßen bewegte. Jedenfalls war ich froh, wieder an Bord zu sein.

Trinidad – welch Kontrast zu Haiti. Auch diese Insel strotzt nicht vor Reichtum, aber die Menschen machen einen glücklichen und zufriedenen Eindruck. Wir lagen lange genug im kleinen Hafen Chaguaramas, um den einen oder anderen Ausflug zu machen und auch in die Hauptstadt Port of Spain zu fahren.

In der Mainstreet fängt einen sofort das karibische Lebensgefühl ein. Aus unzähligen Musikboxen klingt Reggae. Alle grooven, keiner der mit den typischen buntgeringelten Wollmützen bekleideten Straßenhändler steht dabei auch nur eine Sekunde still. Verständlich, dass alles bedeutet auch Touristenfang und dennoch, diese positive Lebenseinstellung ist nicht gekünstelt. Es macht einfach Spaß, dort hindurchzugehen.

Bei dem ganzen Rumkutschen erlebten wir zum Schluss noch einmal etwas ganz Besonderes: Am 22. September 1992 fuhren wir während meiner Wache über den Äquator.

„Na und“, wird mancher kreuzfahrterprobte Tourist sagen, „ich bin auch schon ein paar Mal über ‚die Linie‘ geschippert.“

Na dann, denke noch mal nach, geehrter Passagier!

Das Besondere ist das Datum. Am 22. September war in jenem Jahr auf der Nordhalbkugel Herbstanfang und daher auf der Südhalbkugel Frühlingsanfang. Unsere Besatzung hatte also am selben Tag sowohl Herbstanfang als auch Frühlingsanfang erlebt! Und dieser Zufall kommt auch in einem langen Seefahrtleben wohl nur sehr selten vor.

Noch einmal Brasilien. Meine Erlebnisse mit der „Wismar“ in den Häfen des Riesenlandes lagen nun schon über zwanzig Jahre zurück. Und so freute ich mich ehrlich auf ein Wiedersehen. Unsere Ladeorder führte unser Schiff diesmal aber in eine ganz andere Region, in das weitverzweigte Deltasystem des Rio Para – richtig, hier kommen die Paranüsse her! Der Rio Para hat eine unmittelbare Verbindung zum Amazonas. Zusammen bedecken alle Zuflüsse des Amazonas ein Gebiet von rund sieben Millionen Quadratkilometern, das ist etwa so groß wie der Kontinent Australien.

Ganz Amazonien sind wir natürlich nicht abgefahren, unser Ziel hieß Belém, eine Stadt mit geschätzt eineinhalb Millionen Einwohnern. Weihnachten stand unmittelbar bevor und rund um den Mercado, der alten viktorianischen Markthalle, klang allenthalben Weihnachtsmusik. Abgesehen von dem unglaublichen Geschiebe und Gedränge und den Temperaturen lief alles nicht viel anders als bei uns. Auch hier kauften die Leute allen möglichen Krimskrams aus Fernost. Viele Einwohner waren übrigens eindeutig indigener Abstammung und ziemlich klein – ein völlig neues Lebensgefühl für mich, in dichtem Marktgedränge einmal komplett ü b e r die Köpfe der Menge hinwegschauen zu können. Geladen wurde „Madeira“, also Holz. Irgendwie komisch, wir sollten also „Madeira“ nach Madeira fahren.

Wie in Afrika war ich wieder einmal indirekt am Raubbau von Edelhölzern beteiligt. Bleibt zu hoffen, dass es die Brasilianer schaffen, bald eine nachhaltige Regenwaldwirtschaft zu entwickeln. Wenn die Horrorzahlen stimmen, mit der Greenpeace & Co. die Welt immer wieder schockieren, sieht es leider düster aus. Den Seeleuten kann man jedoch am wenigsten Schuld an diesem Frevel geben. Oder?

Erstaunlicherweise wurde auch im sehr katholisch geprägten Brasilien an Heiligabend gearbeitet.

Bis auf die 4-8-Wache, also die meinige, hatte sich wie üblich die gesamte Besatzung zur Feierstunde in der Messe versammelt. Die Küchencrew hatte wieder ein Buffet gezaubert, für das der Koch einen Michelin-Stern verdient hätte. Doch die ohnehin zu Weihnachten schon etwas melancholische Stimmung war am 24. Dezember des Jahres 1992 noch etwas gedämpfter. Der Kapitän dankte allen Besatzungsmitgliedern für die geleistete Arbeit und wünschte für die Zukunft alles Gute.

Doch die Nachrichten aus der Heimat klangen alles andere als gut. Niemand, vom ersten bis zum letzten Mann, konnte sich seines Arbeitsplatzes noch sicher sein. So war es kein Wunder, dass sich jeder nach den beiden Höhepunkten der Feier – dem Verteilen der Briefe und Telegramme sowie dem festlichen Essen – bald auf seine Kammer zurückzog. Jeder weilte mit den Gedanken zu Hause. Es war nicht die Stunde für eine feucht-fröhliche Feier.

Am nächsten Morgen, dem ersten Weihnachtsfeiertag, befestigte der Bootsmann einen Weihnachtsbaum im „Mast". Eine Tradition, die noch aus Segelschiffszeiten stammt. Auf unserem „Kranschiff" musste aus Ermangelung von echten Masten allerdings eine simple Funkantenne diese Aufgabe übernehmen. Wie auch immer, die spirituell wichtigste Aufgabe für eine glückliche Heimreise war damit erledigt, der Rest hunderte Male geübte Routine: Schiff auf Überschmuggler durchsuchen, Luken seefest verschließen, Tiefgang ablesen, Ladungspapiere unterschreiben, Stauplan zeichnen, „Gebet der Jungfrau" schreiben, Brücke seeklar machen, Lotsen bestellen, Kommando „Klar vorn und achtern" geben, alle Leinen los. Rolling Home! Noch lange Zeit nach Lotsenabgabe begleitete uns das trübe Wasser des Rio Para hinaus auf den Atlantik.

Es sollte meine letzte Atlantiküberquerung als verantwortlicher Offizier auf der Brücke eines Seeschiffes werden und eine ziemlich rumplige dazu. Tagelang rollten bleigraue Wellen gegen das Schiff, nicht sehr hoch, aber doch so, dass man permanent durchgeschüttelt wurde, vergleichbar den ruckartigen Bewegungen eines rasenden Zuges auf einem maroden Gleisbett. Wer zu DDR-Zeiten Fahrten mit der Deutschen Reichsbahn kannte, weiß, was ich meine.

Kein Sonnenstrahl lugte durch die geschlossene Wolkendecke und immer wieder peitschten Regengüsse gegen die Brückenfenster.

Nicht einmal meine geliebten Seekarten brachten ein wenig Abwechslung in die Tristesse dieser letzten Überfahrt.

Mitten auf dem Atlantik werden sogenannte Mercator-Leerkarten benutzt. Und wie der Name schon sagt, bestehen diese Seekarten aus einem Gradnetz und sonst aus nichts. Das Papier zwischen dem Meridianen und den Breitengraden ist makellos weiß. Aus nautischer Sicht gibt es nichts, was sich lohnen würde, darauf zu verzeichnen. Da waren die Kartografen vorheriger Jahrhunderte wesentlich fantasievoller. Pausbäckige Windgötter und grässliche Seeungeheuer verwandelten die damaligen Karten in kleine Kunstwerke. Um den heutigen Nautikern etwas Abwechslung zu bieten, könnte man ja in solche Seegebiete einzeichnen, wo die dicksten Manganknollen zu finden sind, wo unterseeisch „geraucht" wird[60] oder die transatlantischen Seekabel liegen.

Bei aller Einsamkeit mitten auf dem großen Teich sollte man als wachhabender Nautiker jedoch niemals sorglos werden. Auch wenn man zwei bis drei Tage kein anderes Schiff auf dieser Route gesehen hat – das erste, das entgegenkommt, läuft selbstverständlich genau auf Kollisionskurs. Ich glaube, das nennt man dann „Murphys Gesetz"[61].

So öde und trostlos wie die Heimreise über den winterlichen Nordatlantik auch war, umso mehr freuten wir uns auf die Ansteuerung von Madeira. Nach etwas über einer Woche nervtötender Schaukelei in einer schier endlos erscheinenden Wasserwüste würden wir während meiner Wache die portugiesische Blumeninsel erreichen. Kurz nach Wachwechsel konnte man an der Kimm den ersten schwachen Lichtschein erahnen. Auch das Radar zeigte im achtundvierzig-Seemeilen-Bereich

---

60 „black und white smoker, hydrothermale Quellen am Tiefseegrund.

61 Lebensweisheit nach dem Motto: „Was schiefgehen kann, wird auch schiefgehen!"

die ersten undeutlichen Echos. Meile um Meile wurde das Leuchten heller und die Echos deutlicher, bis sich der riesige Lichtdom komplett aus dem Meer erhob. Welch ein wunderbarerer Anblick: Die Insel Madeira strahlte Glanz und Wärme aus, ein Außenposten der Menschen weit draußen im Atlantik.

Mögen mich meine Kollegen für einen hoffnungslosen Romantiker oder gar Spinner halten – genau für diese Erlebnisse habe ich diesen Beruf geliebt!

An den Rest dieser Reise habe ich so gut wie keine Erinnerung mehr. Irgendwie ging sie sang- und klanglos zu Ende. Nachdem ich ein paar Tage zu Hause war, gab es Post von der Reederei: „Leider müssen wir Ihnen mitteilen … vielen Dank … für den weiteren Lebensweg alles Gute …“ – Schreiben dieser Art hatten damals Konjunktur.

Natürlich kam der Brief nicht überraschend, aber nach über dreiundzwanzig Jahren Seefahrt die Kündigung in der Hand zu halten, war schon bitter.

Der Rest ist schnell erzählt: Anfang 1993 sah ich für mich in meinem Beruf keine Zukunft mehr. Es gab in dieser Zeit wieder einmal ein Überangebot an Tonnage, viele Schiffe wurden aufgelegt und hunderte Nautiker suchten einen neuen Job.

Dazu kam, dass auch viele gut ausgebildete Fachleute aus Polen, Russland und auch aus anderen ehemaligen Ostblockländern auf den Markt drängten. Aufgrund relativ geringer Lebenshaltungskosten in ihren Heimatländern konnte man ihnen deutlich niedrigere Heuer anbieten. Ein Umstand, der für uns DSR-Seeleute nicht gerade förderlich war, den man aber nicht den ausländischen Kollegen zum Vorwurf machen konnte.

Mein vierzigster Geburtstag warf seine Schatten voraus und allmählich wurde mir klar, wenn ich überhaupt noch einen Fuß an Land bekommen wollte, dann musste ich es jetzt tun! Das war natürlich leichter gesagt als getan. Zu Beginn der neunziger Jahre stand für Millionen ehemalige DDR-Bürger die berufliche Neuorientierung auf der Tagesordnung.

Vielleicht hätte sich ja irgendwann in Hamburg oder Bremen auch für mich eine Arbeit im maritimen Bereich gefunden. Doch der daraus resultierende komplette Umzug der Familie an die Küste schien mir eine zu große Veränderung zu sein, das wollte ich weder mir, meiner Frau, meinen Kindern, noch meinen Eltern und Schwiegereltern zumuten.

Nicht zuletzt spielte auch das erst wenige Jahre davor erworbene Grundstück in Burg (Spreewald) bei diesen Überlegungen eine Rolle. Um sich solch ein schönes Fleckchen Erde im Großraum Hamburg leisten zu können, müsste eine alte Frau schon verdammt lange stricken …

Letztlich blieb auch mir erst einmal nichts anderes übrig, als zum Arbeitsamt zu gehen und um eine Umschulung zu bitten.

Da ich mein ganzes bisheriges Berufsleben zu neunzig Prozent mit Männern verbracht hatte, beschloss ich, diesbezüglich Neuland zu betreten: Die Schule hieß „EDFrau“ und der Kurs PR-Management. Mein geheimer Wunsch, einmal im Leben Hahn im Korbe zu sein, ging auf, denn das Geschlechterverhältnis war diesmal genau umgekehrt! Ich müsste lügen, wenn ich sagen würde, ich hätte mich dabei unwohl gefühlt. Auch die Wahl der Umschulungsmaßnahme war nicht ganz verkehrt. Es war der erste Schritt zu meiner zweiten beruflichen Karriere. Durch diese Ausbildung und die Absprache zweier ehemaliger Chefs, die inzwischen meine Freunde sind, landete ich beim Cottbuser Fernsehsender „Lausitz TV“. Ich begann eine Arbeit, die ich fast ebenso lange wie die Seefahrtzeit mit viel Freude ausgeübt habe.

Aber das ist schon wieder eine andere Geschichte.

Nachwort

Über ein viertel Jahrhundert ist es nun her, seit ich die Uniform an den Nagel gehängt hatte. Selbst seit ich die ersten Zeilen dieser Erinnerungen zu Papier brachte, sind inzwischen auch schon wieder einige Jahre vergangen. Panta Rhei![62] Die Welt der Seefahrt, wie ich sie erlebt hatte, gibt es nicht mehr. Bestenfalls fristet sie als Küstenschifffahrt in abgelegenen Winkeln der Welt noch ein bescheidenes Nischendasein.

Schuld daran sind simple Zwanzig- bzw. Vierzig-Fuß-Blechkisten. Der Siegeszug der Standardcontainer hat der klassischen Stückgut-Schifffahrt endgültig den Garaus bereitet. In puncto Effektivität sind die Behälter bei Transport, Umschlag und Weiterverteilung einfach unschlagbar.

Ganz nebenbei haben sie die Arbeitswelt der Seeleute und Hafenarbeiter komplett verändert. Moderne Containerhäfen liegen heute meist weit draußen, abseits der Hafenstädte. Die Container-Riesen brauchen tiefes Wasser und kurze Revierfahrten.

Endgültig passé sind die Zeiten, als man zumindest ab und an mit einem Frachter an einer Pier mitten in der Stadt lag, direkt gegenüber der Kneipe. Heute kann man froh sein, wenn man im Containerterminal überhaupt noch einen lebendigen Menschen zu Gesicht bekommt. Die Hafenliegezeiten sind kurz und exakt durchgeplant. Für Landgangromantik ist da kein Platz mehr.

Doch das ist nicht die einzige gravierende Änderung, die es in den letzten fünfundzwanzig Jahren gegeben hat. Als ein Beispiel sei hier nur der Quantensprung in der weltweiten Kommunikation erwähnt.

---

62 Dem griechischen Philosophen Heraklit zugeschriebene Redewendung: „Alles fließt!“

Heute ist es möglich, die Position jedes Schiffes in Echtzeit zu verfolgen und der Kapitän kann zu jeder nachtschlafenden Stunde ans Telefon geholt werden – mit allen Vor- und Nachteilen, die diese „kurze Leine“ mit sich bringt. Andererseits ist es jedem Seemann jetzt möglich, regelmäßig Kontakt mit der Familie zu halten Ein Zustand, von dem wir damals nur träumen konnten.

Rein deutsche Besatzungen auf Frachtschiffen sind heute so selten wie Diamantenfunde auf offener Straße. Meist gibt es einen europäischen Kapitän und wenn der Master Glück hat, stehen ihm noch ein oder zwei Offiziere aus dem gleichen Kulturkreis zur Seite. Die übrige Besatzung stammt oft aus dem asiatischen Raum. Besonders viele Seeleute kommen zum Beispiel von den Philippinen. Sie sind gut ausgebildet und „stehen ihren Mann“.

Soweit ich es von ehemaligen Kollegen gehört habe, die dabeigeblieben sind, ist das Verhältnis an Bord noch immer von Kollegialität und gegenseitigem Respekt geprägt, so wie es auch früher unter Seeleuten normal war. Doch Kapitäne, die sehr lange dabei sind, dürften schon ab und zu Sehnsucht nach deutschen Grillabenden, Skatrunden oder Diskussionen über die Ergebnisse der Bundesliga haben, ganz zu schweigen von Gesprächen über familiäre Sorgen oder Probleme, die man mit dem einen oder anderen Freund an Bord führen konnte. Etwas besser sieht es da noch auf den Passagierschiffen aus. Durch die große Zahl der Besatzung hat man wesentlich mehr Möglichkeiten, soziale Kontakte zu pflegen.

Übrigens: Wie schon mehrfach erwähnt, wurde auf allen Handelsschiffen der Kapitän vom Rest der Besatzung mehr oder weniger liebevoll der „Alte“ genannt. Inzwischen habe ich auch schon von Kapitäninnen gehört. Nichts dagegen! Alles okay! Warum auch nicht? Allerdings stellt sich mir nun die Frage: Müssen wir zukünftig nun auch die „Alte“ sagen?

Auch zu „meiner" Zeit war das Mittelmeer kein Hort des Friedens und der Glücksseligkeit. Hautnah bekamen wir damals die Auseinandersetzungen in Beirut zwischen Christen und Muslimen mit. Sie kosteten im einstigen „Paris des Ostens" zigtausenden Menschen das Leben und verwandelten die blühende Handelsmetropole in eine Trümmerwüste. Mehr als einmal mussten wir mit unserem Schiff fluchtartig den Hafen verlassen, weil uns Querschläger oder Granatsplitter um die Ohren flogen. Der Hafen wurde zwar nicht gezielt beschossen, weil beide Parteien ihn brauchten, aber es wurde auch keine Rücksicht auf Schiffe und ihre Besatzungen genommen.

Doch in den meisten Häfen ging es ruhig zu und die Verhältnisse schienen halbwegs stabil zu sein. Solange die Konflikte nicht offen ausbrechen, bekommt man als Seemann davon relativ wenig mit. Nie hätte ich geglaubt, dass uns die Probleme dieser Länder einmal so nahe kommen würden. Bis zum Ende meiner Seefahrtzeit stellte schon ein einziger „Überschmuggler" ein riesiges Problem dar, egal aus welchen Gründen er seine Heimat verlassen wollte. Kein europäischer Hafen war ohne weiteres bereit, diesem armen Schlucker Asyl zu gewähren. Wehe dem Kapitän, der auf Heimreise so einen Mann an Bord hatte! Inzwischen strömen Jahr für Jahr Hunderttausende Flüchtlinge aus allen Krisengebieten der Welt nach Europa und insbesondere nach Deutschland – auch über das Mittelmeer, das ich einst bei meinen vielen Fahrten als so friedlich empfunden habe.

Ein letztes Wort noch zur seit einigen Jahren boomenden Kreuzfahrtindustrie. Zunächst finde ich es schön, dass sich die Passagierschifffahrt demokratisiert hat. Immer mehr Menschen können sich heutzutage die Erlebnisse einer Seereise und die Besichtigung vieler Häfen in fremden Ländern leisten. Auch ein wenig Luxus sei den Passagieren auf diesen „Dreamlinern" gegönnt.

Mittlerweile drängt sich bei mir aber der Eindruck auf, der „Luxus“ ist wichtiger als die Seereise selbst. Jede Menge Schnickschnack wird in die Schiffe eingebaut. Dadurch werden sie natürlich immer teurer, was wiederum zur Folge hat, dass tausende Menschen mitfahren müssen, damit sich die Sache überhaupt rechnet. Inzwischen hat die Kreuzfahrtindustrie eine solche Dimension erreicht, dass sie für viele Hafenstädte zur Plage wird.

Als „normaler“ Tourist habe ich es einmal erlebt, wie die wunderbare, von hohen Mauern umgebene Altstadt von Dubrovnik Opfer eines Massenansturms von drei Kreuzfahrtschiffen an einem Vormittag wurde. Eine Plage biblischen Ausmaßes! Die armen Einwohner, die armen Landgänger …

Für mich als ehemaliger Frachtschiff-Offizier ist es daher kaum vorstellbar, gleichzeitig mit zigtausenden anderen Menschen auf solch einer Reise unterwegs zu sein. Egal ob man mich für einen alten, leicht verkalkten Grantler hält: Mit dem, was die Seefahrt einst ausmachte – einsam mitten auf dem Ozean dessen ungeheure Größe zu spüren und fernab jeder Lichtquelle den Blick auf die funkelnden Sterne am Firmament zu richten – hat das heute nichts mehr zu tun!

Ja, und Seereisen, bei denen bei Sturm der Stärke 10 aufgrund der Schiffsgröße, den Stabilisatoren und den Schnelltrimmtanks nicht einmal ein Stuhl umfällt, taugen auch nicht wirklich für Heldenerzählungen zu Hause am Kaffeetisch.

Doch man soll ja bekanntlich nie „Nie“ sagen. Vielleicht mache ich ja eines Tages doch noch eine Passagier-Schiffsreise, wenn auch auf einem kleineren Schiff. Denn einen Vorteil gegenüber früher hätte so ein Törn: Immer wenn das Schiff in den Hafen einläuft und für die Besatzung eines Frachtschiffes der Stress beginnt, könnte ich mich im Liegestuhl zurücklehnen und ganz entspannt einen Drink genießen.

Und das wäre dann wirklich Luxus für einen ehemaligen Ersten Nautischen Frachtschiff-Offizier!

Verwendete seemännische Begriffe

ablandig: vom Land weg seewärts gerichtet
ABMan: Abk. für Able bodied Seaman: Vollmatrose
achtern: hinten
achteraus: nach hinten gerichtet
„Alttonage"-Schiffe: Von der DSR unter dem Druck des Bedarfs der Nachkriegszeit bis in die 60er Jahre hinein angekaufte ältere Schiffe, auf denen die Bedingungen gemessen an heutigen Verhältnissen fast unzumutbar waren (körperlich sehr schwere Arbeit, spartanische Wohnbedingungen, Lärmbelästigungen, starke Vibrationen, oft kein Wasser zum Duschen usw.)
aufklaren: aufräumen, reinigen
Ausklarierung: siehe Klarierung
Back: Oberdeck am Bug
Backbord: linke Schiffsseite
Barkasse: kleinere Personen- und Arbeitsschiffe in Häfen
Beaufortskala: nach Sir Francis Beaufort benannte Klassifikation der Windgeschwindigkeit von 0 (Stille) bis 12 (Orkan)
Beobachtungszeit: „nautischen Dämmerung", in der sich die Sonne kurz unter dem Horizont befindet und so die Kimm noch und die Sterne schon zu sehen sind und umgekehrt
Bilge: unterster Raum eines Schiffes, in dem sich eingedrungenes Leck- sowie Kondenswasser sammelt
Brecher: große Wasserwelle mit brechendem Kamm
BRT: Abk. für Bruttoregistertonnen: veraltete Maßeinheit des Volumens der Ladungs-, Passagier-, Personal-, Maschinen- und sonstigen Räume eines Schiffes, die für Passagiere und Ladung nutzbaren Räume wurden in Nettoregistertonnen (NRT) angegeben – Beide Einheiten wurden inzwischen abgelöst durch die dimensionslosen Zahlen Bruttoraumzahl (BRZ) und Nettoraumzahl (NRZ).

Brücke: Befehlszentrale auf einem Seeschiff

Bug: strömungsgünstig geformter Vorderteil des Rumpfes eines Schiffs

Chief: Leitender Ingenieur

Chief Mate: Erster Nautischer Offizier, auch „Erster"

Davit: dreh- und schwenkbare Aussetzvorrichtung

Deck: oberster horizontaler Abschluss des Schiffsrumpfs, auch Schiffs-Etage

Deckaugen: auf dem Deck angebrachte Ösen

ETA: „Estimated Time of Arrival", auch „Expected Time of Arrival"; Bezeichnung auf Telegrammen für den voraussichtlichen Zeitpunkt der Ankunft im Bestimmungshafen

Etmal: die von 12.00 Uhr bis 12.00 Uhr des folgenden Tages zurückgelegte Distanz

Fender: gepolsterter Puffer zum Schutz des Schiffs am Liegeplatz

Festzurren: (siehe zurren)

Freibordmarke: gesetzlich vorgeschrieben und beidseitig auf halber Länge auf den Rumpf aufgemalt – sie besagt, wie weit das Schiff in welcher Jahreszeit in welchem Gewässer maximal ins Wasser eintauchen darf.

Freiwache: dienstfreie Zeit zwischen zwei Wachschichten

Gangway: Zugangsbrücke oder -treppe zum Besteigen und Verlassen des Schiffes

garnieren: Vorbereitung des Laderaumes für empfindliche Ladung durch Auslegen mit Brettern, Matten, Folien usw.

„Gebet der Jungfrau": Eintragungen des Ersten Offiziers in das Schiffstagebuch über Schiff, technische und nautische Einrichtungen, Rettungsmittel, Ladung und Besatzung. Sie dienen dazu, die Seetüchtigkeit des Schiffes im Schadensfall nachzuweisen.

gieren: Bewegung des Schiffs um die Hochachse

Glasen: ab Wachbeginn halbstündliche Glockenschläge, also maximal acht Schläge pro Wache

Heck: hinterer Teil und Abschluss eines Schiffes
Hiev: Last, die beim Laden bzw. Löschen am Ladehaken hängt
Kai: befestigte Schiffsliegestelle am Ufer
Kabelgatt: Lagerraum für Werkzeug, Ersatzteile, Tampen, Schäkel, Farben und Lacke usw.
Kammerreinschiff: Reinigung der Quartiere
Kapitänsinformationen: Unterlagen der Bauwerft über Abmessungen, Ladekapazität, Stabilität und weitere wichtige Parameter eines Schiffes
Kimm: Linie des natürlichen Horizonts
Klarierung: Erledigung aller Pflichten, die dem Schiff und der Ladung bei Ankunft oder Abfahrt aus einem Hafen bei den Hafenbehörden, Ämtern oder dem Zoll erwachsen
Knoten: 1 Kn = 1.852 km/h
Koje: Schlafstätte an Bord
Kolbenring: scherzhaft für goldene Dienstrangstreifen für hohe Offiziere der Seefahrt am Ärmel
Kompensierung: Maßnahmen zur Fehlerbestimmung des Kompasses, die durch den Stahlkörper des Schiffes oder der Ladung hervorgerufen werden
Krängung: Neigung eines Schiffs zur Seite
Kreuzsee: Überlagerungen von Wellen aus unterschiedlichen Richtungen
Kruboys: zum Verladen von Baumstämmen vorübergehend an Bord beschäftigte Einheimische. Ursprünglich Eingeborene vom Stamme der Kru, einer in der Küstenseefahrt erfahrenen westafrikanischen Volksgruppe, die in der Kolonialzeit gern als Lotsen, Dolmetscher und Verladearbeiter angeheuert wurden. Die Bezeichnung hat sich später auch für andere afrikanische Stämme durchgesetzt.
Kutter: kleineres Schiff, oft als Beiboot verwendet
Kutterpullen: Rudern eines Kutters (siehe dort)
labsalben: schmieren, gegen Rost konservieren

Landanschluss: Versorgung des Bordnetzes durch das Landstromnetz während der Hafen- oder Werftliegezeit

laschen: verzurren (siehe dort) von Gegenständen

Lasching: Befestigung, die das Verrutschen durch Seegang verhindert

Last: Aufbewahrungsraum auf Schiffen

Lee: dem Wind abgewandte Seite

Leichter: Wasserfahrzeug, das dazu dient, Ladung von größeren Schiffen zu übernehmen, die aufgrund ihres Tiefganges Landungsstellen nicht direkt anlaufen können

Levante: Länder des östlichen Mittelmeerraumes

Liniendienst: Fahrten auf gleichen, fahrplanähnlichen Routen

Löschen: das Ausladen eines Schiffes

Lotse: Navigationsberater mit speziellem Wissen über das zu befahrende Revier

Luv: dem Wind zugewandte Seite

Manöverstation: Teil jedes Schiffes für nautisch-technische Maßnahmen, mit denen ein Schiff in eine andere Lage oder Position gebracht wird

Messe: Speiseraum, auch für Freizeitbeschäftigungen genutzt

Mole: als Wellenbrecher aufgeschütteter Damm

nachlaschen: erneutes Festzurren (siehe dort) der Ladung

Niedergänge: Treppen und Leitern

NO: Abk. für Nautischer Offizier

Nock: offenes Deck an jeder Seite des Ruderhauses

Paquebot: Der Seemann kann normalerweise seinen Brief bereits an Bord des Schiffes abgeben. Der Brief erhält dann einen Stempel vom verantwortlichen Schiffsoffizier. Der gibt im nächsten Hafen die Briefe ab und erst im dortigen Postamt bekommen diese den Vermerk „Paquebot“. Jedoch wurde diese Verfahrensweise äußerst großzügig gehandhabt. Diese Regelung gibt es bereits seit 1894, verlor mit der Luftpost aber inzwischen an Bedeutung.

Patent A5: „Seesteuermann auf Großer Fahrt“

Patent A6: „Kapitän auf Großer Fahrt“
Persenning: seewasserfest imprägniertes robustes Gewebe
Pier: Schiffsliegestelle, rechtwinklige Verlängerung des Kais
Pilot: international üblicher Ausdruck für Lotse (siehe dort)
pullen: rudern
Purser: Zahlmeister auf einem Schiff
Rappeltuch: grob gewebte Sackleinwand aus Jute
recht voraus: genau in Fahrtrichtung
Reede: Ankerplatz außerhalb des Hafens
Reederei: Schifffahrtunternehmen
Regeln guter Seemannschaft: juristischer Begriff für verantwortungsvolle Handlungsweisen unter Berücksichtigung üblicher Praxis zur Vermeidung von Gefahren.
Reinschiff: siehe „Kammerreinschiff“
rise-rise: Seemännischer Weckruf „reise reise“ (urspr. niederdeutsch: rise rise)
rollen: Bewegungen des Schiffs um die Längsachse
Rudergänger: Seemann, der das Schiff entsprechend den Anweisungen des Kapitäns, der Nautischen Offiziere oder des Lotsen steuert, indem er die Ruder bedient
Rudergehen: siehe „Rudergänger“
Runner: Lastseil einer Winde
Schauerleute: Hafenarbeiter zum Be- und Entladen
Scherstock: eiserner Träger über der Luke zur Aufnahme der hölzernen Lukendeckel
Schott: wasserdichte Trennwand zwischen zwei Schiffsräumen. Begriff wird auch für die Türen an Bord benutzt.
Second Mate: Zweiter Nautischer Offizier, auch „Zweiter“
Seelenverkäufer: nicht mehr voll seetüchtiges Schiff, das eigentlich abwrackreif ist
Seemannschaft: alles Wissen und Können, das eine sichere Schiffsführung ermöglicht, z. B. Kenntnisse über das Schiff, Manöverkunde, nautisches Wissen und Können, Medizin, Wetterkunde usw. (siehe auch Regeln guter Seemannschaft)

Seemeile: in der Schifffahrt gebräuchliche Maßeinheit der Länge, entspricht 1,852 km

Sextant: optisches Messinstrument zur Winkelbestimmung von Gestirnen für die astronomische Navigation auf See mithilfe von Tabellen

Sicherheitsrollen: Pläne zur Organisation der Sicherheit an Bord von Seeschiffen

sm: Abk. für Seemeile (siehe dort)

spleißen: verbinden von Seil- oder Kabelenden durch Verflechten der einzelnen Stränge

Standlinie: Linie, auf der sich zufolge einer Messung der Standpunkt des Beobachters befinden muss

Steuerbord: rechte Schiffsseite

Steven: Bestandteile des „Gerüstes" des Schiffsrumpfes, nach oben gezogene Verlängerung des Kiels eines Schiffes

Storekeeper: vergleichbar mit einer Kombination aus Lagerverwalter und Werkstattmeister

Stropp: Schlaufe in einem Tau oder einer Kette

Süll: Einfassung von Öffnungen im Deck von Schiffen

Third Mate: Dritter Nautischer Offizier, auch „Dritter"

Typhon: mit Druckluft betriebene Schiffssirene

Verschalken: wasserdichtes Verschließen der Ladeluken

Versegelung: hier: Verbringung eines Schiffes von einem Hafen in den anderen über eine nur sehr kurze Strecke.

Vollmatrose: Seemann mit abgeschlossener Berufsausbildung

Werft: Betrieb zum Bau und zur Reparatur von Schiffen

Winsche: Winde zum Heben schwerer Lasten

verpallen: Festkeilen der Ladung durch Balken oder Streben

verzurren: (siehe zurren)

Vorpiek: vorderster wasserdichter Bereich im Rumpf eines Schiffes, in der Regel der vordere Ballastwassertank

Vorsteven: der vordere Teil des Bugs, an dem die Bordwände zusammenlaufen (siehe auch Steven)

Zurren: ruckartig festziehen, festbinden

Über den Autor

1953 in Frankfurt (Oder), geboren, wollte Reinhard Vogt eigentlich immer Kameramann beim Fernsehen werden. Doch das Fernweh, die Abenteuerlust und auch sein Wunsch, die Welt kennen zu lernen, waren größer.

Nach dem Abschluss der Polytechnischen Oberschule Cottbus 1970 begann er eine Lehre bei der Deutschen Seereederei Rostock, gefolgt von einer knapp zweijährigen Fahrenszeit als Vollmatrose.

Doch das reichte ihm später nicht mehr aus und so folgte ein Studium an der Ingenieurhochschule für Seefahrt Warnemünde/Wustrow und mehrere Jahre als Zweiter und Dritter Nautischer Offizier im Fahrtgebiet Mittelmeer und Afrika.

1987 erhielt er das Kapitänspatent sowie die Berufung zum Ersten Offizier und wartete darauf, irgendwann auch einmal als Kapitän ein eigenes Schiff führen zu dürfen.

Doch die gesellschaftlichen Umbrüche in der damaligen DDR veränderten alles, die DSR wurde abgewickelt und er schaltete Anfang 1993 das letzte Mal die Positionslichter auf der Brücke aus. Wie Millionen andere DDR-Bürger auch, musste sich der Autor anschließend beruflich neu orientieren.

Dass er nach einer Umschulung zum PR-Manager letztlich doch noch beim Fernsehen (Lausitz TV) landete, empfand er als großes Glück.

Heute genießt Reinhard Vogt seinen wohlverdienten Ruhestand in Burg (Spreewald).

Ebenfalls im Haileiht-Verlag erschienen:

Die Uuups!-Buch-Serie:

Sie haben Spaß daran, mitzuerleben, wenn andere Leute mal im Leben so richtig „danebengreifen?" In diesen vier Büchern passieren merkwürdige Dinge, gibt es immer wieder einen ungeahnten Schluss oder bei einer tragischen Episode geht die Sache doch noch lustig aus. Eines haben die Geschichten in diesen Büchern alle gemeinsam: Sie könnten in Ihrer unmittelbaren Nähe, Ihrem Ort, Ihrer Straße oder sogar in Ihrer Nachbarschaft passiert sein.

Nehmen Sie teil am Schicksal anderer Menschen, die an ihren kleinen Missgeschicken verzweifeln oder deren Pech sich ganz unverhofft in Glück verwandelt.

Geschrieben von Bernd Beyer, der von der Presse und seinen Fans als der „deutsche Roald Dahl" bezeichnet wird, bieten diese Geschichten garantierten Lesespaß!

Mehr Infos: *https://haileiht-verlag.de*

Ebenfalls im Haileiht-Verlag erschienen:

Eine wunderbare Geschichte über die Liebe, die über jede Verzagtheit siegt.

Es ist flirrender Hochsommer. Tilly, eine Frau in der Lebensmitte, scheint das unbegreiflich große Glück gefunden zu haben mit ihrem Kostas, einem zuverlässigen, liebevollen Griechen.

Da kracht die Nachricht wie ein Blitzschlag in die Idylle: Sein jüngster Bruder Sotirios wurde unerwartet in politische Intrigen verwickelt und umgebracht. Kostas macht sich von Berlin auf nach Griechenland und kommt selbst in Gefahr. Zurück in Deutschland wird er in einen Unfall verwickelt. Zufall? Absicht? Mordversuch? In einem kleinen Krankenhaus in der Provinz erwacht er aus dem Koma …

Tilly schwankt zwischen Verzweiflung und Hoffnung.

Ebenfalls im Haileiht-Verlag erschienen:

Tante Hildchen gilt als immer hilfsbereit und ist daher sehr beliebt. Aufopferungsvoll pflegt sie die Kranken im Dorf, oft bis zu deren Tod. Als sie noch einmal heiratet, stellt der frischgebackene Ehemann fest, dass in Garten und Gewächshaus fast nur Giftpflanzen wachsen. Muss auch er dran glauben?

Archie ist Casanova aus Prinzip. Doch seine aktuelle Haupt-Geliebte sinnt auf Rache. Sie zwingt ihn, nachts auf dem Friedhof sein eigenes Grab zu schaufeln. Kann er sich noch retten oder hat er verspielt?

Die alte Frau Seelig muss nach dem Tod ihres fast vergessenen Bruders ins Notariat. Doch hat der Taugenichts ihr wirklich etwas Wertvolles hinterlassen?

Haarsträubende, rätselhafte und makabre Geschichten aus dem Gestern und Heute.